사서직
기출문제 정복하기

9급 공무원 사서직
기출문제 정복하기

개정2판	발행	2024년 01월 10일	
개정3판	발행	2025년 01월 10일	

편 저 자 | 공무원시험연구소

발 행 처 | ㈜서원각

등록번호 | 1999–1A–107호

주   소 | 경기도 고양시 일산서구 덕산로 88–45(가좌동)

교재주문 | 031–923–2051

팩   스 | 031–923–3815

교재문의 | 카카오톡 플러스 친구[서원각]

홈페이지 | goseowon.com

모든 시험에 앞서 가장 중요한 것은 출제되었던 문제를 풀어봄으로써 그 시험의 유형 및 출제경향, 난이도 등을 파악하는 데에 있다. 즉, 최소시간 내 최대의 학습효과를 거두기 위해서는 기출문제의 분석이 무엇보다도 중요하다는 것이다.

'9급 공무원 기출문제 정복하기 – 사서직'은 이를 주지하고 그동안 시행된 국가직, 지방직, 서울시 기출문제를 과목별로, 시행처와 시행연도별로 깔끔하게 정리하여 담고 문제마다 상세한 해설과 함께 관련이론을 수록한 군더더기 없는 구성으로 기출문제집 본연의 의미를 살리고자 하였다.

수험생은 본서를 통해 변화하는 출제경향을 파악하고 학습의 방향을 잡아 단기간에 최대의 학습효과를 거둘 수 있을 것이다.

9급 공무원 시험의 경쟁률이 해마다 점점 더 치열해지고 있다. 이럴 때일수록 기본적인 내용에 대한 탄탄한 학습이 빛을 발한다. 수험생 모두가 자신을 믿고 본서와 함께 끝까지 노력하여 합격의 결실을 맺기를 희망한다.

STRUCTURE
이 책의 특징 및 구성

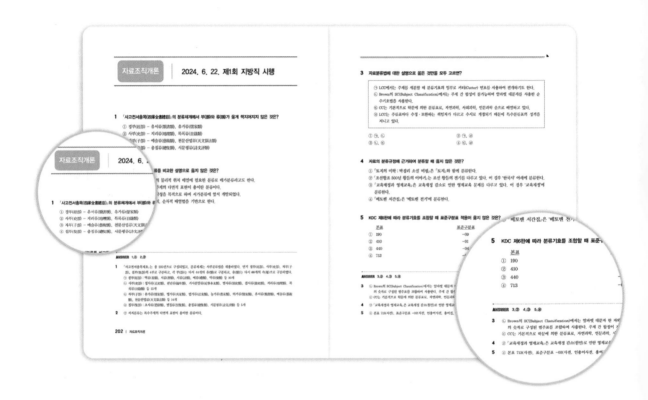

최신 기출문제분석

최신의 최다 기출문제를 수록하여 기출 동향을 파악하고, 학습한 이론을 정리할 수 있습니다. 기출문제들을 반복하여 풀어봄으로써 이전 학습에서 확실하게 깨닫지 못했던 세세한 부분까지 철저하게 파악, 대비하여 실전대비 최종 마무리를 완성하고, 스스로의 학습상태를 점검할 수 있습니다.

상세한 해설

상세한 해설을 통해 한 문제 한 문제에 대한 완전학습을 가능하도록 하였습니다. 정답을 맞힌 문제라도 꼼꼼한 해설을 통해 다시 한 번 내용을 확인할 수 있습니다. 틀린 문제를 체크하여 내가 취약한 부분을 파악할 수 있습니다.

CONTENT
이 책 의 차 례

01

자료조직개론

1 분류법에 관한 설명으로 옳지 않은 것은?

① 중국도서관분류법은 UDC의 분석합성식 원리와 DDC의 조기성을 도입하였고, 혼합기호법을 채택한 비십진식 분류표이다.

② 브라운(J. D. Brown)의 주제분류법(SC)은 자연과학보다 사회과학을 상위에 배정하였으며 LCC 및 NDC의 주류체계 구성에 영향을 미쳤다.

③ 브리스(H. E. Bliss)의 서지분류법(BC)은 분석합성식 원리를 수용하였으며 콜론분류법(CC)의 탄생에 영향을 미쳤다.

④ 조선십진분류법(KDCP)은 한국인이 만든 최초의 십진분류법이며, 주류의 분류기호를 네 자리 숫자로 표기하였다.

2 KORMARC(통합서지용) 형식은 해당 자료와 관련 자료 사이의 각각 다른 서지적 관계를 보여주기 위해 여러 형태의 연관저록필드를 갖고 있다. 연관저록필드의 형태 중 다른 언어, 형식, 매체 등과 같이 한 서지자료에서 상이한 판(version) 간의 관계를 나타내는 필드로 옳지 않은 것은?

① 765 필드

② 767 필드

③ 772 필드

④ 775 필드

....

ANSWER 1.② 2.③

1 ② J. D. 브라운의 주제분류법은 자연과학을 사회과학보다 상위에 배정하였다. LCC, NDC 및 BC의 주류체계 구성에 영향을 미친 것은 커터의 전개분류법(EC)이다.

2 ③ 772 필드는 모체저록 필드이다.
① 원저록 필드
② 번역저록 필드
④ 이판저록 필드

3 틸렛(B. B. Tillett)의 서지적 관계유형에 대한 예시로 옳지 않은 것은?

① 기술관계 － 「구약성경」의 주석서
② 파생관계 － 「Hamlet」의 한국어 번역서
③ 계층관계 － 연암 박지원의 「열하일기」 영인본
④ 전후관계 － 연속간행물 「도서관학」이 「한국문헌정보학회지」로 표제 변경

4 KORMARC(통합서지용)과 MARC 21 형식의 필드 사용에 대한 비교 설명으로 옳지 않은 것은?

① 번역도서의 경우 원표제의 기술을 위해 MARC 21에서는 240 필드를 사용하고, KORMARC에서는 246 필드를 사용한다.
② 245 필드의 책임표시사항의 기술을 위해 MARC 21에서는 $c를 사용하고, KORMARC에서는 ▾d와 ▾e를 사용한다.
③ 245 필드 제2지시기호의 경우 KORMARC에서는 관제 및 관사의 출력형태를 제어하고 MARC 21에서는 배열에서 무시되는 문자수를 기재한다.
④ 총서사항과 총서표제의 부출표목이 같은 경우 총서사항의 기술을 위해 MARC 21에서는 440 필드를 사용하고 KORMARC에서는 490 필드를 사용한다.

ANSWER 3.③ 4.④

3 ③ 영인본은 대등관계이다.
※ B. B. 틸렛의 7가지 서지적 관계유형 ··· 서지적 관계란 둘 이상의 서지적 개체 간의 상호관계를 지칭하는 것으로 두 개체 간의 관계를 표현함으로써 목록에 저작의 집중기능을 높인다.
　ⓐ 대등관계 : 복본, 복제물, 영인본, 재쇄본 등
　ⓑ 파생관계 : 번역서, 개정판, 증보판 등
　ⓒ 기술관계 : 서평, 해설집, 사례집, 주석본 등
　ⓓ 부분 전체관계 : 선집, 합집 등
　ⓔ 딸림자료관계 : 교과서와 그에 딸린 지도책
　ⓕ 전후관계 : 선행자료와 후속자료, 속편 등
　ⓖ 특성공유관계

4 ④ 총서사항과 총서표제의 부출표목이 같은 경우 440 필드를 사용한다.
※ KORMARC 통합서지용 2014 개정판에서는 440필드를 더 이상 사용하지 않고 490을 총서사항으로 사용한다.

5 DDC 제23판과 KDC 제5판의 특징을 비교한 설명으로 옳지 않은 것은?

① DDC는 경영학을 기술과학의 강목에 배정하고 있으나 KDC는 사회과학분야에 배정하고 있다.
② DDC와 KDC 모두 컴퓨터과학을 총류(000)에 배정하고 있다.
③ DDC와 KDC는 모두 종교공통구분표를 설정하여 각 종교에 공통적으로 적용하도록 하고 있다.
④ DDC는 어학과 문학의 주류 배열이 유리되어 있으나 KDC는 인접되어 있다.

6 DDC 제23판 분류에서 사용하는 개념과 원칙에 대한 설명으로 옳지 않은 것은?

① 적용규칙(rule of application)은 어떤 주제의 여러 특성을 기호의 합성을 통해서 충분히 나타낼 수 없을 경우, 그와 같은 특성을 나타내는 기호 가운데 어느 기호를 선택해야 할지를 분류자가 자관의 환경에 맞게 결정할 수 있도록 하는 것이다.
② 삼자규칙(rule of three)은 동일한 상위 주제의 세목에 해당하는 셋 이상의 주제를 다루고 있는 문헌은 어느 한 주제를 다른 주제들보다 더욱 완전하게 다루지 않는 한, 이 주제들을 모두 포함하는 첫 번째 상위 기호에 분류하도록 하는 것이다.
③ 선행규칙(first-of-two rule)은 어떤 문헌에서 두 주제를 동등하게 다루고 있고, 서로에 대한 소개나 설명이 이루어지지 않을 경우에는 해당 문헌을 그 분류 기호가 DDC에서 첫 번째로 나타나는 주제에 분류하도록 하는 것이다.
④ 열거순서(citation order)는 분류 기호를 합성할 때 어떤 주제나 유(類)에 나타나는 여러 패싯이나 특성들을 어떤 순서로 결합할 것인가를 결정해 주는 것이다.

ANSWER 5.③ 6.①

5 ③ DDC에는 종교공통구분표가 설정되어 있지 않다.

6 ① 적용규칙은 어떤 문헌에서 두 주제를 영향관계 또는 인과관계의 상관관계로 기술하였을 때, 영향을 받고 있는 주제나 결과에 해당하는 주제에 분류하도록 하는 규칙이다.

7 중국의 사부분류법(四部分類法)과 관련된 설명으로 옳은 것만을 모두 고르면?

> ㉠ 유교의 특징적인 분류법으로, 「수서경적지」에서 그 토대가 확립되었다.
> ㉡ 「사고전서총목」의 분류체계에 따르면, 춘추류와 재기류는 사부(史部)에 속한다.
> ㉢ 집부(集部)는 오늘날의 문학류에 해당한다고 할 수 있다.
> ㉣ 오늘날 중국의 표준분류법이라고 할 수 있는 「중국도서관분류법」의 주류체계와 유사하다.

① ㉠, ㉢

② ㉡, ㉣

③ ㉡, ㉢, ㉣

④ ㉠, ㉡, ㉢, ㉣

8 해당 주제와 KDC 제5판에 따른 분류기호의 연결이 옳은 것만을 모두 고르면?

> ㉠ 불경 – 223
> ㉡ 한국희곡 – 812
> ㉢ 영어의 어원 – 442

① ㉠

② ㉠, ㉡

③ ㉡, ㉢

④ ㉠, ㉡, ㉢

···

ANSWER 7.① 8.②

7 ㉡ 춘추류는 경부에 속한다.
　　㉣ 오늘날 중국에서 가장 널리 사용되는 「중국도서관분류법」은 전개식분류법으로 알파벳 대문자 22개를 사용한 비십진분류법이다.
　※ 사부분류법
　　　㉠ **경부(經部)** : 사서오경(四書五經)을 비롯한 유가의 경전과 그 주석서, 자서(字書) 등
　　　㉡ **사부(史部)** : 역사와 지리에 관계된 서적
　　　㉢ **자부(子部)** : 유가, 법가, 도가, 석가 등 사상가 관련 서적 및 농업·의학·기술 관련 기술서
　　　㉣ **집부(集部)** : 시문집 등 문학 관련 서적

8 ㉢ 영어의 어원 – 742

9 다음 자료를 바탕으로 KCR 제4판과 KORMARC(통합서지용) 형식을 적용하여 목록레코드를 작성할 때 필드의 기술이 옳지 않은 것은? (단, 지시기호, 띄어쓰기, 필드 종단기호는 적용하지 않는다)

석사학위논문

대중문화예술 활성화를 위한
프로그램 개발 방안
- 중학교에서의 음악교육을 중심으로 -

The Program Development Plan for the Revitalization of
Popular Culture and Art by Focusing on Music
Education in Middle Schools

한국대학교 교육대학원
음악교육전공
한도협
2013년 8월

- KDC 제5판으로 분류하면 '376.5467'임
- 쪽수는 i-vi, 1-93으로 매겨져 있음
- 책의 크기는 가로 19cm, 세로 25.3cm임
- 본문에 사진과 악보를 포함하고 있음

---

① 056 ▾a376.5467▾25
② 245 ▾a대중문화예술 활성화를 위한 프로그램 개발 방안 = ▾x(The) program development plan for the revitalization of popular culture and art by focusing on music education in middle schools : ▾b중학교에서의 음악교육을 중심으로 / ▾d한도협
③ 300 ▾avi, 93 p. : ▾b사진, 악보 ; ▾c26 cm
④ 502 ▾a학위논문 - ▾b한국대학교 교육대학원, ▾c음악교육전공, ▾d2013

ANSWER 9.④

9 ④ 502 ▾a학위논문(석사) - ▾b한국대학교 교육대학원, ▾c음악교육전공, ▾d2013

10 KORMARC(통합서지용) 형식의 서지레코드에 대한 설명으로 옳지 않은 것은?

① 가변길이제어필드의 경우 지시기호는 사용하지만 식별기호는 사용하지 않는다.
② 마이크로자료는 원본이나 복제본에 상관없이 별도 종류의 레코드로 구분하지 않는다.
③ 원자료가 있는 전자자료는 원자료의 유형에 따라 레코드의 종류를 구분한다.
④ 서지레코드의 종류는 리더 / 06의 구분기호로 표시한다.

11 KDC 제5판의 표준구분표는 서술형식과 편집 및 출판형식으로 구분할 수 있다. 서술형식의 기호가 아닌 것은?

① −01   ② −03
③ −07   ④ −09

12 KDC 제5판의 사회과학류(300)의 특징으로 옳지 않은 것은?

① 사회학의 노동문제(336)를 노동경제학(321.5)으로 이치하여 재전개하였다.
② 한국의 중앙행정조직(350.2) 아래 특정 행정부처명에 따라 항목을 전개하였던 것을 기능 중심으로 재구성하였다.
③ 거의 동일하게 전개하였던 사회사상(301)과 정치사상(340.2)의 각론을 사회사상으로 통합하였다.
④ 법학의 경우 공법과 사법 이외에 사회법(368.1)을 신설하였다.

ANSWER 10.① 11.② 12.③

10 ① 가변길이제어필드는 데이터와 필드종단기호만 사용된다.

11 표준구분은 한 주제를 그 표현한 특수한 형식(서술형식 : −01, −07, −09/편집 및 출판형식 : −02, −03, −04, −05, −06, −08)에 따라서 함께 모으고 표를 간소화하여 이용을 편리하게 할 수 있는 기호이다.

12 ③ 거의 동일하게 전개하였던 사회사상과 정치사상의 각론을 정치사상으로 통합하였다.

13 다음은 ISBN의 예시이다. 이 가운데 부가기호 다섯 자릿수 '93020'의 구성에 대한 설명으로 옳은 것은?

ISBN 978-89-89023-89-0 93020

① 9(발행형태기호) − 3(독자대상기호) − 020(내용분류기호)
② 9(독자대상기호) − 3(발행형태기호) − 020(내용분류기호)
③ 9(독자대상기호) − 3(발행형태기호) − 02(내용분류기호) − 0(예비기호)
④ 9(발행형태기호) − 3(독자대상기호) − 02(내용분류기호) − 0(예비기호)

ANSWER 13.②

13 ISBN과 부가기호의 구성

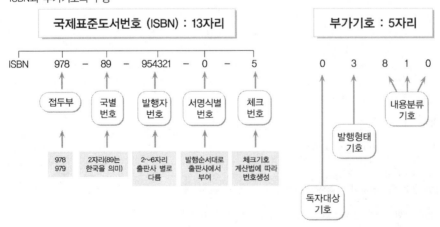

14 다음은 KDC 제5판의 본표, 표준구분표 및 지역구분표의 일부를 발췌한 것이다. 이를 바탕으로 『베트남의 서예』를 분류할 때, 옳은 것은?

〈본표〉

640	서예(書藝) Calligraphy
.1	서도이론
.27	보존 및 수복
	표구를 포함한다.
641	한자의 서체

〈표준구분표〉

-09 역사 및 지역구분

-091 ~ -097 특수 대륙, 국가, 지방 구분

　　　　 지역구분표에 따라 세분한다.

〈지역구분표〉

-14 동남아시아 Southeastern Asia

-141 베트남 Vietnam

① 640.141　　　　　　　　　② 649.141

③ 640.9141　　　　　　　　　④ 640.09141

15 전거제어와 주제명표목표에 관한 설명으로 옳은 것만을 모두 고르면?

> ㉠ 전거제어는 목록에서 접근점으로 사용하는 인명, 단체명, 회의명, 통일표제, 주제명, 지명 등에 대해 하나의 특정 형식을 일관되게 사용함으로써 관련 개체를 목록상에 집중하는 것을 목적으로 한다.
> ㉡ 미국의회도서관 주제명표목표(LCSH)의 주표목은 주제표목과 형식표목이며, 각종 고유명사를 대상으로 한 고유명표목은 포함하지 않는다.
> ㉢ KORMARC 전거레코드에서 단체명으로 채택한 접근점은 110 필드에, 비채택 접근점은 410 필드에 기술한다.
> ㉣ 국립중앙도서관 주제명표목표는 다양한 정보검색시스템에서 사용할 수 있도록 시소러스 형식을 갖추고 있다.

① ㉠

② ㉡, ㉣

③ ㉠, ㉢, ㉣

④ ㉠, ㉡, ㉢, ㉣

16 IFLA의 FRBR에서 제시한 4개의 이용자 과업(user tasks)에 해당하는 것만을 모두 고르면?

> ㉠ To select
> ㉡ To identify
> ㉢ To find
> ㉣ To organize

① ㉠, ㉢

② ㉡, ㉣

③ ㉠, ㉡, ㉢

④ ㉠, ㉡, ㉢, ㉣

ANSWER 15.③ 16.③

15 ㉡ 고유명표목도 LCSH의 주표목에 포함된다.

16 이용자 과업
　㉠ To find(발견)
　㉡ To identify(식별)
　㉢ To select(선택)
　㉣ To acquire or obtain(입수)

17 KCR 제4판의 규정을 적용할 때 옳은 것은?

① 본표제가 길 경우에는 의미가 손상되지 않는 범위 내에서 본표제를 축약할 수 있으며, 이 때 생략된 부분은 석점줄임표로 표시한다.

② 본표제나 표제관련정보에 포함된 저작자명은 책임표시에서 그 기재를 생략할 수 있다.

③ 표제관련정보의 기재순서는 으뜸정보원에 기재된 순서나 활자의 크기에 따라 기재하되, 책임표시의 성격을 띤 표제를 맨 앞에 기재한다.

④ 표제와 책임표시사항에 권차, 회차, 연차를 기술할 경우 회차와 연차가 모두 기재되어 있는 자료는 회차 다음에 연차를 원괄호(( ))로 묶어 기재한다.

18 KCR 제4판의 기술규칙으로 옳지 않은 것은?

① 녹음자료의 채널수는 '모노', 'mono.' 또는 '스테레오', 'stereo.' 또는 '4채널', 'quad.'로 구분하여 기술한다.

② 지도자료의 도법표시는 기술대상자료나 용기, 딸림자료에 도법이 기재되어 있는 경우에만 기술한다.

③ 총서와 관련된 책임표시는 원칙적으로 기재하지 않는다.

④ 연속간행물의 본표제가 일부 변경된 경우에는 변경된 표제 아래 독립된 저록을 작성하지 않는다.

19 「The Birth and Death of the Sun」의 저자는 Louis Robbins이다. 아래 제시된 「Cutter-Sanborn Three-Figure Author Table」에 따라 저자기호를 부여한 것으로 옳은 것은?

Lotz	885	Robbins	632
Lou	886	Robbins, F.	633
Loug	887	Robbins, J.	634
Loui	888	Robbins, M.	635
Loun	889	Robbins, S.	636

① L888t

② R634b

③ L887t

④ R635b

ANSWER 17.④ 18.④ 19.②

17 ① 본표제는 축약할 수 없다.
② 본표제나 표제관련정보에 포함된 저작자명은 책임표시에 그대로 기재해야 한다.
③ 책임표시의 성격을 띤 표제를 맨 뒤에 기재한다.

18 ④ 연속간행물의 본표제가 일부 변경된 경우에는 변경된 표제 아래 독립된 저록을 작성한다.

19 저자의 성 첫 글자인 R + 634(Robbins, L이 없으므로 선치함) + 표제의 the 생략 후 첫 글자 b

20 다음은 DDC 제23판의 본표 일부를 발췌한 것이다. 이를 바탕으로 각 문항의 자료를 분류할 때, 옳은 것은?

325　　International migration and colonization
　　　　Standard subdivisions are added for international migration and colonization together, for international migration alone

　　　　Including population transfers
[.094-.099] Specific continents, countries, localities in modern world
　　　　　　Do not use; class in 325.4-325.9

.1　　Immigration

.2　　Emigration
[.209 3-.209 9]　Specific continents, countries, localities
　　　　　　　　　Do not use; class in 325.23-325.29
.23-.29　Emigration from specific continents, countries, localities
　　　　　Add to base number 325.2 notation 3-9 from Table 2, e.g., emigration from Japan 325.252, emigration from Japan to United States 325.2520973

---

① 「story of International Migrations」 — 325.09

② 「European Migrations in the 20th Century」 — 325.094

③ 「Population Transfers in Germany」 — 325.0943

④ 「Korean Emigrations to the United States」 — 325.235190973

20　② 제시된 본표 일부의 내용만을 바탕으로 정확하게 분류하기 어렵다.
　　③ 325.0943→325 population transfers는 포함주의 내용으로 추가전개 할 수 없다.
　　④ 일본에서 미국으로의 이민이 325.2520973의 분류번호를 가짐으로 일본의 국가번호인 52 대신 한국의 국가번호인 519를 넣은 325.25190973이 적절하다.

1 KDC 제6판의 '언어공통구분표'를 적용하여 분류할 수 있는 자료가 아닌 것은?

① 재미있는 영어 희곡 작법
② 현대 러시아어 실용 회화
③ 15세기 프랑스어 방언 연구
④ 초보자를 위한 스페인어 사전

2 KDC를 적용하여 전기 자료를 분류하는 원칙에 대한 설명으로 옳지 않은 것은?

① 1인에 대한 전기는 각전으로, 2인 이상 인물의 전기는 총전으로 분류한다.
② 한 중심 인물을 설명하기 위해 여러 사람의 생애에 대해 기술한 저작은 그 중심 인물의 전기로 분류한다.
③ 문학가가 아닌 개인의 서간집(書簡集)은 개인 전기로 분류한다.
④ 특정 국가나 주제에 한정되지 않은 인명사전은 전기 일반으로 분류한다.

ANSWER 1.① 2.①

1 언어공통구분표
　－1 음운, 음성, 문자
　－2 어원, 어의
　－3 사전
　－4 어휘
　－5 문법
　－6 작문
　－7 독본, 해석, 회화
　－8 방언

2 ① 2인 이하에 대한 전기는 각전으로, 3인 이상 인물의 전기는 총전으로 분류한다.

3 KDC에 대한 설명으로 옳지 않은 것은?

① 주류배열은 Bacon의 학문 분류에 기초하였다.
② 언어류는 DDC에서는 400대에 배치되었으나 KDC에서는 700대에 배치되었다.
③ 십진식 분류체계에 기반한 계층적 분류표이다.
④ 기술과학의 강목 순서와 체계는 UDC를 참조하였고 의학분야의 세목 부분은 LCC를 참조하였다.

4 DDC 제23판의 보조표의 번호와 내용이 옳은 것을 모두 고른 것은?

T1	T3B
㉠ −04 Special topics	㉣ −4 Essays
㉡ −06 Miscellany	㉤ −6 Speeches
㉢ −07 Education, research, related topics	㉥ −7 Letters

① ㉠, ㉡, ㉣
② ㉠, ㉢, ㉣
③ ㉡, ㉤, ㉥
④ ㉢, ㉤, ㉥

5 DDC 제23판을 적용한 분류에서 보조표 사용으로 옳지 않은 것은?

① 이슬람교 용어사전 : 297 + T1
② 브라질의 철도운송 : 385 + T1 + T2
③ 노르웨이어 문법 : 439.82 + T4
④ 무라카미 하루키 문학 전집 : 895.66 + T5

....

ANSWER 3.④ 4.② 5.④

3 KDC는 자연과학의 강목 순서와 체계는 NDC를 참조하였고 사회과학 분야의 강목은 LCC, 의학 분야의 세목 부분은 UDC를 참조하였다.

4 ㉡ −06 Organizations and management
㉤ −6 Letters
㉥ −7 Humor and satire

5 ④ T5는 민족, 종족, 국가구분 보조표이다. 특정개인에 의한 저작은 T3-A 보조표를 사용한다.

6 분류표와 그 유형의 연결이 옳지 않은 것은?

① LCC – 비십진식 – 열거식 – 계층구조형
② DDC – 십진식 – 열거식 – 계층구조형
③ BC – 비십진식 – 분석합성식 – 계층구조형
④ CC – 비십진식 – 분석합성식 – 다차원구조형

7 DDC 제23판을 적용하여 다음과 같이 분류하였다면, 이 때 적용된 분류 규칙은?

"Wooden built-in furniture"가 684.104(Wooden furniture)가 아닌 684.16(built-in furniture)에 분류되었다.

① Rule of application
② First of two rule
③ Rule of three
④ Rule of zero

8 KDC 제6판에 의한 분류기호에서 밑줄 친 부분이 같은 의미를 지닌 조기성 기호가 아닌 것은?

① 600.<u>912</u>　　　　　② 349.<u>12</u>
③ 071.<u>2</u>　　　　　　④ 5<u>12</u>

....

ANSWER 6.③　7.④　8.④

6　③ BC – 비십진식 – 분석합성식 – 다차원구조형

7　④ 제로규칙 : 어떤 자료를 분류한 결과 복수의 분류기호가 모두 적합한 것으로 판단되는 경우 0을 수반하는 것보다 1-9를 수반하는 것을 우선적으로 선택해야 한다.
　　① 적용규칙 : 어떤 자료가 2개 주제의 상관관계를 기술하였다면 영향을 받은 주제나 결과에 분류해야 한다.
　　② 선행규칙 : 어떤 자료가 복수의 주제를 다루었을 경우 분류표상 선치하는 주제를 기호화 한다.
　　③ 삼자포괄규칙 : 자료에 3개 또는 그 이상의 주제가 상위주제의 세목에 해당될 때는 이들을 포괄하는 첫 번째 상위주제에 분류해야 한다.

8　④ 512 임상의학일반
　　①②③ –12 중국

9 다음 보기에서 폭소노미(folksonomy)에 대한 설명으로 옳은 것을 모두 고른 것은?

㉠ 자유롭게 선택된 키워드의 집합인 태그를 이용하여 이루어지는 협업적 분류이다.

㉡ 택소노미(taxonomy)에 비해 계층적, 체계적 구조를 갖고 있다.

㉢ 정보자료의 생산자 또는 소비자가 직접 분류하는 방식으로, 집단지성을 이용한 분류방식이다.

㉣ 시소러스 등과 같은 통제어휘집을 사용하여 작성된다.

㉤ 정보를 범주화하는 데 유용하며, 계층적 브라우징을 지원한다.

---

① ㉠, ㉢
② ㉠, ㉢, ㉤
③ ㉡, ㉢, ㉣
④ ㉡, ㉣, ㉤

10 분석합성식 분류표에 대한 설명으로 옳은 것은?

① 열거식 분류표에 비하여 상호배타적인 복수의 주제를 표현하는 것이 어렵다.

② 기호시스템이 복잡하지 않으며 분류표를 구조화하기 쉽다.

③ 열거식 분류표에 비하여 분류기호의 길이가 길어지고 복잡해질 수 있다.

④ 열거식 분류표에 비하여 본표가 간단하므로 완전한 분류가 어렵다.

ANSWER 9.① 10.③

9 ㉡ 택소노미는 폭소노미에 비해 계층적, 체계적 구조를 갖고 있다.

㉣ 폭소노미는 통제어보다는 자연어에 가깝다.

㉤ 택소노미에 대한 설명이다.

10 ① 분석합성식 분류표는 열거식 분류표에 비해 복수주제나 합성주제를 모두 나열할 필요가 없어 편찬하기가 쉽다.

②④ 본표가 간단하지만 다양한 패싯기호와 조합방식을 채택함으로써 기존의 주제나 개념에 신주제를 조합할 수 있다. 그러나 기호시스템이 복잡하고 기호가 길어진다.

11 연속간행물 「공공도서관」에 대한 다음 내용을 KORMARC 형식(통합서지용)을 적용하여 기술한 것으로 옳은 것은? (단, 지시기호와 띄어쓰기는 적용하지 않는다)

> • 「공공도서관」이라는 표제하에 2013년 2월부터 연 6회 발간되고 있으며, 2014년 2월 현재 제15권 제1호가 발행되었다.
> • 이전에는 「한국공공도서관」이라는 표제로 2000년부터 연 4회 발간되었다가 2013년 2월부터 「공공도서관」으로 변경되었다.
> • 「2013 공공도서관명감」은 「공공도서관」 2013년 12월호의 별책부록이다.

① 321 ▾a격월간
② 362 ▾a제14권 제1호(2013년 2월)-
③ 770 ▾t공공도서관 ▾g제14권 제6호(2013년 12월)
④ 785 ▾t한국공공도서관 ▾g제1권 제1호(2000년 3월)-제13권 제4호(2012년 12월)

· ·

ANSWER 11.②

11 ① 310 ▾a격월간
③ 770 ▾t2013 공공도서관명감 ▾g(2013년 12월)
④ 780 ▾t한국공공도서관 ▾g제1권 제1호(2000년 3월)-제13권 제4호(2012년 12월)

12 다음 표제면을 KCR4를 적용하여 KORMARC 형식(통합서지용)으로 작성했을 때, 옳은 것은? (단, 지시기호와 띄어쓰기는 적용하지 않는다)

WORLD LIBRARY SERIES, VIII

PUBLIC LIBRARIES
공공도서관
제삼판

제임스 커터 저
홍길동 역

2013
서울
사단법인 한국도서관협회

---

① 245　▼a공공도서관 = ▼xPublic libraries / ▼d제임스 커터 저 ; ▼e홍길동 역
② 250　▼a제삼판
③ 260　▼a서울 : ▼b사단법인 한국도서관협회, ▼c2013
④ 440　▼aWorld library series ; ▼vVIII

....

ANSWER 12.①

12　② 250　▼a제3판
　　③ 260　▼a서울 : ▼b한국도서관협회, ▼c2013
　　④ 440　▼aWorld library series ; ▼v8 → KORMARC 통합서지용 2014 개정판을 적용하면 총서사항은 490에 작성한다.

13 다음 중 시멘틱웹에 대한 설명으로 옳은 것을 모두 고른 것은?

> ㉠ 시멘틱웹을 작성하기 위한 주요 도구는 RDF와 온톨로지이다.
> ㉡ 시멘틱웹은 OCLC에 의해 2001년에 최초로 제안되었다.
> ㉢ 이 기법은 의미적으로 관련 있는 웹 검색을 가능하게 해 준다.
> ㉣ 지능적 인터넷 에이전트를 개발하여 정보의 검색, 추출, 해석, 가공 등과 같은 제반 처리를 수행할
>   수 있게 해 준다.

① ㉠, ㉢   ② ㉠, ㉡, ㉣
③ ㉠, ㉢, ㉣   ④ ㉡, ㉢, ㉣

14 박봉석의 「조선동서편목규칙(朝鮮東書編目規則)」에 대한 설명으로 옳지 않은 것은?

① 조선도서관협회에서 인정한 목록규칙으로, 1948년에 발간되었다.
② 저자명목록을 기본목록으로 채택하였다.
③ 목록규칙과 편목법을 겸한 규칙이다.
④ 「동서편목규칙」을 개정증보한 목록규칙이다.

15 AACR2R(2002)을 적용한 표목의 선정에 대한 설명으로 옳은 것은?

① 편집자의 책임하에 이루어진 저작은 그 편집자가 기본표목이 된다.
② 개작하거나 각색한 경우에 원저자가 기본표목이 되고 개작자나 각색자는 부출표목이 된다.
③ 원문과 주석이 함께 수록된 경우에는 어떤 것이 강조되었는지에 따라 주석자·해석자 또는 원저자가
   기본표목이 된다.
④ 종합표제가 있는 두 사람 이상의 합집은 첫 번째 저자가 기본표목이 된다.

ANSWER 13.③ 14.② 15.③

13 ㉡ 시멘틱웹은 웹의 창시자인 팀 버너스 리(Tim Berners Lee)에 의해 1998년에 최초로 제안되었다.

14 ② 서명 기본기입 원칙을 채택하였다.

15 ① 편집자의 책임하에 이루어진 저작은 표제가 기본표목이 된다.
   ② 개작하거나 각색한 경우에는 개작자나 각색자가 기본표목이 되고, 원저자는 부출표목이 된다.
   ④ 종합표제가 없는 두 사람 이상의 합집은 첫 번째 저작의 저자가 기본표목이 된다.

16 저록에 사용된 이름(인명과 단체명, 지명, 표제명)과 주제명 등의 형식을 일관되게 유지하여 관련 자료를 목록상의 특정 위치에 집중하기 위한 활동을 의미하는 용어는?

① 표목(heading)

② 전거제어(authority control)

③ 서지제어(bibliographic control)

④ 접근점(access points)

17 RDA에 대한 설명으로 옳은 것은?

① 각 장은 자료 유형에 따라 나눠지지 않고 개체와 관계를 중심으로 이루어졌다.

② 책임표시의 저자 수 제한을 3명 이하에서 4명 이하로 변경하였다.

③ 약어 표기는 AACR2R의 방침을 그대로 계승하였다.

④ RDA작성은 FRBR의 문제점을 보완한 새로운 개념 모델을 토대로 설계되었다.

ANSWER 16.② 17.①

16 문제의 지문은 전거제어에 대한 설명이다.
　①④ 표목은 목록의 상단에 위치하여 배열 기준과 접근점이 되는 단어나 구, 기호를 지칭한다. 접근점은 표목보다 포괄적인 의미로 사용되었으나 최근에는 표목이라는 용어 대신 접근점이라는 용어를 사용하기도 한다.
　③ 서지제어는 출판물에 대한 서지 사항의 기록, 서지기술의 표준화 업무 등 서지 작업 전반을 이른다.

17 ② RDA는 정보원에 나타난 그대로 기록한다. 또는 첫 번째를 제외하고 모두 생략하고, 생략된 내용을 각괄호로 처리할 수 있다.
　③ 약어는 정보원에 나타난 그대로 사용하거나 완전어로 기술한다.
　④ RDA는 FRBR과 FRAD 개념 모델을 목록에 적용하기 위한 목록규칙이다.

18 메타데이터의 각 유형에 대한 설명으로 옳은 것은?

① 관리 메타데이터(administrative metadata)는 복합적인 디지털 객체들을 함께 묶어 주는 역할을 하는 메타데이터이다.
② 구조 메타데이터(structural metadata)는 정보자원의 접근, 이용 등의 제약에 관한 메타데이터이다.
③ 기술 메타데이터(descriptive metadata)는 정보자원의 발견, 식별, 선정 등을 돕는 메타데이터이다.
④ 기술 메타데이터(technical metadata)는 정보자원의 물리적, 논리적 내부 구조에 관한 메타데이터이다.

19 다음 자료에 해당하는 FRBR 제1집단의 개체로 옳은 것은?

> 김대한이 번역하고 한국출판사가 2013년에 발행한 Jane Austin의 소설 「오만과 편견」의 한글 번역서

① 저작(work)
② 표현형(expression)
③ 구현형(manifestation)
④ 개별자료(item)

ANSWER 18.③ 19.③

18 ①④ 구조 메타데이터에 대한 설명이다.
② 관리 메타데이터에 대한 설명이다.

19 제시된 자료는 구현형이다.
① **저작**: 오만과 편견 저작물 그 자체
② **표현형**: 한글 번역 표현형
③ **구현형**: 2013년에 한국출판사가 발행한 한글 번역서
④ **개별자료**: 각 도서관 소장 개별자료
※ FRBR의 3집단
　㉠ 제1집단: 서지레코드에 기술되어 있는 지적 예술적 활동의 성과(저작, 표현형, 구현형, 개별자료)
　㉡ 제2집단: 지적, 예술적 내용, 물리적 생산·배포 생산물의 관리 보관에 책임을 가지는 것(개인, 집단)
　㉢ 제3집단: 지적, 예술적 활동의 대상이 되는 주제를 개념, 대상, 사건, 장소의 4개로 나타냄

20 주제명목록에 대한 설명으로 옳지 않은 것은?

① 주제명목록은 다양한 주제명을 주제순으로 배열한 목록이다.
② 주제명목록은 특정 분야에 관련된 자료와 연구를 위한 문헌을 조사할 때, 효과적으로 이용될 수 있도록 조직된 목록이다.
③ 주제명목록의 주표목은 시대, 지리, 형식 등의 세목을 통해 더 자세히 전개될 수 있다.
④ 표목 간의 관계를 미리 설정해 둔 주제명표목표를 활용하여 주제명의 일관성을 유지한다.

ANSWER 20.①

20　① 주제명목록은 다양한 주제명을 가나다 또는 알파벳순으로 배열한 목록이다.

1 듀이십진분류법(DDC) 제23판의 일부를 바탕으로 할 때 T1 표준구분표 −03(사전)을 합성할 수 없는 자료는?

378.103	Community relations
	Including volunteer student service Class interdisciplinary works on relations of colleges and universities with society in 306.432
.103 5	Industry relations
	Class here industry involvement in higher education
.106	Financial management
	Including tuition

① 『A dictionary of volunteer student service』

② 『A dictionary of community relations』

③ 『A dictionary of financial management』

④ 『A dictionary of industry involvement in higher education』

ANSWER 1.①

1 ① 'volunteer student service'는 378.103에 포함된다. 따라서 표준구분표를 합성하지 않는다.

2 고대에서부터 현대에 이르기까지 많은 학자들이 학문을 분류했는데, 다음 〈보기〉 중 학자와 그 학자가 제시한 학문 분류의 기준이 맞게 연결된 것을 모두 고르면?

─────────────── 〈보기〉 ───────────────
- ⊙ 아리스토텔레스(Aristotle) : 의무, 부, 욕망, 해탈
- ⓒ 베이컨(Francis Bacon) : 사학, 시학, 과학
- ⓒ 헤겔(Georg W.F. Hegel) : 논리학, 자연과학, 정신과학
- ⓔ 스펜서(Herbert Spencer) : 순수수학, 자연과학, 정신과학

① ⊙, ⓒ   ② ⊙, ⓒ
③ ⓒ, ⓒ   ④ ⓒ, ⓔ

3 다음 중 콜론분류법(CC)에서 사용하는 분류기호에 해당하지 않는 것은?

① 10개 아라비아 숫자   ② 26개 알파벳 대문자
③ 26개 알파벳 소문자   ④ 그리스문자(Δ Delta)

4 다음은 범주화에 관한 두 가지 경향인 고전범주화와 자연범 주화에 대한 설명이다. 범주화의 유형과 그 설명이 바르게 연결된 것은?

① 고전범주화 – 범주는 분명한 경계를 갖는다.
② 자연범주화 – 범주 내의 구성원은 동등한 자격을 갖는다.
③ 고전범주화 – 범주 내의 구성원의 위계는 문화와 환경에 따라 달라진다.
④ 자연범주화 – 특정 범주에 속하는 모든 성원은 그 범주의 속성을 반드시 지녀야 한다.

ANSWER 2.③ 3.③ 4.①

2 ⊙ 아리스토텔레스 : 정신능력(이론학, 실천학, 제작학), 목적(이론학, 실천학)
　　 의무, 부, 욕망, 해탈 → 우파니샤드
　 ⓔ 스펜서 : 추상과학(논리학, 수학), 추상–구체과학(역학, 물리학, 화학), 구체과학(천문학, 지질학, 생물학, 심리학, 사회학)
　　 순수과학, 자연과학, 정신과학 → 분트

3 ③ 알파벳 소문자는 i, l, o를 제외한 23개만 사용한다.

4 ② 범주 내의 구성원은 동등한 자격을 갖는다. → 고전범주화
　 ③ 범주 내의 구성원의 위계는 문화와 환경에 따라 달라진다. → 자연범주화
　 ④ 특정 범주에 속하는 모든 성원은 그 범주의 속성을 반드시 지녀야 한다. → 고전범주화

5 다음 중 국제십진분류법(UDC)의 분류기호 조합이 옳은 것은?

① 수학과 음악 51/78

(수학 51, 음악 78)

② 경제학 연속간행물 33[05]

(경제학 33, 연속간행물 05)

③ 한국의 화학공업 66(519)

(화학공업 66, 한국 519)

④ 20세기 회화 75=19

(회화 75, 20세기 19)

6 다음 중 한국십진분류법(KDC) 제6판에서 제시하는 총류와 언어, 문학을 제외한 대다수 자료의 주제분석을 위한 순서를 맞게 나열한 것은?

㉠ 출판 시 목록데이터(CIP)	㉡ 서문 또는 서론, 해설
㉢ 본문 통독	㉣ 표제
㉤ 참고문헌, 색인항목	㉥ 내용목차
㉦ 서평, 참고자료, 전문가	

① ㉠ – ㉣ – ㉥ – ㉡ – ㉤ – ㉢ – ㉦
② ㉠ – ㉣ – ㉥ – ㉢ – ㉡ – ㉤ – ㉦
③ ㉣ – ㉠ – ㉥ – ㉢ – ㉡ – ㉤ – ㉦
④ ㉣ – ㉥ – ㉡ – ㉢ – ㉤ – ㉠ – ㉦

....

ANSWER 5.③ 6.④

5　① 수학과 음악 51+78
　　② 경제학 연속간행물 33(05)
　　④ 20세기 회화 15"19"

6　KDC 제6판 주제분석을 위한 순서(총류, 언어, 문학 제외)
　　표제→내용목차→서문 또는 서론, 해설→본문 통독→참고문헌, 색인항목→CIP→서평, 참고자료, 전문가

7 리재철의 '한글순 도서기호법'에 따를 경우, 다음 중 '조지현 저, 장군 이순신전'의 도서기호로 가장 적합한 것은?

① 이52조　　　　　　　　　　　　② 조52장

③ 조52이　　　　　　　　　　　　④ 장52조

8 분류표의 주제를 구분하는 데 있어 하위류(subordinate classes)의 조직에 적용할 수 있는 가장 적절한 규범은?

① 공간인접순 원칙　　　　　　　　② 전통적 규범순서

③ 외연감소 규범　　　　　　　　　④ 양적순서 원칙

9 아래의 〈보기〉를 참고하여, 듀이십진분류법(DDC) 제23판을 기준으로 다음에 제시된 주제를 분류할 때 옳은 것은?

> 〈분류 주제 : Techniques of landscape painting in acrylics〉

〈보기〉

751.426　　Acrylic painting

　.426 4　　　Acrylic painting techniques by subject

　　　　　　　Add to base number 751.4264 the numbers following 704.94 in 704.942-704.949

704.942　　Human figures

704.943　　Nature and still life

　.943 2　　　Animals

　.943 4　　　Plants

　.943 6　　　Landscapes

---

① 751.426436　　　　　　　　　② 751.4264436

③ 751.42646　　　　　　　　　　④ 751.42649436

ANSWER 7.① 8.③ 9.①

7 전기서는 피전자를 기호화하며, 저자의 성을 저작기호란에 기입한다. 따라서 도서기호는 '이52조'이다.

8 외연감소 규범은 계층관계에서 각 구분단계마다 외연이 감소하는 것으로 하위류의 조직에 적용하기 적절하다.

9 751.4264+704.9436＝751.426436

10 한국십진분류법(KDC) 제6판에서 제시한 분류규정으로 옳은 것은?

① 어떤 주제의 연구 방법이나 이론을 응용할 경우에는 연구대상이 되는 주제 아래에 분류한다.

② 문헌이 두 주제 간의 원인과 결과를 다룬 것일 때는 원인이 되는 주제에 분류한다.

③ 구체적인 주제와 추상적인 주제가 함께 내포되어 있을 경우에는 추상적인 주제 아래 분류한다.

④ 다른 저자의 학설이나 연구결과를 비판한 문헌은 비판의 대상이 되는 저작에 분류한다.

11 틸렛(Tillett)의 7가지 서지적 관계 유형 중 한국문헌자동화목록형식(KORMARC) 통합서지용으로 작성된 다음 2개 서지레코드의 관계에 해당하는 것은?

1레코드	245 ▼a 엄마를 부탁해
	767 ▼t Please look after mom
2레코드	245 ▼a Please look after mom
	765 ▼t 엄마를 부탁해

① 대등관계   ② 기술관계

③ 파생관계   ④ 전후관계

ANSWER 10.① 11.③

10 ② 문헌이 두 주제 간의 원인과 결과를 다룬 것일 때는 결과가 되는 주제에 분류한다.

③ 구체적인 주제와 추상적인 주제가 함께 내포되어 있을 경우에는 구체적인 주제 아래 분류한다.

④ 다른 저자의 학설이나 연구결과를 비판한 문헌은 비판한 학자에 분류한다.

11 파생관계 … 하나의 저작과 이 저작의 내용이나 표현형식을 변형한 저작 간의 관계로 번역서, 개정판, 증보판, 축약판, 개작, 극화, 소설화 등이 있다.

※ 틸렛의 7가지 서지적 관계 유형 … 대등, 파생, 기술, 전체−부분, 딸림자료, 전후, 특성공유

12 FRBR의 동일 저작의 표현형 상호 간의 관계 유형에 해당하는 것은?

① 복제   ② 개작

③ 변형   ④ 개정

13 한국목록규칙(KCR) 제4판의 전자책 및 전자저널의 기술 목록 규칙으로 옳지 않은 것은?

① 전자책의 으뜸정보원은 그 책의 유통사 홈페이지가 제공하는 정보를 가장 우선으로 삼는다.

② 전자책의 특정자료종별과 수량은 단권본의 경우 전자책의 수를 기입하고 원괄호 안에 자료 자체에 매겨진 쪽수나 장수를 기술한다.

③ 전자저널의 기술규칙은 KCR 제4판의 보유편 제14장에 수록되어 있다.

④ 인쇄 형태의 연속간행물을 디지털 형태로 복제한 전자저널을 기술대상으로 할 경우, 그 전자저널의 표제나 책임 표시를 기술한다.

ANSWER 12.④   13.①

12 FRBR의 동일 저작의 표현형 상호 간의 관계 유형에 해당하는 것은 개정(초판-개정판, 원서-번역서 등)이다.
① 복제 – 원저작(등가)
②③ 새로운 저작(파생)

13 ① 정보원은 원칙적으로 기술의 대상이 되는 전자책 자체로, 자료에 나타난 정보 그대로 기술하는 것을 원칙으로 한다. 유통사 홈페이지가 제공하는 정보는 전자책 이외의 정보원이다.

14 한국목록규칙(KCR) 제4판과 한국문헌자동화목록형식(KORMARC) 통합서지용으로 자료를 기술할 때 옳은 것은? (단, 지시기호 및 띄어쓰기는 제외함)

캠핑을 위한 요리 Cooking for camping 조민수 지음 김인수 사진 도서출판 일신우일신	2010년 초판 2011년 제이판 2012년 제이판 2쇄 2013년 제삼판 2014년 제삼판 2쇄 도서출판 일신우일신 : 경기도 파주시 111번지 책크기 가로 : 11cm, 세로 : 24.3cm 150 p.

① 245 ▾a 캠핑을 위한 요리 : ▾b Cooking for camping/ ▾d 조민수, ▾e 김인수

② 250 ▾a 제삼판

③ 260 ▾a 파주 : ▾b 일신우일신, ▾c 2014

④ 300 ▾a 150 p. ; ▾c 25×11 cm

15 한국문헌자동화목록형식(KORMARC) 전거통제용(KSX6006-4)에서 1XX, 4XX, 5XX필드의 조기성을 바르게 나타낸 것은?

① X20 – 통일서명 ② X50 – 주제명

③ X51 – 연대명 ④ X81 – 연대세목

....

ANSWER 14.④ 15.②

14 ① 245 ▾a 캠핑을 위한 요리= ▾x Cooking for camping/ ▾d 조민수 지음 ; ▾e 김인수 사진
   ② 250 ▾a 제3판
   ③ 260 ▾a 파주 : ▾b 일신우일신, ▾c 2013

15 ① X30－통일서명
   ③ X51－지리명
   ④ X81－지리세목, X82－연대세목

16 국립중앙도서관 주제명표목표의 기술원칙으로 가장 옳은 것은?

① 우리나라의 특성을 고려하여 'KDC, UDC, NK(North Korean), SK(South Korean), SNN(Scientific Name), 각종 외국어코드'를 추가하였다.

② 주제명표목표에 등록할 복합명사는 조합개념의 개수(個數), 즉 깊이에 제한을 두어 적용하였다.

③ 로마자 약어나 두문자어가 한글 음으로 자주 사용된다고 판단되는 경우에는 이를 우선어로 삼았다.

④ 차음어 혹은 번역어인 경우 번역어를 우선 채택하였다.

17 다음 〈보기〉는 국제목록원칙규범(The Statement of International Cataloguing Principles)의 목록기능 중 무엇인가?

――――――――――――――― 〈보기〉 ―――――――――――――――

저작과 표현형, 구현형, 개별자료, 개인, 가족, 단체, 개념, 대상, 사건, 장소 간의 관계를 제시하는 것을 포함하여, 이에 대한 서지데이터와 전거데이터의 논리적 배열과 명확한 이동 방법을 제시하는 일

① 서지자원이나 에이전트를 식별하는 일

② 목록의 안팎을 항해하는 일

③ 이용자의 요구에 적합한 서지자원을 선정하는 일

④ 기술된 개별자료를 입수 혹은 접근을 확보하는 일

....

ANSWER 16.③ 17.②

16 ① 우리나라의 특성을 고려하여 'KDC, DDC, NK(North Korean), SK(South Korean), SNN(Scientific Name), 각종 외국어 코드'를 추가하였다.
② 주제명표목표에 등록할 복합명사는 조합개념의 개수(個數), 즉 깊이에 제한을 두지 않는다.
④ 차음어 혹은 번역어인 경우 더 많이 사용되거나 안정된 용어를 우선 채택하였다.

17 제시된 내용은 목록의 안팎을 항해하는 일인 Navigation 기능이다.
① 서지자원이나 에이전트를 식별하는 일 → Identify
② 목록의 안팎을 항해하는 일 → Navigation
③ 이용자의 요구에 적합한 서지자원을 선정하는 일 → Select
④ 기술된 개별자료를 입수 혹은 접근을 확보하는 일 → Obtain

18 다음 〈보기〉는 분류목록에 대한 설명이다. 옳은 것을 모두 고르면?

─────────── 〈보기〉 ───────────

㉠ 자료를 주제로 검색하기 위한 주제목록의 일종이다.

㉡ 하나의 자료에는 하나의 저록만이 가능하다.

㉢ 자료의 배열순서는 서가상의 배열순서와 일치한다.

㉣ 부출저록이나 분출저록을 이용한다.

① ㉠, ㉡   ② ㉠, ㉣

③ ㉡, ㉢   ④ ㉢, ㉣

19 다음 〈보기〉 중 DC 메타데이터의 한정어인 요소세목을 모두 고른 것은?

─────────── 〈보기〉 ───────────

㉠ format – IMT   ㉡ format – medium

㉢ identifier – URI   ㉣ date – dateAccepted

㉤ date – DCMI Period

① ㉠, ㉡   ② ㉠, ㉤

③ ㉡, ㉢   ④ ㉡, ㉣

20 한국문헌자동화목록형식(KORMARC) 통합서지용에서 제시한 필드 중 반복 가능한 것은?

① 008 부호화 정보필드   ② 245 표제와 책임표시사항

③ 250 판사항   ④ 260 발행, 배포, 간사사항

....

ANSWER 18.② 19.④ 20.④

18 ㉡ 두 개 이상의 분류기호를 가진 경우 두 개 이상의 표목으로 배열된다.

㉢ 자료의 배열순서가 서가상의 배열순서와 일치하는 것은 아니다.

19 ㉠ format－IMT(Internet Media Type) : 입력체계

㉢ identifier－URI(Uniform Resource Identifier) : 입력체계

㉤ date－DCMI Period(시대 표기법) : 입력체계

20 ④ 260 발행, 배포, 간사사항은 반복 가능한 필드이다.

①②③ 008, 245, 250 필드 반복 불가

1 KDC 제6판의 주요 개정 방침에 대한 설명으로 옳은 것은?

① 특수주제구분 적용을 확대한다.
② 항목표기 시 두음법칙을 적용하고 색인어는 모두 띄어 쓴다.
③ 다양한 주기유형을 도입하여 분류항목에 주기를 적극 제시하며 주기 기술방식을 다양화한다.
④ 한글과 영문의 병기는 주류, 강목, 요목까지 적용한다.

2 다음은 KCR(한국목록규칙) 제4판을 적용하여 KORMARC 형식(통합서지용)으로 작성한 레코드의 일부이다. ㉠, ㉡에 들어갈 표시기호(Tag)는? (단, 띄어쓰기, 필드종단기호는 적용하지 않는다)

245	00	▼a삼봉 정도전 : ▼b문정인 장편소설 / ▼d문정인 지음
260		▼a서울 : ▼b공상공간, ▼c2010
(㉠)	18	▼a정도전, ▼d1342-1398 ▼v소설
(㉡)	1	▼a문정인

	㉠	㉡
①	600	100
②	600	700
③	650	100
④	650	700

ANSWER 1.① 2.②

1 ② 항목표기 시 두음법칙을 적용하고 색인어는 모두 붙여쓴다.
③ 다양한 주기유형을 도입하여 분류항목에 주기를 적극 제시한다. 주기 기술방식은 일원화한다.
④ 한글과 영문의 병기는 주류, 강목까지 적용한다.

2 • 정도전 : 통제된 인명으로 주제부출필드 인명을 적용한다. →600
• 문정인 : 일반인명 →700

3 KORMARC 형식(통합서지용)에서 필드의 연결이 바르지 않은 것은?

① 254 – 악보의 표현형식
② 255 – 지도제작의 수치데이터
③ 257 – 보존기록의 특성
④ 263 – 발행예정일자

4 전거파일 기능에 대한 설명으로 옳지 않은 것은?

① 서지레코드의 접근점 필드와 전거레코드의 제어번호를 분리함으로써 서지 파일에 수록된 전거형식과 참조를 갱신한다.
② 목록작성자가 목록에 추가하는 서지기술에 사용할 접근점을 선정하고 부여할 때 참고도구의 기능을 수행한다.
③ 서지파일에 사용되는 접근점의 형식을 제어한다.
④ 이용자가 필요로 하는 안내 정보나 참조를 제시하여 이용자의 서지파일 접근을 지원한다.

5 KDC 제6판 사회과학(300) 분야 표목변경 항목의 내용이 옳은 것만을 모두 고른 것은?

		KDC 제5판		KDC 제6판
㉠	372.37	여행, 소풍	→	수학여행, 수련활동
㉡	376.7	실업교육	→	특성화교육
㉢	378	평생교육	→	사회교육
㉣	379.16	지적장애인교육	→	정신지체장애인교육
㉤	379.4	불량아교육, 문제아교육	→	학교부적응 및 비행 학생교육

① ㉠, ㉡, ㉤
② ㉠, ㉢, ㉣
③ ㉡, ㉣, ㉤
④ ㉢, ㉣, ㉤

....

ANSWER 3.③ 4.① 5.①

3 ③ 257 – 기록필름의 제작국명

4 ① 서지레코드의 접근점 필드와 전거레코드의 제어번호를 결합함으로써 서지 파일에 수록된 전거형식과 참조를 갱신한다.

5 ㉢ 378 사회교육 → 평생교육
㉣ 379.16 정신지체장애인교육 → 지적장애인교육

6 다음은 「Cutter-Sanborn Three-Figure Author Table」 사용법에 대한 설명이다. ㉠~㉢에 들어갈 내용으로 적절한 것은?

> - 저자의 성에서 첫 글자를 대문자로 채기한 후에 Table에서 해당 저자의 번호를 찾아 기입한다. 만약 저자명에 해당하는 번호가 없는 경우에는 바로 (㉠)의 번호를 사용한다.
> - 전기자료(전기서, 자서전, 회상록 등)는 (㉡)를 기호화하며 이 경우에 (㉢)의 성을 저작기호로 간주하여 부기한다.

	㉠	㉡	㉢
①	뒤	저자	피전자
②	앞	피전자	저자
③	앞	저자	피전자
④	뒤	피전자	저자

7 DDC 제23판의 개정 내용에 대한 설명으로 옳지 않은 것은?

① 과학(500)의 'mathematical logic'을 확장하였다.
② 690의 표목 'Construction of buildings'를 'Buildings'로 변경하였다.
③ 제22판의 721(Architectural structure)은 720(Architecture)으로 이치하였다.
④ 문학(800)은 T6의 변경을 반영하여 소수 문학을 신설하였다.

ANSWER 6.② 7.②

6 - 저자의 성에서 첫 글자를 대문자로 채기한 후에 Table에서 해당 저자의 번호를 찾아 기입한다. 만약 저자명에 해당하는 번호가 없는 경우에는 바로 (앞)의 번호를 사용한다.
- 전기자료(전기서, 자서전, 회상록 등)는 (피전자)를 기호화하며 이 경우에 (저자)의 성을 저작기호로 간주하여 부기한다.

7 ② 690의 표목 'Buildings'를 'Construction'로 변경하였다.

8 메타데이터에 대한 설명으로 옳지 않은 것은?

① RDF는 자원과 자원의 속성, 그와 같은 속성의 값을 표현하기 위한 데이터모델이다.

② DC는 15개 기본요소로 구성되며 그 중 Rights에는 자원이 가지고 있는 권리나 자원에 대한 권리에 관한 정보를 기술한다.

③ MODS는 LC가 개발하였으며 MARC와 유사한 의미구조를 가진 XML스키마이다.

④ RDA는 자료식별을 위한 기술부와 자료검색의 수단 또는 문헌집중을 위한 접근점의 구조로 분리되어 있다.

9 DDC 제23판을 적용하여 〈보기〉와 같이 분류할 때, 해당주제와 분류기호의 연결이 옳은 것만을 모두 고른 것은?

───── 〈보기〉 ─────

016 Bibliographies and catalogs of works on specific subjects
　　　Add to base number 016 notation 001-999, e.g., ...

㉠ 음악에 관한 서지 − 016.78
㉡ 화학분야에 관한 서지 − 016.54
㉢ 프랑스어에 관한 서지 − 016.44
㉣ 남미역사에 관한 서지 − 016.98

① ㉠, ㉢　　　　　　　　　　　　　② ㉠, ㉡, ㉣

③ ㉡, ㉢, ㉣　　　　　　　　　　　④ ㉠, ㉡, ㉢, ㉣

ANSWER 8.④　9.④

8　④ RDA는 기술부와 접근점을 분리하지 않았다.

9　㉠ 780 Music
　　㉡ 540 Chemistry
　　㉢ 440 French & related languages
　　㉣ 980 History of South America

10 다음은 DDC 제23판의 본표 일부를 발췌한 것이다. ㉠, ㉡에 들어갈 보조표는?

220.5	Modern versions and translations
.53-.59	Versions in other languages
	Add to base number 220.5 notation 3-9 from (㉠)
704	Special topics in fine and decorative arts
.031-.039	Specific ethnic and national groups
	Add to base number 704.03 notation 1-9 from (㉡)

	㉠	㉡
①	Table 2	Table 5
②	Table 5	Table 6
③	Table 6	Table 5
④	Table 6	Table 4

11 KORMARC 형식(통합서지용)의 연관저록 필드의 연결이 바르지 않은 것은?

① 동시발간저록 - 776
② 원저저록 - 765
③ 이판저록 - 775
④ 선행저록 - 780

10 ㉠ langusges(언어) → Table 6
　㉡ ethnic and national groups(민족 및 국가) → Table 5

11 ① 동시발간저록 - 777

12 다음은 KORMARC 형식(통합서지용) 데이터의 일부이다. ㉠～㉢에 들어갈 표시기호(Tag)는? (단, 지시기호, 띄어쓰기, 필드종단기호는 적용하지 않는다)

(㉠)	▼a참고문헌 : p. 699-702
(㉡)	▼p원본출판사항 : ▼c서울 : 행복신문사, 1961
(㉢)	▼a노벨경제학상, 2004

	㉠	㉡	㉢
①	500	533	586
②	500	534	585
③	504	533	585
④	504	534	586

13 DDC 제23판으로 자료를 분류할 때, 적용하는 규정에 대한 설명으로 옳지 않은 것은?

① 기독교가 한국문화에 끼친 영향에 관한 자료는 한국문화에 분류한다.

② 수단(962), 모로코(964), 알제리(965)의 역사를 함께 다룬 자료는 아프리카의 역사(960)에 분류한다.

③ 자료『Child Welfare in China and Germany』가 두 주제를 같은 비중으로 다루었을 경우 'Child Welfare in China'에 분류한다.

④ 아동발달에 관한 자료가 심리학, 사회학, 신체적 발달 등 여러 학문적 관점에서 다루어졌고, 특별히 저자가 강조한 관점이 없으면 학제적 번호에 분류한다.

ANSWER 12.④ 13.③

12 504 ▼a참고문헌: p. 699-702→서지 등 주기 [반복]
 534 ▼p원본출판사항: ▼c서울: 행복신문사, 1961→원본주기 [반복]
 586 ▼a노벨경제학상, 2004→수상 주기 [반복]

13 ③ 자료『Child Welfare in China and Germany』가 두 주제를 같은 비중으로 다루었을 경우 선행규칙을 적용하여 'Child Welfare in Germany'에 분류한다.(China -51, Germany -43)

14 동양의 목록규칙에 대한 설명으로 옳은 것은?

① 한국목록규칙 초판은 표목의 형식을 한글과 한자로 병기하였다.
② 정묵이 편찬한 한서예문지는 사분법의 효시를 이룬 목록이다.
③ 우리나라 최초의 유교관계목록은 신편제종교장총록이다.
④ 한은도서편목법은 국내에서 처음으로 저자명기본기입을 원칙으로 채택한 목록규칙이다.

15 KCR(한국목록규칙) 제4판의 주요 특징으로 옳지 않은 것은?

① 목록기능 제시
② 기술대상의 확대
③ 화상 자료와 영상 자료의 분리
④ 통일표목의 배제

16 콜론분류법(CC)에 대한 설명으로 옳지 않은 것은?

① 주제의 형성은 그 주제와 하위 개념간의 관계, 주제의 구성요소간의 관계에 따라 이루어진다.
② 기본주제 및 패싯을 분석하고 해당기호를 합성하는 연역적 · 하향식분류표이다.
③ 주제의 구성요소를 특성계열로 분석하여 이를 일정한 형식으로 합성하는 분석합성식 구조이다.
④ 기본주제는 추상적인 것에서 구체적인 것으로, 자연적인 것에서 인위적인 것으로 배치되어 있다.

ANSWER 14.④ 15.③ 16.②

14 ① 한국목록규칙 초판은 표목의 형식을 한글만 기재하였다.
② 사분법의 효시를 이룬 목록은 정묵이 편찬한 중경부이다.
③ 우리나라 최초의 유교관계 목록은 해동문헌총록이다.

15 ③ 화상 자료와 영상 자료를 통합하였다.

16 ② 콜론 분류법은 분석합성식 분류표로 귀납적 · 상향식분류표이다.

17 KDC 제6판을 적용할 때, 해당주제와 분류기호의 연결이 옳은 것만을 모두 고른 것은?

> ㉠ 불교의 교파 – 228
> ㉡ 힌두교의 교리 – 271
> ㉢ 이슬람교의 경전 – 283
> ㉣ 기독교의 선교활동 – 235

① ㉠, ㉡
② ㉠, ㉢, ㉣
③ ㉡, ㉢, ㉣
④ ㉠, ㉡, ㉢, ㉣

18 다음은 『우주의 신비』에 부여된 ISBN의 부가기호(73440)이다. ㉠ ~ ㉢에 들어갈 의미로 옳은 것은?

> 『우주의 신비』 : ISBN 978-89-6352-530-3 73440
>
> $$\underline{\quad 7 \quad} \qquad \underline{\quad 3 \quad} \qquad \underline{\quad 440 \quad}$$
> (㉠)　　　(㉡)　　　(㉢)

	㉠	㉡	㉢
①	전문도서	단행본	광물학
②	아동도서	단행본	천문학
③	전문도서	그림책	천문학
④	아동도서	그림책	광물학

ANSWER 17.④ 18.②

17 ㉠ 220 불교+-8 종파, 교파
㉡ 270 힌두교+-1 교리, 교의
㉢ 280 이슬람교+-3 경전, 성전
㉣ 230 기독교+-5 선교, 포교, 전도, 교화(교육)활동

18 ㉠ 독자대상기호 7 → 아동
㉡ 발행형태기호 3 → 단행본
㉢ 내용분류기호 440 → 천문학

19 목록규칙에 대한 설명으로 옳지 않은 것은?

① Panizzi의 목록규칙은 서명기본기입을 원칙으로 하는 최초의 조직적인 규칙이라 할 수 있다.

② Jewett의 목록규칙은 미국에서 최초로 발간된 공간(公刊)규칙으로 종합목록을 시도한 규칙이다.

③ AACR 초판은 ICCP에서 채택된 원칙성명을 반영한 규칙으로 북미판과 영국판으로 각각 출판되었다.

④ AACR2는 제1부 기술과 제2부 표목 · 통일표제 · 참조로 구성되었으며, 기술의 구두법은 ISBD를 따르고 있다.

20 다음 분류법 중 주류 배열이 콩트(A. Comte)의 학문분류에 기초한 것을 모두 고른 것은?

㉠ 한국십진분류법(KDC)	㉡ 해리스(Harris)의 분류법
㉢ 미국의회도서관분류법(LCC)	㉣ 일본십진분류법(NDC)
㉤ 전개분류법(EC)	

① ㉢, ㉤

② ㉠, ㉡, ㉣

③ ㉡, ㉣, ㉤

④ ㉢, ㉣, ㉤

19 ① Panizzi의 목록규칙은 저자기본기입을 원칙으로 하는 최초의 조직적인 규칙이라 할 수 있다.

20 이론적 지식과 실증적 지식으로 구분한 철학자 콩트의 학문분류는 커터의 전개분류법, 미국의회도서관분류법, 일본십진분류법에 큰 영향을 주었다.
㉠ 한국십진분류법은 듀이의 십진분류법을 바탕으로 만든 것이다.
㉡ 해리스의 분류법은 역베이컨식으로 듀이의 십진분류법에 영향을 미쳤다.

1 분류법에 대한 설명으로 옳지 않은 것은?

① 해리스(W.T. Harris)의 분류법은 분류기호와 도서기호를 서가배열과 목록배열에 사용한 분류법으로 이후의 서가분류법에 영향을 주었다.

② 카터(C.A. Cutter)의 전개분류법은 꽁트(A. Comte)의 학문분류 체계에 영향을 받았으며, 배열순서는 일반적으로 주제의 진화 순으로 되어 있다.

③ 브리스(H.E. Bliss)의 서지분류법은 5개의 공통패싯을 이용한 분석합성식 원리를 수용하였으며, 콜론분류법에 영향을 주었다.

④ 에드워즈(E. Edwards)의 분류법은 근대 영국 공공도서관의 대표적인 분류법으로 신학, 의학, 서지 등 12개의 주류로 구분되어 있다.

2 「사고전서총목제요(四庫全書總目提要)」의 사부분류법(四部分類法)에 따라 구분할 때, 경부(經部)에 해당하지 않는 것은?

① 시류(詩類)　　　　　　　　　　　　② 악류(樂類)
③ 춘추류(春秋類)　　　　　　　　　　④ 유가류(儒家類)

ANSWER 1.④ 2.④

1 ④ 에드워즈의 분류법은 근대 영국 공공도서관의 대표적인 분류법으로 신학(A), 철학(B), 역사(C), 정치학 및 상업(D), 과학 및 기술(E), 문학 및 작가(F) 등 6개의 주류로 구분되어 있다.

2 ④ 유가류는 자부(子部)에 해당한다.
　※ 사고전서의 분류체계
　　㉠ 경부(經部) : 역류, 서류, 시류, 예류, 춘추류, 효경류, 오경총의류, 사서류, 악류, 소학류
　　㉡ 사부(史部) : 정사류, 편년류, 기사본말류, 별사류, 잡사류, 조령주의류, 전기류, 사초류, 재기류, 시령류, 지리류, 직관류, 정서류, 목록류, 사평류
　　㉢ 자부(子部) : 유가류, 병가류, 법가류, 농가류, 의가류, 천문산법류, 술수류, 예술류, 보록류, 잡가류, 류서류, 소설가류, 석가류, 도가류
　　㉣ 집부(集部) : 초사류, 별집류, 총집류, 시문평류, 사곡류

3 다음은 KDC 제6판의 분류규정을 적용한 예시이다. 옳은 것만을 모두 고른 것은?

ⓐ 「한국 철학에 미친 유교의 영향」 → '유교'가 아닌 '한국 철학'에 분류

ⓑ 「종교사의 기원으로서의 신화」 → '신화'가 아닌 '종교사'에 분류

ⓒ 「영어 학습을 위한 셰익스피어의 로미오와 줄리엣(한영 대역서)」 → '영어'가 아닌 '영문학'에 분류

---

① ㉠, ㉡　　　　　　　　　② ㉠, ㉢

③ ㉡, ㉢　　　　　　　　　④ ㉠, ㉡, ㉢

4 KDC가 제5판에서 제6판으로 개정되면서 변경된 분류항목으로 옳은 것만을 모두 고른 것은?

	분류항목	제5판	제6판
㉠	건축사	610.9	540.09
㉡	통계학	310	413
㉢	양극지방	970	969
㉣	국립도서관	026.2	026.1

---

① ㉠, ㉡　　　　　　　　　② ㉢, ㉣

③ ㉠, ㉡, ㉢　　　　　　　④ ㉡, ㉢, ㉣

ANSWER 3.① 4.③

3　㉠ 영향 관계에서는 영향을 받은 쪽에 분류한다.
　　㉡ 추상적인 주제와 구체적인 주제에서는 구체적인 주제에 분류한다.
　　㉢ 언어 학습과 관련된 대역서 또는 주해서 등은 학습할 언어에 분류한다.

4　㉠ 제5판의 540 건축공학은 610 건축술과 통합되면서 제6판에서는 540 건축, 건축학이 되었다.
　　㉡ 제5판 310 통계학은 제6판에서 413으로 통합·재배치되었다.
　　㉢ 제6판에서는 제5판의 960 오세아니아와 970 양극지방이 960에 통합되고 970은 공기호로 남겨두었다.
　　㉣ 제6판은 026.1 국가대표도서관이 신설되었고 국립도서관은 026.2로 이치되었다.

5 다음은 DDC 제23판 본표의 일부를 발췌한 것이다. 괄호 안에 들어갈 보조표로 옳은 것은?

746.7 Rugs

.751–.758 Styles from specific Asian countries and localities other than southeast Asia

Add to base number 746.75 the numbers following –5 in notation 51–58

from (　　　), e.g., Chinese rugs 746.751

① Table 2   ② Table 4

③ Table 5   ④ Table 6

6 다음은 KDC 제6판 본표의 일부를 발췌한 것이다. ㉠～㉣에 들어갈 조기표로 옳은 것은?

290 기타 제종교 Other religions
291 아시아
  .1 한국
  .2-.9 기타 아시아 각국
      발상국에 따라 (㉠) -12-19와 같이 세분한다.

362 헌법 Constitutional law
      362.001-.009는 (㉡)에 따라 세분한다.
      예 : 헌법판례　362.0023
  .01-.07 각국헌법
  .11 한국헌법

718 방언(사투리) Dialect
  .1-.9 각 지방의 방언
      (㉢) -111-1199와 같이 세분한다.
      예 : 제주도 방언　718.99

790 기타 제어 Other languages
  별법 : 도서관에 따라 각 언어에 대해 (㉣)을 적용할 수 있다.
792 인도-유럽어족
  .1 그리스어
  .2 라틴어

① ㉠ - 종교공통구분   ② ㉡ - 표준구분
③ ㉢ - 언어공통구분   ④ ㉣ - 국어구분

ANSWER 6.②

6　㉠㉢ 지역구분표
　　　㉣ 언어공통구분표

7 DDC 제23판의 분류기호에 따를 때, 해당 주제와 분류기호의 연결이 옳은 것만을 모두 고른 것은?

> ㉠ 독일어로 된 수필(2인 이상 저자 작품) → 834
> ㉡ 영어로 된 미국소설(2인 이상 저자 작품) → 823
> ㉢ 스페인어로 된 서간문(2인 이상 저자 작품) → 856
> ㉣ 고대영어로 된 문학작품(2인 이상 저자 작품) → 829

① ㉠, ㉡   ② ㉠, ㉣

③ ㉡, ㉢   ④ ㉢, ㉣

8 다음의 주류(main classes)기호 아래에 세분되어 있는 KDC와 DDC의 분류항목으로 옳지 않은 것은?

주류	KDC 제6판	DDC 제23판
① 300	통계자료	General management
② 400	기상학	Romance languages
③ 500	제조업	Earth sciences
④ 600	공예	Medicine and health

9 국제십진분류법(UDC)에 대한 설명으로 옳지 않은 것은?

① 완전판, 중간판, 간략판, 특정 주제판, CD-ROM, 웹버전 등으로 출시되고 있어 선택의 여지가 많아 다양한 요구에 부응할 수 있다.

② 서가배열을 위한 분류보다는 서지에 수록될 정보를 보다 정확하고 상세하게 분류하기 위한 목적에서 고안되었다.

③ 분류기호를 부여한 후 이를 배열하기 위한 순서(filing order)를 별도로 제시하고 있다.

④ 기본주제의 배치원리는 암페르(A.M. Ampere)의 학문배열을 따르며, 주류 배열 순서를 자연과학, 인문학, 사회과학 순으로 배정하였다.

ANSWER 7.② 8.① 9.④

7 ㉡ 영어로 된 미국소설(2인 이상 저자 작품) → 813
㉢ 스페인어로 된 서간문(2인 이상 저자 작품) → 866

8 ① DDC 제23판에서 General management는 658로, 주류기호 600 경영 및 보조서비스 아래 세분된다.

9 ④ 콜론분류법(CC)에 대한 설명이다.

10 다음은 「Cutter-Sanborn Three-Figure Author Table」의 일부분이다. 이 표를 적용하여 Robert Perry가 지은 「Public Library, third edition」의 도서기호로 옳은 것은?

Perry	462	Robert	639
Perry, G.	463	Robert, G.	641
Perry, M.	464	Robert, M.	642
Perry, S.	465	Roberts	643
Pers	466	Roberts, F.	644

① P464-3

② P464p3

③ R642-3

④ R642p3

11 주요 목록규칙(편목규칙)에 대한 설명으로 옳은 것만을 모두 고른 것은?

> ㉠ 한국목록규칙 제4판은 기본표목을 규정하지 않고 있으며, 통일표목을 적용하지 않는다.
> ㉡ 박봉석의 조선동서편목규칙은 국제적 추세를 수용하여 저자명목록을 기본목록으로 하고 있다.
> ㉢ C.A. Cutter의 사전체목록규칙은 이용자의 편의성을 강조한 규칙으로서 이후의 목록규칙에 많은 영향을 미쳤다.
> ㉣ RDA(Resource Description and Access)는 IFLA의 FRBR과 FRAD의 개념모형을 기반으로 하고 있다.

① ㉠, ㉡

② ㉢, ㉣

③ ㉠, ㉢, ㉣

④ ㉡, ㉢, ㉣

12 서지적 관계유형에서 틸렛(B. Tillett)이 주장한 파생관계(derivative relationships)에 해당하는 것은?

① 개정판, 번역서
② 영인본, 증보판
③ 해설집, 서평
④ 요약집, 색인집

13 주제명표목표의 '참조'에 대한 설명으로 옳지 않은 것은?

① '참조'는 이용자가 사용한 탐색어로부터 주제명표목표에서 선정한 표목으로 안내하고 관련 표목 간을 연결하기 위한 것이다.
② '보라참조'는 표목으로 채택되지 않은 주제명에서 채택된 주제명표목으로 연결시켜 주는 역할을 한다.
③ '도보라참조'는 표목으로 채택된 주제명을 채택되지 않은 주제명으로 연결시켜 주는 역할을 한다.
④ '일반참조'는 개별 표목을 지시하는 참조와는 달리, 일단의 표목이나 범주를 지시하는 역할을 한다.

12 틸렛의 7가지 서지적 관계유형
ㄱ 대등관계 : 복본, 복제물, 영인본, 재쇄본 등
ㄴ 파생관계 : 번역서, 개정판, 증보판 등
ㄷ 기술관계 : 서평, 해설집, 사례집, 주석본 등
ㄹ 부분-전체관계 : 선집, 합집 등
ㅁ 딸림자료관계 : 교과서와 그에 딸린 지도책 등
ㅂ 전후관계 : 선행자료와 후속자료, 속편 등
ㅅ 특성공유관계

13 ③ 표목으로 채택된 주제명을 채택되지 않은 주제명으로 연결시켜 주는 역할을 하는 것은 '에서보라참조'이다. '도보라참조'는 특정 표목과 관련된 다른 표목끼리 연결시키며 주제의 상호관계 및 종속관계를 표현한다.

14 한국목록규칙 제4판의 기술규칙 중 각종 자료의 표제관련 기술규칙에 대한 설명으로 옳지 않은 것은?

① 지도자료의 경우, 자료의 어느 부위에도 표제의 표시가 없는 경우에는 대상 지명을 나타내는 어구가 포함되도록 하여 본표제를 보기한다.

② 고서자료의 경우, 다권본으로 이루어진 자료는 첫째 권 또는 첫 책의 권수제면(卷首題面)이나 표제면을 기준으로 본표제를 기술한다.

③ 악보자료의 경우, 식별상 필요한 숫자나 문자가 표제와 불가분의 관계가 있는 경우에는 이를 본표제의 일부로 기술한다.

④ 화상자료 중 복제화는 원화의 표제를 본표제로 기술하고, 원화의 일부를 복제한 경우에는 이 사실을 부기한다.

15 다음은 한국목록규칙 제4판과 KORMARC 형식(통합서지용)으로 작성한 레코드의 일부이다. 바르게 입력된 필드만을 모두 고른 것은? (단, 지시기호와 띄어쓰기는 적용하지 않는다)

```
020    ▼a978-89-460-5625-1▼g93530 : ▼c₩25000
245    ▼a현대 도시계획의 이해 : ▼b환경공학적 접근 /
       ▼d존 버틀러 지음, ▼e김철수, ▼e이영희 옮김
260    ▼a파주 : ▼b인쇄문화, ▼c2013
300    ▼a395 p. ; 삽화 : ▼c23 cm + ▼e전자 광디스크 1매
650    ▼a도시계획
```

① 020, 245

② 260, 650

③ 020, 260, 650

④ 245, 300, 650

16 다음은 한국목록규칙 제4판과 KORMARC 형식(통합서지용)으로 작성한 레코드의 일부이다. ㉠과 ㉡에 들어갈 표시기호는? (단, 지시기호와 띄어쓰기는 적용하지 않는다)

---

245 ▾a한국 고전소설 연구사▾h[전자자료] / ▾d최보라 지음

300 ▾a전자책 1책(263 p.)

(㉠) ▾a같은 내용으로 단행본도 있음

(㉡) ▾a최보라. ▾t한국 고전소설 연구사. ▾d서울 : 한국도서관협회, 2010

	㉠	㉡
①	530	775
②	530	776
③	538	775
④	538	776

17 KORMARC 형식(통합서지용)의 서지레코드에서 FRBR의 표현형 식별을 위한 언어 정보로 이용할 수 있는 것은?

① 리더/00-04

② 005 필드

③ 007 필드/01

④ 008 필드/35-37

ANSWER 16.② 17.④

16 530 필드에는 이를 알기 쉽게 나타낸다.
776 필드는 기타형태저록으로 해당 자료가 이용가능한 다른 물리적 형태의 자료로 간행되고 있을 때(수평적 관계) 이에 관한 사항을 기술한다.

17 ① 레코드 길이
② 최종처리일시
③ 특정자료종별

18 번역서에 대한 아래의 예시를 MARC 형식으로 서지레코드를 작성할 때, 원본의 표제를 기술할 MARC 21과 KORMARC 형식(통합서지용)의 표시기호를 순서대로 짝지은 것은?

대상 자료 :「위대한 개츠비」

　　　　F. Scott Fitzgerald 지음　강슬기 번역

원본의 표제 :「The Great Gatsby」

---

① 240 – 240　　　　　　　　　　② 240 – 246

③ 246 – 240　　　　　　　　　　④ 246 – 246

19 한국목록규칙 제4판에서 규정하고 있는 자료특성사항의 예시 중 자료특성사항을 기술한 것이 아닌 것은? (단, 띄어쓰기는 적용하지 않는다)

① 관현악총보
② 전자 데이터(1파일 : 550레코드)
③ 축척 1 : 50,000 ; 등거리방위도법
④ 녹음 릴 1개(31분)

ANSWER 18.② 19.④

18 MARC21의 경우 원표제는 240에 입력하며, KORMARC 형식의 표시기호는 246(여러 형태의 표제)이다.

19 ④ 특정자료종별과 자료의 수량은 형태사항을 기술한 것이다.

20 DC로 작성된 아래의 레코드를 MODS로 변환할 때, ㉠~㉣에 해당하는 MODS의 상위요소로 옳은 것은? (단, 띄어쓰기는 적용하지 않는다)

㉠ 〈dc:title〉경제의 원칙과 실제〈/dc:title〉

㉡ 〈dc:creator〉박경제〈/dc:creator〉
　　〈dc:subject〉경제학〈/dc:subject〉

㉢ 〈dc:date〉2015〈/dc:date〉

㉣ 〈dc:type〉텍스트〈/dc:type〉
　　〈dc:identifier〉ISBN 978-89-4039-132-1〈/dc:identifier〉
　　〈dc:language〉한국어〈/dc:language〉

---

① ㉠ – accessCondition

② ㉡ – author

③ ㉢ – physicalDescription

④ ㉣ – typeOfResource

....

ANSWER 20.④

20　① ㉠ title – titleInfo
　　　② ㉡ creator – name
　　　③ ㉢ date – originInfo

1 다음 중 미국의회도서관분류법(LCC)의 주류 배열 순서에 따라 바르게 나열한 것은?

① Political Science → Education → Literature → Agriculture → Naval Science

② Political Science → Naval Science → Education → Literature → Bibliography

③ Geography → Language → Fine arts → Military Science → Law

④ Psychology → Language → Military Science → Music → Law

ANSWER 1.①

1 ① Political Science(J) → Education(L) → Literature(P) → Agriculture(S) → Naval Science(V)

※ LCC 주류의 구성

• A General works(총류)

• B Philosophy, Psychology, Religion(철학, 종교)

• C Auxiliary sciences of history(역사 보조학)

• D History (general) and history of Europe(일반역사 및 고대사)

• E-F America History(미국역사)

• G Geography, Anthropology, Recreation(지리학, 인류학, 민속학)

• H Social sciences(사회과학)

• J Political science(정치학)

• K Law(법학)

• L Education(교육학)

• M Music and books on music(음악)

• N Fine arts(예술)

• P Language and literature(언어학 및 문학)

• Q Science(과학)

• R Medicine(의학)

• S Agriculture(농학)

• T Technology(기술)

• U Military science(군사학)

• V Naval science(해군학)

• Z Bibliography, Library science, Information resources(general)(서지 및 도서관학)

2 다음 중 국제표준도서번호(ISBN) 부여대상 자료로만 묶인 것은?

① 지도 – 점자자료 – 마이크로형태자료
② 인쇄된 도서 – 지도 – 전자게시판
③ 점자자료 – 지도 – 인쇄악보
④ 점자자료 – 마이크로형태자료 – 음악녹음자료

---

2 국제표준도서번호(ISBN) 부여대상에서 제외되는 자료
ⓐ 계속자료(연속간행물, 신문, 학술지, 잡지 등)
ⓑ 추상적 분문으로 나열된 도서나 작품
ⓒ 광고물, 전단지 등과 같이 수명이 짧은 인쇄자료
ⓓ 인쇄악보
ⓔ 표제지와 본문이 없는 화첩 및 아트폴더
ⓕ 개인문서(전자이력서나 개인 신상자료)
ⓖ 연하장, 인사장
ⓗ 음악녹음자료
ⓘ 교육용 이외의 목적으로 사용하기 위한 소프트웨어
ⓙ 전자게시판
ⓚ 전자우편과 전자서신
ⓛ 게임
ⓜ 동영상(인터넷 강의 등)

3 다음 표는 리재철의 「한글순도서기호법」〈제5표〉이다. 이에 따른 "이헌수 저, 한국교육의 이해"의 저자기호로 옳은 것은?

자음기호		모음기호			
		초성이 ㅊ이 아닌 글자		초성이 ㅊ인 글자	
ㄱ ㄲ	1	ㅏ	2	ㅏ(ㅐ ㅑ ㅒ)	2
ㄴ	19	ㅐ(ㅑ ㅒ)	3	ㅓ(ㅔ ㅕ ㅖ)	3
ㄷ ㄸ	2	ㅓ(ㅔ ㅕ ㅖ)	4	ㅗ(ㅘ ㅙ ㅚ ㅛ)	4
ㄹ	29	ㅗ(ㅘ ㅙ ㅚ ㅛ)	5	ㅜ(ㅝ ㅞ ㅟ ㅠ ― ㅢ)	5
ㅁ	3	ㅜ(ㅝ ㅞ ㅟ)	6	ㅣ	6
ㅂ ㅃ	4	―(ㅢ)	7		
ㅅ ㅆ	5	ㅣ	8		
ㅇ	6				
ㅈ ㅉ	7				
ㅊ	8				
ㅋ	87				
ㅌ	88				
ㅍ	89				
ㅎ	9				

① 한9   ② 이68

③ 이94   ④ 한23

4 택소노미(taxonomy)와 폭소노미(folksonomy)에 대한 비교로 옳지 않은 것은?

	구분	택소노미	폭소노미
①	개발/참여자	권위를 가진 담당자	최종이용자
②	분류의 방식	하향식(top-down)	상향식(bottom-up), 양방향식
③	분류의 특징	협동적 분산 분류시스템	중앙집중적 분류시스템
④	참여자 수	소수	다수

ANSWER 3.③ 4.③

3 이 + ㅎ(9) + ㅓ(4) → 이94

4 ③ 택소노미는 중앙집중적 분류시스템이고 폭소노미는 협동적 분산 분류시스템이다.

5 동일한 분류번호에 속하는 저자들의 자료가 도서관에 다음 순서대로 입수되었다. 오른쪽의 〈Cutter – Sanborn 세 자리 저자기호표〉로 저자기호를 작성할 때 다음 ㈎~㈐에 각각 알맞은 저자기호는?

J. Campbell	(㈎)	Camp	186
A. Campbell	(㈏)	Campbell	187
K. Campbell	(㈐)	Campbell, H.	188
L. Campbell	(㈑)	Campbell, M.	189
N. Campbell	(㈒)	Campbell, S.	191
		Campbell, W.	192

	㈎	㈏	㈐	㈑	㈒
①	C187	C1865	C1875	C1877	C188
②	C187	C1875	C1877	C1878	C188
③	C188	C189	C1895	C1897	C191
④	C188	C187	C1885	C1887	C189

6 콜론분류법(CC)에 대한 설명으로 옳지 않은 것은?

① 암페르(A. M. Ampere)의 학문배열을 따르고 있어 역사학보다 수학이 먼저 배치되어 있다.
② 기본범주 중 주제를 형성하는 본질적인 속성은 [P], 소재는 [M], 기능은 [E]라는 패싯기호로 나타낸다.
③ 초판은 기본주제를 26개로 구성하고 4개의 보조표(공통 세목, 지역구분, 연대구분, 언어구분)를 두었으며 콜론기호(:)를 사용하였다.
④ 제2판부터 [P], [M], [E], [S], [T]를 기본범주로 채택하고 각 기본주제 아래에 패싯공식도 설정하였다.

---

5 ㈎, ㈏, ㈒ : 성, 명 순으로 도치 후 선치 기호를 선택한다. →C188, C187, C189
㈐ : 성, 명 순으로 도치 후 선치 기호를 선택하면 C188로, ㈎와 중복되므로 5를 추가한다. →C1885
㈑ : 성, 명 순으로 도치 후 선치 기호를 선택하고, 기호 중복 자모순 적용 띄엄번호를 부여한다. →C1887

6 ④ [P], [M], [E], [S], [T]를 기본범주로 채택한 것은 제2판이지만, 각 기본주제 아래에 패싯공식을 설정한 것은 제3판이다.

7 듀이십진분류법(DDC) 제23판의 다음 예에 따를 경우, 해당 자료와 분류기호의 연결이 옳은 것은?

> 314-319 General statistics of specific continents, countries, localities in modern world
> Add to base number 31 notation 4-9 from Table 2, . . .

① 유럽의 일반통계자료 - 314

② 아프리카의 일반통계자료 - 315

③ 북미의 일반통계자료 - 316

④ 남미의 일반통계자료 - 317

8 한국십진분류법(KDC) 제6판의 다음 예에 따를 경우, "표제어가 스페인어인 스페인어-중국어사전"의 분류기호로 옳은 것은?

> 713.2-.9 2개국어사전
> 　　　　2개국어사전은 표제어에 분류하고 해설어를 국어구분의 기호를 사용하여 부가한다.

① 763.2

② 763.3

③ 773

④ 773.2

9 한국십진분류법(KDC) 제6판과 듀이십진분류법(DDC) 제23판의 적용방법을 설명한 것으로 옳지 않은 것은?

① '090'의 경우 KDC는 '향토자료', DDC는 '필사본 및 희귀본'을 분류하고 있다.

② '개인전기'는 KDC와 DDC 모두 도서관에 따라 92 또는 'B' 등으로 간략하게 분류할 수 있다.

③ '중등학교 화학교육과정'의 경우, KDC와 DDC 모두 370(교육학)에서 세분한다.

④ '인사관리'나 '재무관리'의 경우, KDC는 300(사회과학), DDC는 600(기술과학)에서 세분한다.

ANSWER 7.① 8.④ 9.②

7 ② 아프리카의 일반통계자료 - 31<u>6</u>
　③ 북미의 일반통계자료 - 31<u>7</u>
　④ 남미의 일반통계자료 - 31<u>8</u>

8 언어(7)+스페인(7)+사전(3)+중국어(2)→773.2

9 • KDC : 도서관에 따라 개인전기는 99, B 등으로 간략하게 분류할 수 있다.
　• DDC : Class individual biography in 92 or B

10 다음은 듀이십진분류법(DDC) 제23판의 일부이다. 이를 참고하여 다음 주제를 분류할 때 알맞은 분류기호는?

> 분류 주제 : Canning red meat

641.4   Food preservation and storage
   .41   Preliminary treatment
   .42   Canning
   .44   Drying and dehydrating
   .45   Low-temperature techniques
   .452 Cold storage
   .453 Deep freezing
   .46   Pickling, brining, smoking
   .462 Pickling
   .48   Storage
   .49   Meat
   .492 Red meat
         Add to base number 641.492 the numbers following 641.4 in 641.41-641.46

① 641.42

② 641.492

③ 641.4922

④ 641.49242

11 다음 자료의 기본목록을 한국문헌자동화목록(KORMSRC, 2014년도 개정판) 형식에 따라 목록레코드를 기술한 것으로 옳지 않은 것은? (단, 지시기호 및 띄어쓰기는 제외한다.)

[표제면]	[판권지]
서양음악의 이해 단번에 기억하는 서양음악사 안나 허쉬 지음 허안나 옮김 길음사	1. 고대부터 중세까지 2. 르네상스부터 현대까지 서양음악의 이해(각권 ₩20,000) 초판 인쇄/2011년 2월 20일 초판 발행/2011년 2월 25일 지은이 / 안나 허쉬 옮긴이 / 허안나 발행인 / 홍길동 인쇄처 / 닮음인쇄소 발행처 / 길음사 주소 / 서울특별시 중구 홍제동 ISBN 11-123-4567-1(1) ISBN 11-123-4568-8(2)

① 020 ▼a1112345671 : ▼c₩20000

② 245 ▼a서양음악의 이해 : 단번에 기억하는 서양음악사 / ▼d안나 허쉬 지음 : ▼e허안나 옮김

③ 260 ▼a서울 : ▼b길음사, ▼c2011

④ 505 ▼a1. 고대부터 중세까지 -- 2. 르네상스부터 현대까지

12 한국문헌자동화목록(KORMARC) 서지레코드 구성요소 중 리더(Leader)에 대한 설명으로 옳지 않은 것은?

① 레코드 처리를 위한 정보를 제공하는 데이터 요소이다.

② 데이터 요소는 숫자 또는 부호값을 나타내며 자릿수에 의해 구분된다.

③ 리더는 24개의 자리로 고정되어 있으며 KORMARC 레코드의 첫 번째 필드이다.

④ 한 레코드에서 각 가변길이 필드의 표시기호, 필드길이, 필드 시작 위치를 나타내는 일련의 항목이다.

13 AACR2R을 기준으로 표목을 선정할 경우 개인명이 기본 표목이 되는 경우에 대한 설명으로 옳은 것은?

① 대표저자가 없는 3인까지의 공저서는 먼저 기술된 저자를 기본표목으로 한다.
② 개작이나 각색을 한 도서는 원저자를 기본표목으로 한다.
③ 주석이나 해석이 강조된 도서는 원저자를 기본표목으로 한다.
④ 번역도서인 경우에는 번역자를 기본표목으로 한다.

14 다음은 "헤밍웨이가 지은 미국 소설 노인과 바다"의 한국문헌 자동화목록(KORMARC) 데이터이다. (가)～(다)에 각각 들어갈 표시기호(Tag)로 옳은 것은? (단, 띄어쓰기는 제외한다.)

```
 (가)        ▾a843.5 ▾25
 082 01     ▾a813.54 ▾221
 245 00     ▾a노인과 바다 / ▾d어니스트 헤밍웨이 지음 ; ▾e장경렬 옮김
 (나) 19    ▾aOld man and the sea
 300        ▾a197 p. : ▾b천연색삽화 ; ▾c22 cm
 (다)        ▾a원저자명 : Ernest Hemingway
```

	(가)	(나)	(다)
①	052	246	500
②	052	248	505
③	056	246	500
④	056	248	505

···

ANSWER 13.① 14.③

13 ② 개작이나 각색을 한 도서는 개작자나 각색자를 기본표목으로 한다.
③ 주석이나 해석이 강조된 도서는 주석자나 해석자를 기본표목으로 한다.
④ 번역도서인 경우에는 원저자를 기본표목으로 한다.

14 • 056 한국십진분류기호(KDC)
• 246 여러 형태의 표제
• 500 일반주기

15 다음은 "서명 : 주홍 글씨 ; 저자 : N. 호돈 지음 ; 차영은 옮김 ; 발행처 : 육문사 ; 발행연도 : 1995"의 한국문헌자동화목록(KORMARC) 데이터이다. 밑줄 친 부분 중 옳지 않은 것은? (단, 띄어쓰기는 제외한다.)

〈보기〉

245 00 　▼a주홍 글씨/ ▼d N. 호돈 지음 ; ▼e차영은 옮김

260 　　　▼a서울 : ▼b육문사, ▼c1995

300 　　　▼a272 p. ; ▼c23 cm

700 1 　　▼aNathaniel Hawthorne, ▼d1804-1864 ▼0KAC199611832

700 1 　　▼a차영은, ▼e옮김

---

① ▼a주홍 글씨/ ▼d

② 260 ▼a서울 : ▼b육문사, ▼c1995

③ ▼aNathaniel Hawthorne, ▼d1804-1864

④ 700 1 ▼a차영은

16 한국문헌자동화목록(KORMARC)에서 국제표준도서번호(ISBN)를 나타내는 필드는?

① 012 　　　　　　　　　　② 020

③ 044 　　　　　　　　　　④ 056

ANSWER 15.③ 16.②

15 ③ 성, 이름 순으로 표기한다. 따라서 ▼aHawthorne, Nathaniel, ▼d1804-1864

16 ② 020 국제표준도서번호(ISBN)
　① 012 국립중앙도서관 제어번호
　③ 044 발행/제작국명 부호
　④ 056 한국십진분류기호

17 다음 중 더블린 코어(Dublin Core)의 기본 요소가 아닌 것은?

① Description
② Format
③ Rights
④ Organization

18 다음 자료에 기재된 발행사항을 한국목록규칙(KCR) 제4판에 따라 기술하고자 한다. 바르게 기술한 것은?

발행지 : 황성
발행처 : 靑丘文化社刊行
발행년 : 檀紀四二八九년 二月八日發行

① 황성[서울] : 靑丘文化社, 檀紀4289[1956]
② 서울특별시 : 靑丘, 檀紀4289[1956년]
③ 황성 : 靑丘文化社刊行, 1956
④ 서울 : 靑丘文化社판(版), 檀紀4289(1956)

ANSWER 17.④ 18.①

17 더블린 코어의 기본 요소
　㉠ 콘텐츠 기술요소 : Title(표제), Subject(주제), Description(요약정보), Source(정보원), Language(언어), Relation(관련자원), Coverage(내용범위)
　㉡ 지적 속성요소 : Creator(생성자), Publisher(발행처), Contributor(기여자), Rights(이용조건)
　㉢ 물리적 기술요소 : Date(날짜), Type(자료유형), Format(파일형식), Identifier(식별자)

18 • 발행지 : 발행지명은 그 자료에 쓰인 문자나 철자, 문법적 격이나 활용형을 그대로 기재하고 식별상 필요한 경우에는 현재 통
용되는 다른 이름을 각괄호로 묶어 보기한다. → 황성[서울]
• 발행처 : 발행처의 역할어 중 '발행', '출판', '간행', 'published by' 등의 어구는 '배포', '보급', '인쇄' 등 그의 기능을 달리하는
것과 짝을 이룰 때만 기재하고 그 밖의 경우는 그의 기재를 생략한다. → 靑丘文化社
• 발행년 : 서력기년이 아닌 기년도 그대로 기재하고 이 기년을 서력으로 환산한 햇수를 발행년 다음의 각괄호 안에 기재하되, '
年年'이란 날짜의 단위어와 서기의 연호는 그의 기재를 생략하고 그 밖의 연호는 있는 그대로 기술한다. → 檀紀4289[1956]

19 FRBR(Functional Requirements for Bibliographic Records)의 개념과 구조에 따를 경우, 다음 밑줄 친 부분은 어떤 개체(entity)에 해당하는가?

- Hamlet / by W. Shakespeare
- Hamlet / published by W. Shakespeare
- 햄릿 / 김종환 역(해당번역 전체)
- <u>햄릿 / 김종환 역, 대구 : 태일사, 1999(출판된 해당책 전체)</u>
- K대에 소장된 햄릿 / 김종환 역, 대구 : 태일사, 1999(해당 책의 낱권)
- 햄릿 공연 DVD(햄릿 / 김종환 역, 대구 : 태일사, 1999를 기반으로 함)

① expression   ② manifestation
③ presentation   ④ work

20 다음은 MODS(Metadata Object Description Schema)에 대한 설명이다. 옳은 것을 모두 고르면?

㉠ MARC, DC(Dublin Core) 등을 절충하여 상호운용성과 정밀성을 모두 만족시킨 서지정보 표준 메타데이터이다.
㉡ 다양한 정보는 물론 웹사이트에 수록된 공개 자료와 전자 매체까지 표현이 가능한 메타데이터 표준이다.
㉢ 확장 가능하도록 비구조화된 메타데이터 세트이므로 별도의 메타데이터 요소를 정의할 필요가 있다.
㉣ MARC 필드의 일부분을 포함하고, 언어형식의 태그를 사용한다.

① ㉠, ㉡, ㉢   ② ㉠, ㉡, ㉣
③ ㉠, ㉢, ㉣   ④ ㉠, ㉡, ㉢, ㉣

ANSWER 19.② 20.②

19 FRBR 제1집단
㉠ 저작(work) : 독창성을 지닌 지적 · 예술적 창작물, 언어나 음성으로 표현되기 전의 상태
㉡ 표현형(expression) : 저작을 지적 · 예술적으로 실현한 것으로 영화시나리오 등을 말함
㉢ 구현형(manifestation) : 물리적 형태를 반영, 원고, 도서, 연속간행물, 지도, 영화 등
㉣ 개별자료(item) : 구현형의 하나를 의미

20 ㉢ 확장 가능하도록 구조화된 메타데이터 세트이므로 별도의 메타데이터 요소를 정의할 필요가 없다.
㉣ 개별자료(item) : 구현형의 하나를 의미

1 다음은 KDC 제6판 본표의 일부를 발췌한 것이다. 이를 이용하여 분류한 내용으로 옳지 않은 것은?

---

078 특정주제의 신문

    001-999와 같이 주제구분한다.

    별법 : 도서관에 따라 해당주제 아래에 분류할 수 있다.

---

① 기독교신문 078.23
② 교육신문 078.37
③ 서예신문 078.65
④ 농업신문 078.52

2 도서기호법에 대한 설명으로 옳은 것은?

① 도서기호는 동일한 분류기호 내에서 각 도서를 개별화할 목적으로 부가하는 기호이며, 일반적으로 저자기호와 저작기호로 구성된다.

② 수입순 기호법은 수입순 또는 등록순으로 일련번호를 부여하는 방식이며, 국내에서는 특히 서양서를 대상으로 많이 활용된다.

③ 연대순 기호법은 기호부여가 간편하고 배가작업이 편리하지만, 동일주제의 최신자료를 군집하는데 어려움이 있다.

④ 저자기호법은 학문 및 지식의 발전과정을 체계적으로 브라우징할 수 있고, 도서기호법 중 국내 도서관에서의 채택률이 가장 높다.

ANSWER 1.③ 2.①

1 ③ 서예신문 078 + 64θ(서예) = 078.64

2 ② 서양서에는 커터-샌본 저자기호표를 많이 적용하는데, 커터-샌본 저자기호법은 열거식 저자기호법이다.
    ③ 연대순 기호법은 기호부여가 간편하고 배가작업이 편리하며 동일주제의 최신자료를 군집하는데 용이하다.
    ④ 저자기호법은 도서기호법 중 국내 도서관에서의 채택률이 가장 높지만, 학문 및 지식의 발전과정을 체계적으로 브라우징할 수는 없다.

3 다음은 DDC 제23판의 분류과정을 예시한 것이다. 밑줄 친 ⊙과 ⓒ에 해당하는 보조표를 바르게 연결한 것은?

Child psychology for parents
→ 155.4(child psychology) + ⊙ −085(parents) = 155.4085
French folk music
→ 781.62(folk music) + ⓒ −41(French) = 781.6241

	⊙	ⓒ
①	Table 1	Table 5
②	Table 1	Table 6
③	Table 5	Table 5
④	Table 5	Table 6

4 한국목록규칙 제4판(KCR4)의 표제와 책임표시사항에 대한 기술총칙 내용으로 옳지 않은 것은?

① 본표제는 해당 자료의 으뜸정보원에 기재된 형식 그대로 기재하되, 표제의 일부분이 '두줄쓰기'로 되어 있는 것은 '한줄쓰기'로 고쳐 쓴다.

② 종합표제나 대표표제가 기재된 자료에서는 이 종합표제나 대표표제를 본표제로 기재하고, 수록된 각 저작의 표제는 주기한다.

③ 자료의 으뜸정보원 이외의 다른 부분에서 취한 책임표시는 각괄호([ ]) 속에 기재하고, 그 자료 이외의 정보원에서 얻은 책임표시는 주기사항에 기재한다.

④ 본표제나 표제관련정보에 포함된 저작자명은 책임표시에 다시 기재하지 않는다.

ANSWER 3.① 4.④

3　⊙ 보조표 중 −0으로 시작하는 기호는 표준세구분 Table 1뿐이다.
　　ⓒ folk music은 민속음악으로 민족, 종족, 국가구분의 Table 5를 적용한다.

4　④ 본표제나 표제관련정보에 포함된 저작자명도 책임표시에 다시 기재한다.

5 RDA(Resource Description and Access)의 내용유형에 해당하는 것으로만 묶은 것은?

① 오디오(audio), 비디오카세트(videocassette)

② 오디오(audio), 컴퓨터디스크(computer disc), 정지화상(still image)

③ 악보(notated music), 텍스트(text), 정지화상(still image)

④ 악보(notated music), 컴퓨터디스크(computer disc)

6 다음은 KORMARC 형식(통합서지용)으로 작성한 데이터의 일부이다. ㉠~㉣에 들어갈 주제명부출표목의 표시기호로 옳은 것은? (단, 지시기호와 띄어쓰기는 적용하지 않음)

(㉠) ▾a불전. ▾p화엄경 ▾x해석
(㉡) ▾a한국 ▾x정치
(㉢) ▾a한국방송공사 ▾x역사
(㉣) ▾a베이직(컴퓨터 프로그램 언어)

① ㉠ - 630

② ㉡ - 611

③ ㉢ - 651

④ ㉣ - 610

....

ANSWER 5.③ 6.①

5 ① 오디오 - 매체유형, 비디오카세트 - 수록매체유형

② 오디오 - 매체유형, 컴퓨터디스크 - 수록매체유형, 정지화상 - 내용유형

④ 악보 - 내용유형, 컴퓨터디스크 - 수록매체유형

※ RDA 자원유형

㉠ 내용유형(content type) : 자원이 표현된 내용과 지각을 통해 내용을 인지하는 커뮤니케이션 형식을 반영(화상형식의 경우 내용의 공간적 차원과 움직임 유무를 포함)

㉡ 매체유형(media type) : 자원의 감상, 재생, 운영 등에 필요한 중개 장치의 유형을 반영

㉢ 수록매체유형(carrier type) : 매체유형과 결합하여 저장매체와 수록형식을 반영

6 ㉠ - 630 : 통일표제

㉡ - 651 : 지명

㉢ - 610 : 단체명

㉣ - 650 : 일반주제명

7 다음은 DDC 제23판과 KDC 제6판의 지역구분 내용의 일부이다. 해당 기호와 내용을 바르게 연결한 것만을 모두 고른 것은?

기호		DDC 제23판(T2)	KDC 제6판(지역구분표)
㉠	−2	Biography	유럽
㉡	−3	Ancient world	아프리카
㉢	−5	Asia	남아메리카
㉣	−7	North America	오세아니아, 양극지방
㉤	−9	Australasia	해양

① ㉠, ㉡, ㉢
② ㉠, ㉢, ㉣
③ ㉡, ㉣, ㉤
④ ㉢, ㉣, ㉤

8 목록의 접근점에 대한 설명으로 옳지 않은 것은?

① 접근점은 서지적 기술사항을 검색하기 위한 요소를 의미하며, 전통적인 목록에서는 표목이라는 용어를 사용하였다.
② 한국목록규칙 제4판에서는 표목대신 접근점이란 용어를 사용하였고, 통일표목을 적용하지 않았다.
③ RDA에서 접근점은 특정 저작이나 표현형, 개인, 가족, 단체 등을 나타내는 이름, 용어, 부호 등을 말하며, 전거형 접근점과 이형 접근점으로 구분한다.
④ 국제목록원칙규범은 서지레코드의 필수 접근점으로 구현형의 본표제, 기술된 개체의 표준번호, 총서의 전거형 접근점, 서지레코드 식별기호 등을 포함한다.

ANSWER 7.① 8.④

7 지역구분

기호	DDC 제23판(T2)	KDC 제6판(지역구분표)
−1	Areas, regions, places in general	아시아
−2	Biography	유럽
−3	Ancient world	아프리카
−4	Europe	북아메리카
−5	Asia	남아메리카
−6	Africa	오세아니아, 양극지방
−7	North America	지역구분 일반
−8	South America	해양
−9	Australasia	

8 ④ 총서의 전거형 접근점, 서지레코드 식별기호는 부차적 접근점에 해당한다.

9 KDC 제6판의 별법 또는 양자택일 규정을 적용한 내용으로 옳은 것만을 모두 고른 것은?

> ㉠ 교육법 : 368.037 또는 370.23
> ㉡ 정치인의 전기 : 340.99 또는 998.34
> ㉢ 법학 서지 : 016.36 또는 360.16
> ㉣ 불교신문 : 078.22 또는 220.5

① ㉠, ㉡   ② ㉢, ㉣
③ ㉠, ㉡, ㉣   ④ ㉠, ㉡, ㉢, ㉣

10 KDC 제6판의 개정 사항에 대한 설명으로 옳지 않은 것은?

① 380 '풍속, 예절, 민속학'의 표목은 '풍습, 예절, 민속학'으로 수정되었다.
② 519.82 '포제학'의 표목은 '약재의 선별, 가공'으로 변경되었다.
③ '오락 및 경기 윤리' 196 아래에 카지노, 경마, 경륜, 복권 등을 포함하고 있는 '사행산업윤리' 196.5 를 신설하였다.
④ 739.66에 전개되었던 '라플란드어'를 739.64 '핀란드어'에 통합하였고, 792.52의 표목을 '범어(梵語)'에 서 '산스크리트어(범어 梵語)'로 변경하였다.

ANSWER 9.③ 10.②

9 ㉢ 법학 서지 : 016.36 또는 360.26
   • 016 + 36θ(법학) = 016.36
   • 360 + -026(서지) = 360.26

10 ② 519.82 '약재의 선별, 가공'의 표목은 '포제학'으로 변경되었다.

11 분류표와 분류기호에 대한 설명으로 옳은 것만을 모두 고른 것은?

> ㉠ 분류기호는 지식의 발전에 따라 새로운 주제를 적절한 위치에 삽입할 수 있도록 신축성(flexibility)을 가져야 한다.
> ㉡ 십진식 분류법은 기호를 통해 주제의 상하관계를 나타내기가 쉽고, 주제의 논리적 배열도 용이하다.
> ㉢ 열거식 분류표에 비해 분석합성식 분류표는 동일한 개념에 대해 동일한 기호를 부여하는 조기성 도입이 용이하나, 분류표의 부피는 방대해질 수 있다.

① ㉠   ② ㉠, ㉡
③ ㉡, ㉢   ④ ㉠, ㉡, ㉢

12 주제명목록과 비교할 때, 분류목록(classified catalog)이 갖는 특성으로 옳은 것만을 모두 고른 것은?

> ㉠ 목록의 배열이 이론적이고 체계적이다.
> ㉡ 목록에서 관련된 주제가 집중된다.
> ㉢ 다른 목록들과 통합하여 사전체목록으로 편성할 수 있다.
> ㉣ 목록을 배열하거나 이용할 때 언어의 장벽을 감소시킬 수 있다.

① ㉠, ㉢   ② ㉡, ㉣
③ ㉠, ㉡, ㉣   ④ ㉠, ㉡, ㉢, ㉣

....

ANSWER 11.① 12.③

11 ㉡ 십진식 분류법은 체계표가 단순해 기호를 통해 주제의 상하관계를 나타내기가 쉽지만, 주제의 배열이 비논리적인 곳이 있을 수 있다.
　　㉢ 열거식 분류표에 비해 분석합성식 분류표는 동일한 개념에 대해 동일한 기호를 부여하는 조기성 도입이 용이해 분류표의 부피가 줄어든다.

12 ㉢ 주제명목록의 특성이다.

13 다음은 리재철 저자기호표 제5표이다. 이를 적용하여 작성한 도서기호로 옳은 것은?

자음기호			모음기호			
			초성이 'ㅊ'이 아닌 글자		초성이 'ㅊ'인 글자	
ㄱ	ㄲ	1	ㅏ	2	ㅏ(ㅐ ㅑ ㅒ)	2
ㄴ		19	ㅐ(ㅑ ㅒ)	3	ㅓ(ㅔ ㅕ ㅖ)	3
ㄷ	ㄸ	2	ㅓ(ㅔ ㅕ ㅖ)	4	ㅗ(ㅘ ㅙ ㅚ ㅛ)	4
ㄹ		29	ㅗ(ㅘ ㅙ ㅚ ㅛ)	5	ㅜ(ㅝ ㅞ ㅟ ㅠ ㅡ ㅢ)	5
ㅁ		3	ㅜ(ㅝ ㅞ ㅟ ㅠ)	6	ㅣ	6
ㅂ	ㅃ	4	ㅡ(ㅢ)	7		
ㅅ	ㅆ	5	ㅣ	8		
ㅇ		6				
ㅈ	ㅉ	7				
ㅊ		8				
ㅋ		87				
ㅌ		88				
ㅍ		89				
ㅎ		9				

① 우리들의 일그러진 초상 / 이청춘 지음 – 이84우

② 이순신의 생애 / 추윤발 지음 – 이56이

③ 나만의 세계 / 성규리 지음 – 성16나

④ 정치학의 이해 / 잭, 헨리 지음 – 잭,94저

ANSWER 13.③

13　① 우리들의 일그러진 초상 / 이청춘 지음 – 이83우
　　② 이순신의 생애 / 추윤발 지음 – 이56추
　　④ 정치학의 이해 / 잭, 헨리 지음 – 잭,94저

14 KDC 제6판과 DDC 제23판의 분류번호가 동일한 의미를 갖는 것끼리 연결된 것은?

① KDC 320 – DDC 340
② KDC 510 – DDC 630
③ KDC 740 – DDC 420
④ KDC 860 – DDC 830

15 한국목록규칙 제4판(KCR4)의 연속간행물 기술에 대한 내용으로 옳지 않은 것은?

① 기술의 정보원은 창간호를 기준으로 하되, 창간호의 정보를 알 수 없는 경우에는 입수된 첫 호의 정보원에 의한다.
② 간행 중 판표시가 변경된 때에는 새로운 저록(레코드)을 작성하고, 변경전후의 판표시는 각각 주기사항에 기술한다.
③ 간행빈도를 나타내는 어구가 표제의 활자와 같은 크기로 표제에 나타나 있으면, 간행빈도를 포함하여 본표제로 기술한다.
④ 축약형과 완전형의 표제가 함께 기재되어 있는 경우에는 완전형을 본표제로 기술한다.

....

ANSWER 14.③ 15.④

14 ③ KDC 740(영어) – DDC 420(영어)
① KDC 320(경제학) – DDC 340(법학)
② KDC 510(의학) – DDC 630(농학)
④ KDC 860(프랑스문학) – DDC 830(독일문학)

15 ④ 축약형과 완전형의 표제가 함께 기재되어 있는 경우에는 활자의 크기나 기재 순서에 따라 더 분명하게 기재된 표제를 본표제로 기술하고, 본표제로 기술되지 않은 표제는 표제관련정보로 기술한다.

16 다음은 '종합표제 없이 4개 작품을 수록하고 있는 단일 저자의 합집' 표제면이다. 한국목록규칙 제4판 (KCR4)과 KORMARC 형식(통합서지용)으로 작성했을 때, 245 필드의 기술이 옳은 것은? (단, 지시기호 와 띄어쓰기는 적용하지 않음)

```
〈표제면〉
위대한 유산
크리스마스 캐럴
두 도시 이야기
올리버 트위스트

찰스 디킨스 지음/이기석 옮김
```

① 245 ▾a위대한 유산 / ▾d찰스 디킨스 지음 ; ▾e이기석 옮김 ⋯ [외]
② 245 ▾a위대한 유산 / ▾d찰스 디킨스 지음 ; ▾e이기석 옮김. [외]
③ 245 ▾a위대한 유산 ⋯ [외] / ▾d찰스 디킨스 지음 ; ▾e이기석 옮김
④ 245 ▾a위대한 유산 [외] / ▾d찰스 디킨스 지음 ; ▾e이기석 옮김

⋯⋯

ANSWER 16.④

16 종합표제 없으므로 〈표제면〉에 가장 먼저 기술된 '위대한 유산 [외]'로 기술하며 단일 저자이므로 '찰스 디킨스 지음'으로 기술 하고 역할이 다른 옮긴이를 기술한다. 지시기호와 띄어쓰기는 적용하지 않으므로 245 필드의 기술은 ④와 같다.

17 다음은 KORMARC 형식(통합서지용)의 전거레코드 작성 예시이다. ㉠과 ㉡에 들어갈 표시기호를 바르게 연결한 것은? (단, 지시기호와 띄어쓰기는 적용하지 않음)

• 현재 기관명 : 교육부 • 영문 기관명 : Ministry of Education • 이전 기관명 : 교육인적자원부 • 이전 기관명 : 문교부	→

110 　　▼a교육부 [㉠] 　▼aMinistry of Education [㉡] 　▼a교육인적자원부 [㉡] 　▼a문교부

　　　㉠　　　　　　㉡
① 410　　　　　　610
② 410　　　　　　510
③ 610　　　　　　710
④ 510　　　　　　710

18 다음은 KDC 제6판 본표와 보조표의 일부를 발췌한 것이다. 이를 이용하여 '전라도 요리'를 분류한 기호로 옳은 것은?

	594.5　요리(조리법)　Cookery 　　　　　특정음식점의 요리비결법에 관한 것은 여기에 분류한다. .51　　한국요리　　Korean cookery .519　　한국지역 요리 　　　　　지역구분표 −11에 따라 세분한다.
지역 구분표	−119 전라도

① 594.5119　　　　　　　　　　② 594.51119
③ 594.5199　　　　　　　　　　④ 594.519119

19 한국목록규칙 제4판(KCR4)의 총서에 대한 기술총칙으로 옳지 않은 것은?

① 총서의 권차를 표현한 단위어는 그 자료에 표시된 문자와 용어 그대로 기재하되, 가급적 약어화한다.

② 총서 중에서 수 개를 차지하는 저작으로 그 권호가 띄엄번호일 경우, 해당번호 중 최초의 번호와 최후의 번호를 '짧은 붙임표(–)'로 연결하여 기술한다.

③ 하위총서가 편, 계, 보유 성격의 차서를 포함하고 있는 것은 하위총서 표제 앞에 이를 기술한다.

④ 하위총서의 대등표제, 표제관련정보, 책임표시에 대해서는 그의 기재를 원칙적으로 생략하되, 식별상 필요한 경우에는 본총서의 기술방법에 준하여 기술한다.

20 다음은 KORMARC 형식(통합서지용)으로 작성한 레코드의 일부이다. 밑줄 친 연관저록 표시기호의 사용으로 옳지 않은 것은? (단, 지시기호와 띄어쓰기는 적용하지 않음)

ⓐ 번역서와 원저 관계

245 00 ▾a인간의 굴레 / ▾d서머셋 모음

765 0 ▾aMaugham, William Somerset. ▾tOf human bondage. ▾z0877790105

ⓑ 저작의 보유판 또는 특별호 관계

245 00 ▾a신동아

772 0 ▾t현대 한국의 명저 100권. ▾z97911879680XX

ⓒ 물리적 형태가 다른 저작 관계

245 00 ▾aCollege English ▾h[microform]

776 1 ▾tCollege English ▾x0010-0994

ⓓ 해당 자료와 직접적인 관련이 있는 선행자료 관계

245 00 ▾a문헌정보학개론 / ▾d정필모

780 02 ▾t도서관학개론

---

① ⓐ의 765필드

② ⓑ의 772필드

③ ⓒ의 776필드

④ ⓓ의 780필드

ANSWER 19.② 20.②

19 ② 총서 중에서 수 개를 차지하는 저작으로 그 권호가 연속번호일 경우, 해당번호 중 최초의 번호와 최후의 번호를 '짧은 붙임표(–)'로 연결하여 기술한다. 띄엄번호일 경우 해당번호를 모두 다 기술한다.

20 ② 772는 모체레코드저록[반복]이다. 보유판 및 특별호 저록[반복]은 770을 사용한다.

1 한국목록규칙(KCR) 제4판에서 새로이 사용한 용어만 모아 놓은 것은?

① 삽화, 본표제, 구득조건사항
② 접근점, 책임표시, 특정자료종별
③ 삽도, 대등표제, 저자표시
④ 삽도, 표제관련정보, 구득조건사항

2 다음 중 국제십진분류법(UDC)에서 채택하고 있는 분류 기호의 일반적인 조합 순서를 올바르게 나열한 것은?

① 관점 - 시대 - 지리 - 형식 - 언어
② 언어 - 관점 - 지리 - 시대 - 형식
③ 관점 - 지리 - 시대 - 형식 - 언어
④ 지리 - 시대 - 관점 - 언어 - 형식

3 한국십진분류법(KDC) 제6판은 특정 항목에 분류되는 자료가 많을 경우를 대비하여, 주제의 자모순으로 저작을 세분할 수 있는 별법을 도입하고 있다. 이러한 별법이 적용된 항목이 아닌 것은?

① 004.12 대형컴퓨터
② 004.66 컴퓨터바이러스
③ 005.133 프로그래밍언어
④ 005.44 컴퓨터운영체제

ANSWER 1.② 2.③ 3.①

1 KCR4는 표목 대신 '접근점'이라는 용어를 사용하였으며 '책임표시', '특정자료종별'을 새로이 사용하였다.

2 국제십진분류법(UDC) 분류기호의 조합 및 배열
　㉠ 하나의 주분류에 여러 개의 보조분류가 추가될 경우에는 관점 - 지리 - 시대 - 형식 - 언어순으로 채택한다.
　㉡ 동일 개념에 둘 이상의 특수보조분류가 추가될 경우는 적용범위가 좁은 쪽을 우선으로 채택한다.

3 004.12 대형컴퓨터 항목은 분류되는 자료가 많아 주제의 자모순으로 저작을 세분할 수 있는 별법을 도입하는 항목이 아니다.

4 다음 중 분류법에 대한 설명으로 가장 옳은 것은?

① 해리스(W.T. Harris)의 분류법은 도서를 서가에 주제순으로 배열하기 위해 숫자를 사용하여 100구분하고, 각유의 세목은 알파벳 대문자 1자를 부가하였다.

② 브리스(H.E. Bliss)의 서지분류법(Bibliographic Classification)은 5개의 공통패싯을 이용한 분석합성식 원리를 수용하여 이후 콜론분류법(Colon Classification)의 탄생에 영향을 미쳤다.

③ 카터(C.A. Cutter)의 전개분류법(Expansive Classification)은 모든 지식을 주제의 진화순서로 배치하였으며, 총 5개의 독립적인 표로 구성하여 장서 수가 많은 도서관일수록 상세한 분류표를 선택할 수 있도록 하였다.

④ 브라운(J.D. Brown)의 주제분류법(Subject Classification)은 자연과학보다 사회과학을 상위에 배정하였으며, 알파벳 대문자와 아라비아 숫자를 사용한 혼합기호법을 채택하였다.

5 다음 중 듀이십진분류법(DDC) 제23판의 보조표에 대한 설명으로 옳은 것을 모두 고르면?

ⓐ 자료의 주제가 본표에서 독자적인 분류기호를 가지지 못하거나 포함주의 형태인 경우, T1과 조합할 수 없다.

ⓑ 본표에 T2를 조합하도록 지시하는 주기가 없는 경우에는 조합하지 않는 것이 원칙이지만, 이용자 입장에서 지역구 분할 필요가 있으면 T1의 '-09'를 수반하여 전개할 수 있다.

ⓒ T3은 문학류(800) 전체, 예술류(700)의 일부와 조합할 수 있다.

ⓓ T4는 언어류(400)에만 조합할 수 있다.

---

① ⓐ, ⓑ

② ⓑ, ⓒ

③ ⓐ, ⓑ, ⓒ

④ ⓐ, ⓑ, ⓒ, ⓓ

ANSWER 4.② 5.④

4 ① 해리스의 분류법은 도서를 서가에 주제순으로 배열하기 위해 숫자를 사용하여 100으로 구분하고, 각 유의 세목은 알파벳 소문자 1자를, 세세목은 원괄호와 아라비아 숫자를 부가하였다.
③ 카터의 전개분류법은 모든 지식을 주제의 진화순서로 배치하였으며, 총 7개의 표로 구성되어 있으나 제7표는 미완성인 상태로 남아 있다.
④ 브라운의 주제분류법은 사회과학보다 자연과학을 상위에 설정하였으며, 알파벳 대문자의 한 자를 채택하고 각 주류는 문자 다음에 000-999의 세 숫자를 이용하여 세분한다.

5 ⓐ~ⓓ 모두 옳은 설명이다.

6 랑가나단(Ranganathan)은 분류작업을 3단계로 나누어 설명한 바 있다. 랑가나단이 구분한 분류작업의 3단계에 해당되지 않는 것은?

① 색인 단계(indexing plane)   ② 아이디어 단계(idea plane)
③ 언어 단계(verbal plane)   ④ 기호 단계(notational plane)

7 MODS(Metadata Object Description Schema)의 상위요소 중 하나인 "physicalDescription"은 DC(Dublin Core)의 어느 요소에 해당하는가?

① Type
② Rights
③ Description
④ Format

....

ANSWER 6.① 7.④

6 랑가나단의 분석합성식 분류 3단계
  ㉠ 아이디어 단계 : 주제를 분석하여 구조를 설계하고 관계와 순서를 정한다.
  ㉡ 언어 단계 : 주제에 명칭을 붙여 표준화한다.
  ㉢ 기호 단계 : 주제와 용어를 기호로 변환한다.

7 MODS와 DC의 비교

MODS	DC	MODS	DC
titleInfo	Title	targetAudience	Audience
name	Creator	subject, classification	Subject
	Contributor	relatedItem	Relation
typeOfResource	Type	identifier	Identifier
originInfo	Publisher	accessCondition	Right
	Date	genre	
language	Language	location	
physicalDescription	Format	part	
abstract, tableOfContents, note	Description	extention	
		recordInfo	

8 한국문헌자동화목록(KORMARC) 통합서지용 형식에서는 다양한 형태의 필드를 제공하고 있다. 이와 관련한 설명으로 가장 옳지 않은 것은?

① 490 필드는 총서표제를 위한 총서사항을 기술하지만, 총서부출표목의 역할을 하지는 않는다.

② 336 필드는 어떤 저작이 표현된 내용의 형식을 나타낸다. 자원의 일반적인 내용유형을 나타내는 리더/08(제어유형)과 함께 사용된다.

③ 321 필드는 해당 자료의 이전 간행빈도를 기술한다. 이필드는 310 필드에 현재 간행빈도가 기술되어 있는 경우에만 적용한다.

④ 785 필드는 해당 자료의 직접적인 후속자료가 있는 경우, 그 자료에 관한 사항을 기술한다. 둘 이상의 후속자료가 있는 경우에는 785 필드를 반복해서 사용한다.

9 다음 중 한국의 목록규칙에 대한 설명으로 옳은 것을 모두 고르면?

ⓐ 박봉석의 동서편목규칙은 동양서를 대상으로 하고 있으며 전통적 기술방식인 서명기본저록을 기반으로 하였다.
ⓑ 한은도서편목법은 동양서와 서양서 공용이며 저자명기본 저록방식을 채택하였다.
ⓒ KCR 초판은 국제표준인 ISBD의 기술방식을 도입하여 서지기술의 표준화를 기하였다.
ⓓ KCR 제3판은 동양서와 서양서 공용의 목록규칙으로서 서지기술단위저록방식을 수용하였다.

---

① ㉠, ㉡

② ㉠, ㉢

③ ㉠, ㉡, ㉣

④ ㉠, ㉡, ㉢, ㉣

ANSWER 8.② 9.③

8 ② 336 내용유형(Content Type) 필드는 어떤 저작이 표현된 내용의 형식을 나타낸다. 자원의 일반적인 내용유형을 나타내는 리더/06(레코드 유형)과 함께 사용된다. 내용유형 및 좀 더 구체적인 내용유형은 정보원의 용어 리스트를 참조하여 336 필드에 표현할 수 있다. 용어나 부호표를 동일한 정보원을 참조하여 복수의 내용유형을 기술할 경우에는 식별기호 ▾a(내용유형 용어), ▾b(내용유형 부호)를 반복하여 기술한다. 서로 다른 정보원의 어휘를 참조하여 기술할 경우에는 필드를 반복하여 기술한다.

9 ㉢ 국제표준인 ISBD의 기술방식이 도입된 것은 KCR3이다.

10 한국문헌자동화목록(KORMARC) 통합서지용에서 채용하고 있는 국제표준코드 가운데 024 기타 표준부호에 기술하는 필드를 모두 고르면?

> ⊙ UPC – 세계상품부호
> ⓛ ISMN – 국제표준악보번호
> ⓒ ISRC – 국제표준녹음자료부호
> ⓔ STRN – 표준기술보고서번호
> ⓜ 형태를 알 수 없는 표준부호

① ⊙, ⓛ, ⓒ, ⓜ   ② ⊙, ⓛ, ⓔ, ⓜ
③ ⊙, ⓒ, ⓔ, ⓜ   ④ ⓛ, ⓒ, ⓔ, ⓜ

11 다음 중 CC(Colon Classification)에 대한 설명으로 가장 옳지 않은 것은?

① 제7판은 본표는 발행되었으나 색인 부분은 발행되지 못하여 미완성 상태이다.
② 기본 범주 중 S는 지리(공간)구분을 의미하며 거의 모든 주제에 적용할 수 있고 dot(.)으로 연결한다.
③ 기본주제의 배치 원리는 암페르(A.M. Ampere)의 학문 배열을 따라 인문과학, 사회과학, 자연과학의 순으로 배정 하였다.
④ 기본 범주 중 M은 주제를 형성하는 물질의 주요 소재나 사물의 원재료를 나타내는 패싯기호로서 semicolon(;)기호를 사용한다.

---

12 다음의 자료들을 듀이십진분류법(DDC) 제23판으로 분류한 결과로 옳지 않은 것은?

① 사회과학총서 – 308
② 자연과학논집(계간) – 505
③ 영국문학전집 – 820.8
④ 문학이론 – 801

13 IFLA의 '서지레코드의 기능상의 요건(FRBR)'에 제시된 제1집단 개체의 정의를 근거로 할 때, 다음의 사례에 대한 설명으로 가장 옳지 않은 것은?

> • 한강의 「채식주의자」는 창비 출판사에서 2007년 단행본으로 발행, 같은 해에 전자책으로 발행
> • 「채식주의자」는 Deborah Smith에 의해 번역되어 2015년 Portobello Books 출판사에서 단행본으로 발행, 같은 해에 전자책으로 발행
> • 임우성 감독은 이 소설을 바탕으로 영화 '채식주의자'의 각본을 쓰고 2010년 영화로 상영, 같은 해에 DVD로 출시

① 전자책으로 발행된 영문판 '채식주의자'는 표현형에 해당되는 개체이다.
② 한강의 '채식주의자' 한글 원본과 임우성 감독의 영화 '채식주의자' 각본은 서로 다른 저작이다.
③ DVD로 발행된 영화 '채식주의자'는 구현형에 해당되는 개체이다.
④ Portobello Books에서 출간한 영문판 단행본은 구현형에 해당되는 개체이다.

14 다음 한국십진분류법(KDC) 제6판의 강목(division) 가운데 기호와 주제가 바르게 연결되지 않은 항목을 포함한 것은?

① 340 – 정치학, 750 – 독일어
② 250 – 천도교, 670 – 음악
③ 170 – 논리학, 560 – 화학공학
④ 020 – 문헌정보학, 430 – 화학

ANSWER 12.① 13.① 14.③

12 ① 308은 할당되지 않은 필드이다.

13 ① 전자책으로 발행된 영문판 '채식주의자'는 구현형에 해당되는 개체이다.

14 ③ 560은 전기공학, 전자공학이다. 화학공학은 570이다.

15 다음은 한국문헌자동화목록(KORMARC) 레코드 중 리더(leader)의 예를 제시한 것이다. 이 가운데, 05 자리(레코드상태)의 'p'가 나타내는 것은?

0	1	0	8	2	p	a	m		a	2	2	0	0	3	0	1		c		4	5	0	0

① 기존 레코드의 입력수준을 완전수준으로 올린 레코드
② CIP 레코드를 완전수준으로 올린 레코드
③ 수정된 레코드
④ 신규 레코드

ANSWER 15.②

15 리더의 구조와 자수위치별 데이터 요소의 적용 수준
　㉠ 리더의 구조

레코드 길이	레코드 상태	레코드 유형	서지 수준	제어 유형	문자 부호화 체계	지시 기호 자릿수	식별 기호 자릿수	데이터 기본 번지	입력 수준	목록 기술 형식	다권본 자원의 레코드 수준	엔트리 맵
00-04	05	06	07	08	09	10	11	12-16	17	18	19	20-23

ⓛ 자수위치별 데이터 요소의 적용 수준

자수위치	자릿수	데이터 요소
00-04	5	레코드 길이
05	1	레코드 상태 　a 기존레코드의 입력수준을 완전수준으로 올린 레코드 　c 수정된 레코드 　d 삭제되어야 할 레코드 　n 신규 레코드 　p CIP 레코드를 완전수준으로 올린 레코드
06	1	레코드 유형 　a 문자자료　　　　　　　　　　　　c 필사악보 이외의 악보 　d 필사악보　　　　　　　　　　　　e 지도자료(구체 포함) 　f 필사지도　　　　　　　　　　　　g 평면영사자료 　i 녹음자료(음악 이외)　　　j 녹음자료(음악) 　k 평면비영사자료　　　m 전자자료 　o 키트　　　　　　　　　p 복합자료 　r 입체자료(실물)　　　　t 필사문자자료 　w 고서
07	1	서지수준 　a 본에서 분리된 단행자료 성격의 구성요소 　b 모본에서 분리된 연속간행자료 성격의 구성요소 　c 집서(collection)　　　　d 집서의 하위단위 　i 갱신자료　　　　　　　　　　　m 단행자료/단일자료 　s 연속간행물
08	1	제어유형 　ƀ 특정 유형이 아님　　　　a 문서
09	1	문자부호화체계 　ƀ KS X 1001　　　　　　　　　a UCS/Unicode 　z KS X 1001, UCS/Unicode 이외의 문자부호
10	1	지시기호 자릿수
11	1	식별기호 자릿수
12-16	5	데이터 기본번지
17	1	입력수준 　ƀ 완전수준 　1 완전수준이나 기존 목록을 근거로 입력한 경우 　2 중간수준　　　　　　　　3 간략수준 　4 핵심수준　　　　　　　　5 예비수준 　7 최소수준　　　　　　　　8 발행전수준 　u 미상　　　　　　　z 적용불가
18	1	목록기술형식 　ƀ ISBD 형식이 아닌 것　　　a AACR2 　c KCR3판 이상　　　　　i ISBD 　k KORMARC 기술규칙　　u 미상
19	1	다권본 자원의 레코드 수준 　ƀ 세분하지 않거나 해당되지 않음　a 세트(Set) 　b 독립표제를 지닌 부분　　　　　c 종속표제를 지닌 부분
20-23	4	엔트리 맵 　/20 필드 길이의 자릿수　　　　/21 필드 시작위치의 자릿수 　/22 실행위치의 자릿수　　　　/23 미지정 엔트리 맵 자릿수

16 다음 중 한국목록규칙(KCR) 제4판을 적용하여 한국문헌 자동화목록(KORMARC) 통합서지용을 작성할 때 사용하지 않는 필드로만 올바르게 묶여진 것은?

① 1XX, 210, 240

② 730, 773, 830

③ 1XX, 240, 243, 730, 830

④ 210, 240, 243, 700, 730, 830

17 다음 중 분류 규정에 대한 설명으로 옳은 것을 모두 고르면?

> ㉠ 인과관계는 원인이 된 주제에 분류한다.
> ㉡ 셋 이상의 주제는 그 주제들 중 가장 많이 다룬 주제에 분류한다.
> ㉢ 원저작의 번역서나 비평서는 원저작과 따로 분류한다.
> ㉣ 원저작의 번안이나 각색은 번안가나 각색자의 작품으로 분류한다.
> ㉤ 언어 학습용 대역서는 원저작과 함께 분류한다.

① ㉠, ㉡

② ㉡, ㉣, ㉤

③ ㉡, ㉢, ㉣, ㉤

④ ㉣

ANSWER 16.③ 17.④

16 • 1XX : 기본표목은 저자주기입방식의 목록규칙(KCR2, AACR2)에서 사용하되 서명주기입방식의 목록규칙(ISBD, KCR3, KCR4, KORMARC)에서는 원칙적으로 사용하지 않는다.
  • 240, 243 : 통일표제와 종합통일표제는 기본표목을 사용하지 않는 KCR4에서는 사용하지 않는다.
  • 730 : 부출표목 – 통일표제는 통일표제를 사용하지 않는 KCR4에서는 사용하지 않는다.
  • 830 : 총서부출표목 – 통일표제는 통일표제를 사용하지 않는 KCR4에서는 사용하지 않는다.

17 ㉠ 인과관계는 결과가 된 주제에 분류한다.
  ㉡ 상위, 하위 주제에 해당하는 셋 이상의 주제는 상위 주제에 분류한다.
  ㉢ 원저작의 번역, 비평, 해설, 연구, 생인 등은 원저작에 분류한다.
  ㉤ 언어 학습용 대역서나 주해서는 언어의 해석이나 독본에 분류한다.

18 다음은 한국목록규칙(KCR) 제4판과 한국문헌자동화목록(KORMARC) 통합서지용으로 작성한 레코드들의 일부이다. 첫 번째 레코드를 참고하여 두 번째 레코드의 괄호 안에 들어갈 필드 번호로 옳은 것은? (단, 지시기호와 띄어쓰기는 적용하지 않는다.)

레코드 1

245 ▾5aBulletin of the Special Astrophysical Observatory -- North Caucasus

765 ▾5tAstrofizicheskie issledovaniia ▾w(DLC)b/b/b/78648457 ▾w(OCoLC)4798581

레코드 2

245 ▾5aAstrofizicheskie issledovaniia

( ) ▾aAstrofizicheskie issledovaniia. English. ▾tBulletin of the Special Astrophysical Observatory—North Caucasus ▾x0190-2709 ▾w(DLC)86649325 ▾w(OCoLC)4698159

---

① 762
② 767
③ 772
④ 776

19 다음 중 커터-샌본 저자기호표(Cutter-Sanborn Three-Figure Author Table)에 대한 설명으로 가장 옳지 않은 것은?

① 저자명 중 Mc, Mac, M'으로 시작되는 저자명은 자료의 표기에 관계없이 모두 Mc으로 처리하여 기호를 부여한다.

② 숫자 '0' (zero)은 알파벳 대문자 'O'와 혼동되기 쉽기 때문에 사용하지 않는다.

③ 해당하는 번호가 없는 저자명의 경우에는 바로 앞의 번호를 채택하여 기재한다.

④ 전기자료는 그 대상 인물의 이름을 기호화하고 저자명을 저작기호로 기재한다.

....

ANSWER 18.② 19.①

18 영어 번역본이므로 번역저록 필드인 767에 기술한다.
   ① 762 하위총서저록
   ③ 772 모체레코드저록
   ④ 776 기타형태저록

19 ① 저자명 중 Mc, Mac, M'으로 시작되는 저자명은 Mac로 철자가 시작되는 것으로 간주한다.

20 METS(Metadata Encoding and Transmission Standard)는 디지털 형태의 정보자원에 대한 구조적, 기술적, 관리적 메타데이터를 입력하기 위한 방안으로 고안된 XML 스키마 기반의 인코딩 표준이며, 총 7개의 섹션(seven major section)으로 구성된다. 다음 중 METS의 7개 섹션(section)에 해당되지 않는 것은?

① Administrative Metadata

② Behavior

③ File Section

④ Structural Metadata

••

ANSWER 20.④

20 METS의 구조
 ⊙ 헤더 섹션(Header Section) [필수]
 ⓒ 기술 메타데이터 섹션(Descriptive Metadata Section)
 ⓒ 관리 메타데이터 섹션(Administrative Metadata Section)
 ⓔ 파일 섹션(File Section)
 ⓜ 구조맵 섹션(Structure Map Sections) [필수]
 ⓗ 구조연결 섹션(Structure Link Sections)
 ⓢ 행위 섹션(Behavior Section)

1 조선십진분류표에 대한 설명으로 옳은 것은?

① 박봉석이 동서도서분류표를 수정하여 1947년에 편찬하였다.
② 주류배열은 Bacon의 학문분류에 바탕을 두고 있다.
③ 주류는 100 철학, 200 종교, 300 사회, 400 이학 등의 순이다.
④ DDC와 같이 분류기호 세 자리 뒤에 소수점을 사용하였다.

2 리재철의 '한글순도서기호법'과 구조적으로 가장 유사한 것은?

① 박봉석의 성별기호표(性別記號表)
② 이춘희의 동서저자기호법
③ LC 저자기호법(Cutter table)
④ Cutter-Sanborn Three-Figure Author Table

- -

ANSWER 1.① 2.③

1 조선십진분류표(KDCP)는 박봉석이 동서도서분류표를 수정하여 1947년에 편찬한 십진분류법이다.
  ② 주류배열은 전 주제를 1류부터 9류까지 나누고 0류에 총류를 두었다.
  ③ 1류 철학/종교, 2류 역사/지지, 3류 어학/문학, 4류 미술/연예, 5류 사회/교육, 6류 정법/경제, 7류 이학/의학, 8류 공학/
    공업, 9류 산업/교통 순이다.
  ④ 아라비아 숫자를 이용한 순수기호법을 적용하였으나 분류기호의 수를 4자리로 제한하여(→소수점 사용하지 않음) 세분화
    가 어렵다.
2 리재철의 '한글순도서기호법'은 분석합성식 기호법으로 LC 저자기호법과 구조적으로 유사하다.
  ①②④ 열거식 구조이다.

3 다음은 DDC 제23판을 이용하여 분류한 결과이다. 각 분류기호의 밑줄 친 '5'의 의미는?

| 055 450 850 914.5 945 |

① Italian 또는 Italy ② Serial publication

③ Speeches ④ Grammar

4 다음은 KDC 제6판의 일부를 발췌한 것이다. 이를 이용하여 '영국 공무원제도'를 분류한 기호로 옳은 것은?

```
350.2       행정조직
   .21         대통령직
   .23         외교 · 통일 관련부처
   .3          인사행정
   .31           공무원제도
351-357 각국 중앙행정 Administration in specific countries
            지역구분표에 따라 세분한 후, 350.1-.8과 같이 기호를 부가하여 세분한다. (예 : 중국외
            교부 351.223; 미국대통령 354.221)
               각국 지방자치 및 지방행정 → 359.1-.7
------------------------------------------------------------------
2. 지역구분표
-12    중국(中國)  China
-24    영국, 아일랜드  United Kingdom of Great Britain, Ireland
-42    미국(미합중국)  United States of America(USA)
```

① 350.3124 ② 350.2431

③ 353.124 ④ 352.431

....

ANSWER 3.① 4.④

3 050 연속간행물 − 055 이탈리아어
400 언어 − 450 이탈리아어
800 문학 − 850 이탈리아문학
910 지리 및 기행 − 914 유럽지리 − 914.5 이탈리아지리
940 유럽사 − 945 이탈리아, 산마리노, 바티칸시

4 각국 중앙행정은 지역구분표에 따라 세분한 후, 기호를 부가하여 세분하므로 '영국 공무원제도'는 35 + −24 + 31 → 352.431

5 KDC 제6판 문학류에서 적용되는 분류의 일반규정으로 옳지 않은 것은?

① 소설과 수필로 이루어진 저작은 소설에 분류한다.

② 한국인이 영어로 쓴 소설은 한국문학 아래에 분류한다.

③ 어느 한 작가에 대한 비평은 그 작가와 함께 분류한다.

④ 어느 한 작가의 문체, 어법을 다룬 저작은 그 작가 또는 그 작가의 전기에 분류한다.

6 다음은 KDC 제6판 본표의 일부를 발췌한 것이다. 이를 이용하여 '미국 지도'를 분류한 기호로 옳게 짝지은 것은?

942	미국(미합중국)	United States of America(USA)
984	북아메리카지리	Geography of North America
	지역구분표 −4에 따라 세분한다.	
989	지도 및 지도책	Maps and atlas
	지구의 및 지리모형, 세계지도, 동반구 및 서반구 지도 등을 포함한다.	
	지역구분표에 따라 세분한다.	
	별법 : 도서관에 따라 지도는 989 대신에 M을 분류기호 앞에 붙여서 사용할 수 있다.	

	분류기호	별법분류기호
①	989.42	M42
②	989.42	M984.2
③	989.442	M984.2
④	989.442	M42

ANSWER 5.② 6.②

5 ② 한국인이 영어로 쓴 소설은 영미문학 아래 843에 분류한다.

6 • 분류기호 : 989 + −42 → 989.42

• 별법분류기호 : M + 989 + −42 → M984.2

7 다음은 KDC 제6판 본표의 일부를 발췌한 것이다. 이를 이용하여 분류한 내용으로 옳은 것은?

---

809   문학사(文學史), 평론 History and criticism of literature
           문학의 사조(史潮), 제파(諸派) 및 평론 등을 포함한다.
           각국 문학사는 해당문학 아래에 분류한다.

   .03   중세 1150-1499

   .1-.8   각 문학형식의 역사
           문학형식구분표에 따라 세분한다.
           문학형식에 의한 각국 문학사는 해당문학 아래에 분류한다.

810   한국문학(韓國文學) Korean literature
820   중국문학(中國文學) Chinese literature

---

① 세계소설사   809.03   ② 중세문학사   809.3
③ 중국소설사   823.09   ④ 한국시의 역사   811.9

8 DDC 제23판을 이용하여 '일제 강점기에 2인 이상의 한국인 저자가 쓴 단편소설'을 분류할 때, 분류 순으로 바르게 나열한 것은?

㉠ 문학   ㉡ 일제 강점기
㉢ 단편소설   ㉣ 소설
㉤ 한국어

---

① ㉠→㉣→㉢→㉤→㉡   ② ㉠→㉣→㉢→㉡→㉤
③ ㉠→㉤→㉣→㉢→㉡   ④ ㉠→㉤→㉣→㉡→㉢

ANSWER 7.③   8.③

7 ① 세계소설사 809.3
    ② 중세문학사 809.03
    ④ 한국시의 역사 811.09

8 문학 → 한국어(언어) → 소설(문학형식) → 단편소설(문학형식의 하위형식) → 일제 강점기(문학시대)

9 다음은 DDC 제23판의 일부를 발췌한 것이다. 이를 이용하여 분류한 내용으로 옳지 않은 것은?

---

499 **Non-Austronesian languages of Oceania, Austronesian languages, miscellaneous languages**

Add to base number 499 the numbers following -99 in notation 991-999 from Table 6; then to the number for each language listed below add further as instructed at beginning of Table 4, e.g., grammar of Maori 499.4425

499.211 Tagalog

499.442 Maori

499.92 Basque

499.95 Sumerian

Table 4

-3 Dictionaries of the standard form of the language

-5 Grammar of the standard form of the language

Table 6

-992 11 Tagalog

-994 42 Maori

-999 2 Basque

-999 3 Elamite

-999 4 Etruscan

-999 5 Sumerian

---

① Tagalog 문법   499.2115

② Basque 사전   499.923

③ Elamite 사전   499.93

④ Etruscan 문법   499.945

9 ④ Etruscan는 본표에서 Table 4를 추가할 수 있다고 언급되어 있지 않다. 따라서 'Etruscan 문법'은 Table 6을 이용해 499.94에 분류한다.

10 다음은 DDC 제23판 본표의 일부를 발췌한 것이다. 괄호 안에 들어갈 Table 명칭으로 옳은 것은?

155.457   **Children by ethnic and national group**
          Class here ethnopsychology
  .457 001-.457 009 Standard subdivisions

  .457 1-.457 9 Specific ethnic and national groups
          Add to base number 155.457 notation
          1-9 from (   ), e.g., Japanese children
          155.457956, Japanese-American children
          155.457956073

---

① Languages
② Ethnic and National Groups
③ Geographic Areas, Historical Periods, Biography
④ Subdivisions of Individual Languages and Language Families

11 『KORMARC-통합서지용』에서 지시기호나 식별기호를 사용하는 필드는?

① 003 제어번호 식별기호
② 007 형태기술필드
③ 008 부호화정보필드
④ 012 국립중앙도서관 제어번호

....

ANSWER 10.② 11.④

10 본표 내용 중 'ethnic and national groups'을 통해 Table 명칭을 알 수 있다.

11 ④ 표시기호 01X-09X는 각종 숫자와 부호로 구성되는 정보를 나타내며, 지시기호와 식별기호를 사용한다.
    ①②③ 00X 제어필드는 표시기호 001부터 009까지 해당되며, 제어번호와 최종처리일시, 형태기술필드, 부호화정보필드가 포함된다. 제어필드에는 지시기호와 식별기호를 사용하지 않는다.

96 ｜ 자료조직개론

12 ISBD에 대한 설명으로 옳은 것만을 고른 것은?

> ㉠ IFLA의 주관으로 서지기술의 국제적 표준화와 목록의 기계화를 고려하여 제정된 것이다.
> ㉡ 1974년 일반공통용 ISBD(G)가 처음으로 제정되었으며, 각 매체별로 제정된 ISBD를 하나의 통합된 형태로 제정하기 위한 통합판이 2011년에 발행되었다.
> ㉢ ISBD의 가장 중요한 특징 가운데 하나는 구두법이며, 구두법은 기술요소와 함께 채기하되 언제나 기술요소의 뒤에 온다.
> ㉣ ISBD 통합판에는 내용형식과 매체유형영역이 포함되어 있다.

① ㉠, ㉡
② ㉠, ㉣
③ ㉡, ㉢
④ ㉢, ㉣

13 『KORMARC-통합서지용』 개정판에 RDA를 수용하면서 추가된 필드로 옳지 않은 것은?

① 256 컴퓨터파일 특성
② 264 생산, 발행, 배포, 제작, 저작권표시
③ 377 관련 언어
④ 382 연주매체

ANSWER 12.② 13.①

12 ㉡ 1974년에 제정된 것은 ISBD(M)이다. ISBD(G)가 제정된 것은 1977년이다.
㉢ 구두법은 기술요소와 함께 채기하되 언제나 기술요소의 앞에 온다.

13 ① 256 컴퓨터파일 특성 필드는 개정 전부터 존재한 필드이다.
※ KORMARC-통합서지용 개정판 신규필드

신규필드	내용	신규필드	내용
264	생산, 발행, 배포, 제작, 저작권표시	381	저작 또는 표현형의 기타 구별 특성
336	내용유형	382	연주 매체
337	매체유형	383	음악 저작 번호 표시
338	수록매체유형	384	음조 (Key)
344	사운드 특성	542	저작권 관련 정보
345	영상자원의 영사 특성	588	기술(記述)의 정보원 주기
346	비디오 특성	648	주제명부출표목 - 시대
347	디지털 파일 특성	662	주제명부출표목 - 계층적 지명
377	관련 언어	880	변형문자표시
380	저작의 형식		

14 다음은 특정 주제명표목표의 일부분이다. 이를 『KORMARC-전거통제용』으로 작성한 전거레코드로 옳은 것은? (단, 지시기호와 띄어쓰기는 무시한다)

전자도서관
　　UF 디지털도서관
　　　　가상도서관

---

① 130　　▾a전자도서관
　330　　▾a디지털도서관
　330　　▾a가상도서관
② 150　　▾a전자도서관
　450　　▾a디지털도서관
　450　　▾a가상도서관
③ 130　　▾a전자도서관
　330　　▾a전자도서관 ▾b가상도서관
④ 150　　▾a도서관
　450　　▾a전자도서관 ▾b가상도서관

15 「국제목록원칙규범」(2009)에 대한 설명으로 옳지 않은 것은?

① 도서관에서 작성하는 서지데이터에만 적용을 목표로 하고 있다.
② 각국의 목록규칙을 제정할 때 지침으로 사용하기 위한 것이다.
③ IFLA에서 발간한 FRBR에서 제시한 개념모형에 기초하고 있다.
④ 1961년에 발표된 파리원칙(Paris Principles)의 적용범위를 대체하거나 확장한 새로운 원칙규범이다.

ANSWER 14.② 15.①

14　UF(Use For)는 다음에 오는 용어가 비우선어임을 지시하므로 디지털도서관과 가상도서관에 대해 전자도서관이 우선어이다. X50이 주제명이므로 전자도서관을 150에, 디지털도서관과 가상도서관을 "보라" 부출 450에 작성한다.

15　① 도서관 작성 서지데이터뿐만 아니라 미술관, 박물관 등 범적용을 목표로 하고 있다.

16 다음의 서지데이터를 FRBR 모형으로 적용했을 때, 그 내용으로 옳지 않은 것은?

> 표제 : 디지털 시대의 경영학
> 책임표시 : 강시영, 유홍주 공저
> 발행연도 : 2016년
> 주제어 : 경영학, 디지털
> 청구기호 : 325 강58ㄷ

① '디지털 시대의 경영학'은 제1집단의 개체이다.
② '유홍주'는 제2집단의 개체이다.
③ '경영학'은 제3집단의 개체이다.
④ '325 강58ㄷ'은 제4집단의 개체이다.

17 KCR 제4판의 적용사례에 대한 설명으로 옳은 것만을 모두 고른 것은? (단, 예시의 띄어쓰기는 무시한다)

> ㉠ 자료상에 '第三改正版'으로 표시된 것은 '제3개정판'으로 고쳐 기술한다.
> ㉡ 실제로는 3쇄인데 자료상에 '3판'으로 표시된 것은 '3판 [실은 3쇄]'로 기술한다.
> ㉢ 경남 고성군에서 발행한 자료는 강원도 고성군에서 발행한 자료와 구별하기 위해 '고성군(경남)'으로 기술한다.
> ㉣ 발행연도가 '단기 4277'로 표시된 경우에는 이를 서력으로 환산한 연도를 각괄호로 묶어 '단기 4277 [1944]'로 표기한다.

① ㉠, ㉢
② ㉡, ㉣
③ ㉡, ㉢, ㉣
④ ㉠, ㉡, ㉢, ㉣

ANSWER 16.④ 17.③

16 FRBR의 개체와 집단
　㉠ 제1집단 : 저작, 표현형, 구현형, 개별자료
　㉡ 제2집단 : 지적, 예술적 내용을 책임지거나 배포, 관리상의 책임을 지닌 개인과 단체
　㉢ 제3집단 : 개념, 대상, 사건, 장소

17 ㉠ 자료상에 '第三改訂版'으로 표시된 것은 '第3改訂版'으로 고쳐 기술한다.

18 다음 제시된 가상의 자료를 대상으로 KCR 제4판과 『KORMARC-통합서지용』에 의거하여 작성한 목록 레코드로 옳은 것은? (단, 지시기호와 띄어쓰기는 무시한다)

〈표제면〉	〈판권기〉
알기 쉬운 **정보자료 활용 지침서** 심청이 · 춘향이 공저 홍길동 교수 그림 (사)공공도서관협의회	알기 쉬운 **정보자료 활용 지침서** 2008년 1월 1일 초판 발행 2009년 1월 1일 셋째판 발행 2015년 1월 1일 넷째판 발행 2017년 1월 1일 넷째판 三쇄 발행 지은이 심청이 · 춘향이 그림 홍길동 교수 발행처 (사)공공도서관협의회 서울시 종로구 북촌로 11 ISBN 978-89-555-2997-1 정가 10,000원

○ 도서의 본문에는 삽화, 사진, 도표가 있고 마지막 페이지는 256임.
○ 크기는 25.9 cm임.
○ 부록으로 CD 1매와 안내서 1책이 딸려 있음.
○ KDC 제6판으로 분류하면 '025.15'임.

① 082 ▾a025.15 ▾26
② 245 ▾a(알기 쉬운) 정보자료 활용 지침서 / ▾d심청이, ▾e춘향이 공저 ; ▾e홍길동 그림
③ 260 ▾a서울 : ▾b공공도서관협의회, ▾c2017
④ 300 ▾a256 p. : ▾b삽화, 사진, 도표 ; ▾c26 cm + ▾e디스크 1매 + 안내서 1책

....

ANSWER 18.②

18 ① 082는 듀이십진분류기호이다. 한국십진분류기호는 056이다.
③ ▾c2017 → ▾c2015
④ ▾b삽화, 사진, 도표 → ▾b삽화, 도표, 사진 : 삽화류가 아닌 기타형태사항은 자모순으로 기술한다.

19 다음은 국립중앙도서관의 KORMARC 데이터의 일부이다. ㉠~㉣에 들어갈 내용이 순서대로 바르게 연결된 것은?(단, 띄어쓰기는 무시한다)

245	00	▼a한국문헌자동화목록형식: ▼b통합서지용= ▼(㉠) Korean machine readable cataloging format: integrated format for bibliographic data / ▼d국립중앙도서관 편저
260		▼a서울: ▼b한국도서관협회, ▼c2006
500		▼a1권 권말부록으로 "제어식별기호", "역할어, 정보원 기술부호", "판단이 모호한 표목" 수록
(㉡)	00	▼n1. ▼t설계원칙~09X 숫자와 부호필드, 부속서·부록 -- ▼n2. ▼tX00표목 필드~9XX 로컬에서 정의한 필드
650	8	▼a한국 문헌 자동화 목록법
(㉢)		▼a국립중앙도서관
(㉣)	0	▼b₩145000

	㉠	㉡	㉢	㉣
①	p	504	710	980
②	x	505	710	950
③	p	505	711	980
④	x	504	711	950

19 ㉠ 대등표제 ▼x
㉡ 505 내용주기
㉢ 710 부출표목 - 단체명
㉣ 950 로컬정보 - 가격

20 자료의 서지기술과 관련된 역사적 발전 내용을 제시한 것이다. 발표한 시대순으로 바르게 나열한 것은?

> ㉠ 인터넷 정보공간에 대한 자원기술과 검색을 위해 DC(Dublin Core)가 발표되었다.
> ㉡ KCR 제4판이 발간되었다.
> ㉢ AACR을 전면 개정하여 RDA가 발간되었다.
> ㉣ 『KORMARC-통합서지용』 개정판이 KS로 제정되었다.

① ㉠→㉡→㉢→㉣
② ㉠→㉡→㉣→㉢
③ ㉠→㉢→㉡→㉣
④ ㉡→㉠→㉣→㉢

20 ㉠ 더블린 코어는 1995년 데이터의 호환성을 유지하고 자원의 기술에 필요한 데이터 요소를 규정하여 시스템 간의 상호운용성을 확보하고 신속한 검색 지원을 목적으로 만들어졌다.
　㉡ KCR 4판은 1998년부터 개정작업을 시작하여 2001년 초안이 마련되었으며, 1년여 동안 실무자들의 의견수렴 절차를 거쳐 수정보완을 통해 발간되었다.
　㉢ RDA는 2005년 AACR3의 대대적인 개편과 함께 명칭이 RDA로 변경되었다. 2008년 11월에 초안이 발표되었으며 목록의 개념모형과 전거데이터의 개념모형을 구현할 수 있도록 반영된 규칙이다.
　㉣ 2005년 12월 한국산업규격(KS)로 제정되었던 『한국문헌자동화목록형식-통합서지용』의 KS 개정이 2014년 5월 완료되었다.

1 KDC 제6판 종교(200)의 하위 주제에 해당하지 않는 것은?

① 경학(經學)   ② 신앙생활
③ 교회론   ④ 도교(道敎)

2 리재철 『한글순도서기호법』(제5표)를 적용할 때, 『구조동역학』(김춘호 저)의 저자기호로 옳은 것은?

자음기호		모음기호			
		초성이 'ㅊ'이 아닌 글자		초성이 'ㅊ'인 글자	
ㄱ ㄲ	1	ㅏ	2	ㅏ(ㅐ ㅑ ㅒ)	2
ㄴ	19	ㅐ(ㅑ ㅒ)	3	ㅓ(ㅔ ㅕ ㅖ)	3
ㄷ ㄸ	2	ㅓ(ㅔ ㅕ ㅖ)	4	ㅗ(ㅘ ㅙ ㅚ ㅛ)	4
ㄹ	29	ㅗ(ㅘ ㅙ ㅚ ㅛ)	5	ㅜ(ㅝ ㅞ ㅟ ㅠ ㅡ ㅢ)	5
ㅁ	3	ㅜ(ㅝ ㅞ ㅟ ㅠ)	6	ㅣ	6
ㅂ ㅃ	4	ㅡ(ㅢ)	7		
ㅅ ㅆ	5	ㅣ	8		
ㅇ	6				
ㅈ ㅉ	7				
ㅊ	8				
ㅋ	87				
ㅌ	88				
ㅍ	89				
ㅎ	9				

① 기85   ② 기86
③ 김85   ④ 김86

ANSWER 1.① 2.③

1   ① 경학(經學)은 140으로 철학(100)의 하위 주제에 해당한다.

2   • 저자기호는 저자의 성을 그대로 쓴다. → 김
      • 자음기호 : 이름의 첫 글자 자음이 ㅊ → 8
      • 모음기호 : 초성이 'ㅊ'인 글자에 ㅜ → 5

3 KDC 제6판의 본표 일부를 발췌한 것이다. 이를 적용한 『윤리학 교육과정 비교분석』의 분류기호는?

---

190   윤리학(倫理學), 도덕철학(道德哲學) Ethics, moral philosophy

374   교육과정 Curriculum

　　　　교육과정 개발, 교육과정 평가, 각과교육, 이론, 경험중심과정론 및 교과서, 교과서 문제 등을 포함한다.

　　　　001-999와 같이 주제구분한다. 예 : 수학교육과정 374.41

　　　　별법 : 도서관에 따라 각과교육 다음에 0을 부가한 후 373.1-.78과 같이 세분할 수 있다. 예 : 수학교육평가 374.4107

　　　　각급 학교의 각과 교육과정은 해당학교 아래에 분류한다. 예 : 초등학교 사회생활과교육 375.43

375   유아 및 초등 교육 Elementary education

---

① 190.374
③ 374.1903
② 374.19
④ 375.1

4 DDC 제23판의 본표 일부를 발췌한 것이다. 밑줄 친 ㉠과 동일한 의미를 갖는 KDC 제6판의 분류기호는?

---

600   Technology (Applied sciences)

610   Medicine and health

㉠

620   Engineering and allied operations

---

① 410
③ 510
② 420
④ 520

ANSWER 3.② 4.③

3　교육과정 + 윤리학 → 347 + 19θ → 347.19

4　DDC 제23판 : 610 Medicine and health → KDC 제6판 : 510 의학

5 다음 분류법(초판)을 발간한 순서대로 바르게 나열한 것은?

ⓐ Ranganathan의 콜론분류법(CC)
ⓑ Harris의 분류법
ⓒ Dewey의 십진분류법(DDC)
ⓓ Cutter의 전개분류법(EC)

---

① ⓑ→ⓒ→ⓐ→ⓓ
② ⓑ→ⓒ→ⓓ→ⓐ
③ ⓑ→ⓓ→ⓒ→ⓐ
④ ⓓ→ⓑ→ⓒ→ⓐ

ANSWER 5.②

5 ⓑ Harris의 분류법(1870) → ⓒ Dewey의 십진분류법(1876) → ⓓ Cutter의 전개분류법(1891) → ⓐ Ranganathan의 콜론분류법 (1933)

6 KDC 제6판의 일부를 발췌한 것이다. 이를 적용하여 분류한 것으로 옳지 않은 것은?

340　정치학(政治學)　Political sciences

.9　정치사 및 정치사정

980　지리(地理)　Geography

특수지리학은 해당주제 아래에 분류한다. 예 : 경제지리학 320.98; 정치지리학 340.98

.2　명승안내, 여행

특정지역의 명승안내, 여행은 해당지역에 분류한다. 예 : 아시아기행 981.02

981　아시아지리　Geography of Asia

지역구분표 −1에 따라 세분한다. 예 : 한국지리 981.1 ; 중국기행 981.202

982　유럽지리　Geography of Europe

지역구분표 −2에 따라 세분한다. 예 : 영국지리 982.4 ; 독일여행기 982.502

984　북아메리카지리　Geography of North America

지역구분표 −4에 따라 세분한다. 예 : 미국지리 984.2

989　지도 및 지도책　Maps and atlas

지구의 및 지리모형, 세계지도, 동반구 및 서반구 지도 등을 포함한다.

지역구분표에 따라 세분한다. 예 : 아시아지도 989.1

별법 : 도서관에 따라 지도는 989 대신에 M을 분류기호 앞에 붙여서 사용할 수 있다. 예 : 아시아지도 M981

지역구분표

−11　대한민국(大韓民國)　Korea

−13　일본(日本)　Japan

−41　캐나다　Canada

---

① 대한민국지도　　　　M981.1
② 일본지도　　　　　　989.13
③ 현대정치지리학　　　340.98
④ 캐나다기행　　　　　980.241

....

ANSWER 6.④

6　④ 캐나다기행 984 + −41 + 02 → 984.102
　　① 대한민국지도 M + 98̶1̶ + −11 → M981.1
　　② 일본지도 989 + 13 → 989.13
　　③ 현대정치지리학 340 + 98̶0̶ → 340.98

7 DDC 제23판의 일부를 발췌한 것이다. 이를 적용한 『Public libraries in Japan』의 분류기호는?

027 　General libraries, archives, information centers

　　　.4 　Public libraries

　　　[.409 3–.409 9] 　Specific continents, countries, localities

　　　　　　　　　　Do not use; class in 027.43–027.49

　　　.42 　Library outreach program

　　　.43–.49 　Specific continents, countries, localities

　　　　　　　Add to base number 027.4 notation 3–9 from Table 2, e.g. public libraries

　　　　　　　in France 027.444

- -

Table 2

-51 　China and adjacent areas

-519 　Korea

-52 　Japan

---

① 027.40952　　　　　　　　　　② 027.452

③ 027.4952　　　　　　　　　　④ 027.52

7 『Public libraries in Japan』은 'Specific continents, countries, localities'에 해당하므로, 027.4에 Table 2를 더한다. [.409 3–.409 9]는 사용하지 않는다.

따라서 027.4 + -52 → 027.452

8 KDC 제6판의 본표 일부를 발췌한 것이다. 이를 적용하여 분류할 경우, 별법이 적용된 것만을 모두 고르면?

---

016 **주제별 서지 및 목록** Subject bibliographies and catalogs
　　별법: 도서관에 따라 주제별 서지 및 목록을 각 주제 아래에 분류할 수 있다. 예: 법률서지 및 목록 360.26

022 **도서관 건축 및 설비** Library buildings and equipments
　　별법: 도서관에 따라 549.31에 분류할 수 있다.

430 **화학(化學)** Chemistry
　　430.01-.09는 표준구분에 따라 세분한다.

739 **기타 아시아 제어(諸語)** Other Asian languages
　(.86) *필리핀어, 타갈로그어 Philippine, Tagalog languages

840 **영미문학(英美文學)** English and American literatures
　　별법: 도서관에 따라 미국문학은 849에 분류할 수 있다.

843 **소설** Fiction

(849) **미국문학(美國文學)** American literature in English
　　영국문학과 미국문학을 구분하고자 할 경우는 미국문학을 여기에 분류할 수 있다.
　(.3)　소설

----

* 해당언어를 동남아시아어와 함께 분류하고자 할 경우에 별법으로 여기에 분류할 수 있다. 그렇지 않을 경우에는 796 아래의 해당언어에 분류한다.

㉠ 화학서지 및 목록	430.026
㉡ 필리핀어	739.86
㉢ 미국소설	843
㉣ 도서관 건축	022

① ㉠, ㉡　　　　　　　　　　　　　　② ㉠, ㉡, ㉢
③ ㉡, ㉢, ㉣　　　　　　　　　　　　④ ㉠, ㉡, ㉢, ㉣

ANSWER 8.①

8　㉠ 016의 별법에 따라 각 주제(화학 430) 아래에 분류한 것이다.
　㉡ *필리핀어, 타갈로그어를 동남아시아어와 함께 분류하고자 할 경우에 별법으로 739.86에 분류할 수 있다.
　㉢ 별법을 적용한다면 미국소설은 849에 분류한다.
　㉣ 별법을 적용한다면 도서관 건축은 549.31에 분류한다.

9 KDC 제6판의 본표와 표준구분표를 적용하여 분류한 것으로 옳지 않은 것은?

① 종교역사　　　　209　　　　　② 기술과학학회　　　506

③ 생명과학 연구법　470.7　　　　④ 생활과학잡지　　　590.4

10 KDC 제6판의 본표 일부를 발췌한 것이다. 이를 적용한 『소설가 박경리 전기』의 분류기호는?

810　　　한국문학(韓國文學)　Korean literature

813　　　소설　Fiction

.6　　　20세기　1910-1999

990　　　전기(傳記)　Biography

　　　별법 : 도서관에 따라 개인전기는 99, B 등으로 간략하게 분류할 수 있다.

(991)　*아시아전기　Biography of Asia

　　　지역구분표 −1에 따라 세분한다. 예 : 한국인총전 991.1

(998)　주제별전기　Biography by subjects

　　　이 주제별 전기는 990 아래에 전기서를 일괄집중시켜 분류하고자 할 경우에 별법으로 여기
　　　에 분류할 수 있다.

　　　주제별 전기는 예컨대 철학가, 종교가, 예술가, 문학가 등과 같이 그 인물과 주제가 밀접한
　　　관련을 갖고 있으므로 일반적으로는 해당주제 아래에 분류한다. 예 : 수학자전기 410.99

　　　주제와 관련을 갖는 각전 및 총전을 포함한다.

　　　100-990과 같이 주제구분(강목 이상)한다. 예 : 수학자전기 998.41

－－－－－－－－－－－－－－－－－－－－－－－－－－－－－－－－－－－－－－－

* 특수전기, 지역전기를 함께 모으고자 할 경우에 별법으로 여기에 분류할 수 있다. 그렇지 않을 경우
　에는 해당주제 아래에 분류한다.

---

① 998.81　　　　　　　　　　　　② 991.81

③ 991.8　　　　　　　　　　　　 ④ 813.6

....

ANSWER 9.④　10.①

9　④ 표준구분표에서 −04는 강연집, 수필집, 연설문집에 해당한다. 생활과학잡지는 −02 잡저(주제를 간단하고 얕게 포괄적으로
　　다룬 저작, 단편적 참고가 되는 저작, 유머스럽게 다룬 저작 및 시청각적으로 다룬 저작 등을 포함한다)를 적용하여 590.2
　　로 분류한다.

10　전기는 '해당주제 + 표준구분표 전기' 아래, '주제별 전기 + 주제구분' 아래, '전기 + 지역구분표' 아래 순으로 적용하여 분류한
　　다. 따라서 보기 중 998 + 81θ→998.81이 가장 적합하다.
　　④ 813.6(해당주제) 아래 분류하기 위해서는 표준구분표의 −099 전기를 더하여 분류해야 한다.

11 〈보기 1〉을 대상으로 KCR 제4판과 KORMARC 형식(통합서지용, 2014 개정판)을 적용하여 〈보기 2〉의 레코드를 작성하였다. 〈보기 2〉의 필드 기술이 옳지 않은 것만을 모두 고르면? (단, 지시기호와 띄어쓰기는 적용하지 않음)

〈보기 1〉

- 표제 : 『정의란 무엇인가』
- 책임표시 : 마이클 샌델 저, 이창신 옮김
- 총서사항 : 사상총서 ⑨
- 원표제 : 『Justice』
- 원저자 Michael Sandel은 1953년생
- 원작의 레코드제어번호 : 0000245544

〈보기 2〉

- ㉠ 041 ▼akor ▼heng
- ㉡ 245 ▼a정의란 무엇인가 / ▼c마이클 샌델 저 ; ▼d이창신 옮김
- ㉢ 440 ▼a사상총서 ; ▼v9
- ㉣ 700 ▼aMichael Sandel, ▼d1953-
- ㉤ 765 ▼tJustice ▼w0000245544

① ㉠, ㉡

② ㉡, ㉢, ㉣

③ ㉡, ㉣, ㉤

④ ㉡, ㉢, ㉣, ㉤

....

ANSWER 11.②

11 ㉡ ▼c마이클 샌델 저 ; ▼d이창신 옮김 → ▼d마이클 샌델 저 ; ▼e이창신 옮김

㉢ KORMARC 통합서지용, 2014 개정판에서는 440을 삭제하고 490을 총서사항으로 사용한다.

㉣ ▼aMichael Sandel, → ▼aSandel, Michael,

12 KCR 제4판과 KORMARC 형식(통합서지용, 2014 개정판)을 적용하여 연속간행물을 기술한 레코드의 일부이다. ⊙, ⓒ에 들어갈 표시기호로 옳은 것은? (단, 지시기호와 띄어쓰기는 적용하지 않음)

310	▾a계간
(⊙)	▾a제11권 제1호(2010년 3월)-
580	▾a교통계획 및 정책연구에서 교통계획과 교통정책으로 분리
(ⓒ)	▾t교통계획 및 정책연구▾g제1권 제1호(2000년 3월)-제10권 제4호(2009년 12월)

	⊙	ⓒ
①	321	780
②	321	785
③	362	780
④	362	785

13 목록의 표목과 접근점에 대한 설명으로 옳지 않은 것은?

① 특정 문헌이나 합집에 수록된 개별 저작을 대상으로 한 분출저록의 표목을 분출표목이라 한다.

② 접근점을 저자(단체), 표제, 주제명, 분류기호로 제한하고, 이 가운데 주제명과 분류기호를 기본표목으로 사용한다.

③ AACR2R에서는 저자를 알 수 없거나 4인 이상인 경우, 표제를 기본표목으로 선정한다.

④ 국제목록원칙규범에서는 서지데이터와 전거데이터를 검색하기 위한 접근점을 크게 제어형 접근점과 비제어형 접근점으로 구분하고 있다.

ANSWER 12.③ 13.②

12 ⊙ 362 권·연차, 연월차 사항 [반복], ⓒ 780 선행저록 [반복]
　①② 321 이전 간행빈도 [반복]
　②④ 785 후속저록 [반복]

13 ② 저자명과 표제만 기본표목이 될 수 있다. 주제명과 분류기호는 부출한다.

14 국제목록원칙규범에서 제시한 '목록의 목적과 기능'에 해당하지 않는 것은?

① 서지자원이나 에이전트를 식별하는 일
② 소장자료 중 서지자원을 탐색하는 일
③ 목록의 안팎을 항해하는 일
④ 저작과 표현형에 대한 접근점을 선정하는 일

15 KCR 제4판에서 단행본에 적용하지 않는 것만을 모두 고르면?

㉠ 판표시	㉡ 자료특성사항
㉢ 특정자료종별	㉣ 등록표제

① ㉠ 　　　　　　　　　　　　　　② ㉡, ㉢
③ ㉢, ㉣ 　　　　　　　　　　　　④ ㉡, ㉢, ㉣

16 IFLA의 ISBD(통합판)에 대한 설명으로 옳지 않은 것은?

① 수량, 크기, 딸림자료표시는 자료기술영역에 기술한다.
② 축척표시와 연속간행물의 권호는 자료 또는 자원유형특성영역에 기술한다.
③ 본표제, 표제관련정보, 부차적 판표시의 책임표시는 표제와 책임표시영역에 기술한다.
④ 내용형식과 매체유형영역은 첫 번째로 기술되는 영역이며, 통합판에 새로이 신설되었다.

....

ANSWER 14.④ 15.④ 16.③

14 국제목록원칙규범에 따른 목록의 목적과 기능
　㉠ 자원의 속성이나 관계를 이용하여 탐색한 결과로서 소장자료 중 서지자원을 탐색하는 일
　㉡ 서지자원이나 에이전트를 식별하는 일
　㉢ 이용자의 요구에 적합한 서지자원을 선정하는 일
　㉣ 기술된 개별자료를 입수, 혹은 접근을 확보하는 일
　㉤ 목록의 안팎을 항해하는 일

15 ㉡ 자료특성사항 : 단행본, 고서·고문서, 화상 및 영상자료는 적용하지 않는다.
　㉢ 특정자료종별 : 단행본에 대해서는 특정자료종별표시를 하지 않는다. 한 책으로 완결된 단행본에서는 쪽수나 장수를 기재하고, 두 책 이상으로 이루어진 다권본을 종합기술할 경우 권책수를 기재함을 원칙으로 한다.
　㉣ 등록표제 : 연속간행물에 적용한다.

16 ③ 본표제, 대등표제, 표제관련정보, 책임표시는 표제 및 책임표시사항 영역에 기술한다. 판표시, 대등판표시, 특정판의 책임표시, 부차적 판표시, 부차적 판의 책임표시는 판사항 영역에 기술한다.

17 KCR 제4판의 비도서자료 기술규칙에 대한 설명으로 옳은 것은?

① 도서를 마이크로자료로 복제한 복제본의 발행사항을 기술할 때 원본의 발행사항을 기술하고, 복제본의 발행사항은 주기한다.

② 화상자료와 영상자료의 책임표시에는 화가, 디자이너, 감독, 연출자, 연기자, 배우 등이 포함된다.

③ 원격접근 전자자료의 형태사항에는 '온라인자원'으로 기술한다.

④ 녹음자료의 경우 녹음된 내용이 동일하나 원판이 다를 때는 별도의 판으로 취급한다.

18 KORMARC 형식(통합서지용, 2014 개정판)의 서지레코드 디렉토리에 대한 설명으로 옳지 않은 것은?

① 리더 뒤에 나오는 것으로 어떤 필드가 어느 위치에 있으며 길이가 얼마인가를 지시해 주는 데이터가 기재된다.

② 각 표시기호에 대해서 한 개씩의 디렉토리 항목이 만들어지며 이 항목은 표시기호, 필드길이, 필드시작위치 등 3부분으로 편성된다.

③ 디렉토리 항목은 24자리를 한 단위로 하며, 한 레코드에서 디렉토리 항목의 수는 입력된 표시기호 수와 동일하다.

④ 디렉토리는 시스템이 자동 생성하는데, 자신의 표시기호, 지시기호, 식별기호를 갖지 않으며 끝에는 필드종단기호를 갖는다.

....

ANSWER 17.④ 18.③

17 ① 복제본은 복제된 마이크로자료의 발행이나 배포에 관한 사항을 기술하고, 원본에 관한 사항은 주기한다.
② 연기자, 배우는 화상자료와 영상자료의 책임표시에 포함되지 않는다.
③ 원격접근 전자자료는 일반적으로 형태사항을 기술하지 않지만, 해당 자료의 형태와 수량을 파악할 수 있을 경우 필요한 사항을 기술한다.

18 ③ 디렉터리 항목은 12자리를 한 단위로 하며, 한 레코드에서 디렉터리 항목의 수는 입력된 표시기호 수와 동일하다.
※ 디렉터리의 정의와 범위 … 디렉터리는 리더 뒤에 나오는 것으로 어떤 필드가 어느 위치에 있으며 길이가 얼마인가를 지시해 주는 데이터가 기재된다. 각 표시기호에 대해서 한 개씩의 디렉터리 항목(Directory Entries)이 만들어지며 이 디렉터리 항목은 표시기호, 필드길이, 필드시작위치 세 부분으로 편성된다. 디렉터리 항목은 12자리를 한 단위로 하며, 한 레코드에서 디렉터리 항목의 수는 입력된 표시기호 수와 동일하다. 디렉터리는 시스템이 자동 생성하는데, 자신의 표시기호, 지시기호, 식별기호를 갖지 않으며 끝에는 필드종단기호(ASCII 1E16)를 갖는다.

19 한국문헌번호 ISBN 978-89-364-6133-1 73810에 대한 설명으로 옳은 것은?

① 978은 국제ISBN관리기구에서 배정한 국별번호이다.

② 364는 한국도서관협회의 한국문헌번호센터가 배정한 발행자번호이다.

③ 6133은 발행자가 발행하는 서명이나 판의 일련번호순으로 부여한다.

④ 73810은 부가기호로 앞부분의 738은 KDC 분류기호를 나타낸다.

ANSWER 19.③

19 ① 978은 접두부로 국제상품코드협회에서 부여한다.
② 364는 국립중앙도서관 한국문헌번호센터가 배정한 발행자번호이다.
④ 73810은 부가기호로 독자대상기호, 발행형태기호, 내용분류기호로 구성된다.
※ ISBN과 부가기호의 구성

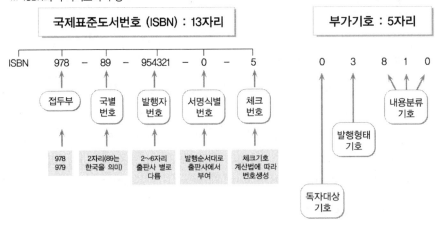

20 다음은 메타데이터 표준의 하나인 MODS를 이용하여 기술한 레코드의 일부분이다. ㉠, ㉡에 들어갈 요소로 옳은 것은?

```
⟨titleInfo⟩
  ⟨title⟩건축학편람⟨/title⟩
⟨/titleInfo⟩
⟨name type="personal"⟩
  ⟨namePart⟩고만영⟨/namePart⟩
  ⟨role⟩
    ⟨roleTerm type="text"⟩편저⟨/roleTerm⟩
  ⟨/role⟩
⟨/name⟩
⟨ ㉠ ⟩텍스트⟨/ ㉠ ⟩
⟨genre⟩편람⟨/genre⟩
⟨ ㉡ ⟩
  ⟨place⟩
    ⟨placeTerm type="text"⟩서울⟨/placeTerm⟩
  ⟨/place⟩
  ⟨publisher⟩구미무역⟨/publisher⟩
  ⟨dateIssued⟩2012⟨/dateIssued⟩
⟨/ ㉡ ⟩
```

	㉠	㉡		㉠	㉡
①	mediaType	source	②	typeOfResource	originInfo
③	format	originInfo	④	format	source

ANSWER 20.②

20 MODS와 DC의 비교

MODS	DC	MODS	DC
titleInfo	Title	targetAudience	Audience
name	Creator	subject, classification	Subject
	Contributor	relatedItem	Relation
typeOfResource	Type	identifier	Identifier
originInfo	Publisher	accessCondition	Right
	Date	genre	
language	Language	location	
physicalDescription	Format	part	
abstract, tableOfContents, note	Description	extention	
		recordInfo	

1 〈보기〉의 빈 칸에 들어갈 가장 알맞은 용어를 모두 고른 것은?

〈보기〉

개념 분석을 통해 자료의 내용을 이해한 후에는 자료에 나타난 주제를 언어나 기호로 변환해야 한다. 이때 통제 어휘집을 사용하여 ____㉠____ 을/를 부여하거나, 서가상에서 상대적인 자료의 위치를 결정하기 위해 ____㉡____ 을/를 부여할 수 있다.

	㉠	㉡
①	키워드	저자표목
②	분류기호	주제명표목
③	저자표목	키워드
④	주제명표목	분류기호

ANSWER 1.④

1 ㉠ 통제 어휘집은 표준화된 용어를 열거한 어휘 목록으로, 색인 작성의 일관성과 통일성을 높이고 검색 효율을 증진시키는 데 사용하기 위한 도구이다. 주제명표목, 시소러스 등이 이에 해당한다. 일반적으로 용어 간의 관계도 포함한다. '주제명 표목'이나 '시소러스'는 통제 어휘집의 일종이다.
㉡ 서가상에서 상대적인 자료의 위치를 결정하기 위해서는 분류기호를 부여할 수 있다.

2 청구 기호를 구성하는 저자기호에 대한 설명으로 가장 옳지 않은 것은?

① 일반적으로 저자기호는 영미목록규칙(AACR2R)의 표목 선정기준을 차용하여 생성된다.

② 「LCC저자기호표」는 후조합식 기호표이며, 상대적 기호가 아닌 고정적 기호로 생성된다.

③ 대표적인 조합식 저자기호법에는 리재철의 「한글순도서기호법」과 「LCC저자기호표」 등이 있다.

④ 장일세의 「동서저자기호표」, Cutter-Sanborn 저자기호표 등은 대표적인 열거식 저자기호법이며, 전조합식 기호표이다.

3 한국목록규칙(KCR) 제4판의 기술의 정보원에 대한 설명으로 가장 옳지 않은 것은?

① 자료 유형별 기술정보원의 우선순위는 KCR4 기술총칙에 종합적으로 규정되어 있다.

② 영인본이나 복제본은 원칙적으로 원자료가 아닌 복제본 자체에서 정보원을 선정한다.

③ 으뜸정보원 이외에서 얻은 정보는 각괄호에 묶어 기술해야 한다.

④ 기술사항별로 그 으뜸정보원을 잡아, 그에 준거하여 기술해야 한다.

4 콜론분류법(Colon Classification : CC)에 대한 설명으로 가장 옳지 않은 것은?

① 모든 가능한 주제를 미리 전개해 놓은 열거식 분류이다.

② 랑가나단(Ranganathan)의 분류 3단계 이론과정에 근거한다.

③ 분석합성식(analytico-synthetic classification) 분류 체계이다.

④ 주제 간의 계층관계나 지식의 분화과정은 물론, 관련 주제 간의 결합력이 우수하다.

....

ANSWER 2.② 3.① 4.①

2 ② 분석합성식 저자기호법은 저자명에 해당하는 문자 또는 숫자를 미리 배분된 기호표에서 찾아 이를 조합하는 방법으로, 기호가 조합되기 전이라는 점에서 후조합식이라고 할 수 있다. LC Cutter Table은 사용하기 쉬운 장점이 있지만 기호의 중복에 따라 정확한 알파벳순 배열이 곤란한 경우가 발생할 수 있어 기존에 부여된 저자기호를 확인하면서 기호를 부여해야 하는(→상대적) 단점이 있다.

3 ① 자료 유형별로 적용되는 기술정보원의 우선순위는 제2장 이하의 각 장에서 별도로 규정한다.

4 ① 콜론분류법은 주제를 미리 전개해 놓은 열거식 분류와 달리 주제를 다면적으로 분석하여 기호화함으로써 모든 주제가 갖고 있는 특성을 표현할 수 있는 분석합성식 분류이다.

5 〈보기〉의 분류대상을 듀이십진분류법(DDC) 제23판을 적용하여 가장 옳게 분류한 것은? (단, 〈보기〉를 통해 판단할 수 있는 사항 외에 별도의 예외 사항은 없는 것으로 간주함.)

〈보기〉

〈분류대상〉

"Reviews of works for public library publications"

〈DDC 제23판 일부 발췌〉

027　General libraries and archives

027.1 Private and family libraries

027.2 Proprietary libraries

027.3 Rental libraries

027.4 Public libraries

028　Reading and use of other information media

028.1 Reviews

028.16 Reviews of works for specific kinds of users

　　　　　Add to base number 028.16 the numbers

　　　　　following 011.6 in 011.62-011.67

011.6　General bibliographies and catalogs of works for young people and people with disabilities; for specific types of libraries

011.62 Works for young people

011.63 Works for people with disabilities and illnesses

011.67 Works for specific types of libraries

　　　　　Including bibliographies and catalogs of books for public libraries

---

① 027.416　　　　　　　　　　② 027.4167

③ 028.1667　　　　　　　　　　④ 028.167

6 한국십진분류법(KDC) 제6판을 이용한 전기(傳記) 분류에 대한 설명으로 가장 옳은 것은?

① 문학, 철학, 음악가 등의 전기는 그 주제 아래 분류하는 것보다 전기류에 모아 분류하는 것이 더 좋다.

② 전기적 성격의 인명록은 표준구분 기호 -06을 부기하며, 전기적 성격의 일기는 문학류의 일기, 서간 으로 분류한다.

③ 역사류 아래 전기에 모으지 않고 해당 주제에 -099를 붙여 분류하나, 도서관에 따라 별법으로 990 아래 분류할 수 있다.

④ 장서가 많은 대규모 전문도서관의 경우, 전기는 해당 주제 아래 분산되어 분류하는 것보다 역사류에 함께 분류하는 것이 좋다.

ANSWER 6.③

6 ① 전기의 대상이 되는 피전자의 주제 배경이 문학, 철학, 음악가 등일 경우 전기류에 모아 분류하는 것보다 해당 주제 아래 전기로 분류하는 것이 더 좋다.
② 전기적 성격의 인명록은 표준구분 기호 -099를 부기하며, 전기적 성격의 일기는 그 사람의 전기 아래에 분류한다.
④ 장서가 많은 대규모 전문서관의 경우, 전기는 역사류에 함께 분류하는 것보다 해당 주제 아래 분산하여 분류하는 것이 좋다.

7 RDA(Resource Description and Access)에 따라 MARC 레코드로 작성된 〈보기〉의 문헌에 대한 설명으로 가장 옳은 것은?

〈보기〉

100 1	‡a Grisham, John, ‡e author.
245 1 0	‡a Camino Island / ‡c John Grisham.
264 1	‡a New York : ‡b Doubleday, ‡c 2017.
336	‡a text ‡b txt ‡2 rdacontent
337	‡a computer ‡b c ‡2 rdamedia
338	‡a online resource ‡b cr ‡2 rdacarrier
776 0 8	‡i Print version: ‡z 9781473663732 ‡z 1473663733

---

① 336 필드는 내용유형으로, 이 문헌이 문자자료로 표현되었음을 나타내며, 리더/06(레코드 유형)과 함께 사용된다.
② 337 필드는 수록매체유형으로, 이 문헌이 컴퓨터매체에 수록되었음을 보여준다.
③ 338 필드는 매체유형으로, 이 문헌이 온라인정보원임을 보여준다.
④ 776 필드는 자료형태유형으로, 이 문헌이 인쇄본임을 보여 준다.

8 분류목록에 대비되는 주제명목록의 특징에 대한 설명으로 가장 옳은 것은?

① 자료의 주제를 일정 틀에 따라 표목으로 변환한다.
② 자모순 배열로 인해 새로운 주제를 삽입하기 어렵다.
③ 용어에 관계없이 개념의 계통에 따라 접근할 수 있다.
④ 동일주제라도 취급관점에 따라 다른 기호로 나타난다.

ANSWER 7.① 8.①

7 ② 337 필드는 매체유형으로, 이 문헌이 컴퓨터매체에 수록되었음을 보여준다.
 ③ 338 필드는 수록매체유형으로, 이 문헌이 온라인정보원임을 보여준다.
 ④ 776 필드는 기타형태저록으로, 이 문헌이 인쇄본으로도 발행됨을 보여준다.

8 ② 주제명목록은 새로운 주제를 바로 주제명으로 수용하여 삽입하기가 쉽다.
 ③ 주제명목록은 관련 주제가 분산되지 않도록 세목이나 도치형을 사용한다.
 ④ 분류목록의 특징에 대한 설명이다.

9 온라인열람목록에 대한 설명으로 가장 옳지 않은 것은?

① 저자와 주제명에 대한 상호참조가 용이하다.
② 접근점의 확장이나 다양한 탐색기법을 적용할 수 있다.
③ 기술대상 자료에 대해 복수의 저록을 작성한다.
④ 서지정보망의 주된 목록으로 사용된다.

10 한국목록규칙(KCR) 제4판의 표제와 책임표시사항에 기술된 책임표시의 범위에 원칙적으로 포함되는 것으로 가장 옳은 것은?

① 작곡자, 편집자, 애니메이터
② 애니메이터, 제작자, 번역자
③ 각색자, 역자, 애니메이터
④ 후원자로서의 단체, 각색자, 역자

ANSWER 9.③ 10.④

9 ③ 카드목록에 대한 설명이다.

10 원칙적으로 책임표시는 본문의 저작자나 원작자를 범위로 한다. 일반적으로 책임표시의 범위에 포함되는 인명이나 단체명에는 그 저작에서의 역할어가 기재되어 있는 것이 보통이다.
- 저작자나 편(찬)자, 작곡자, 화가, 제작자, 역자, 각색자
- 단체의 종합의지 또는 행정자료 등에서는 해당 단체
- 후원자로서의 단체

11 〈보기〉는 영상자료의 서지레코드이다. 괄호 안에 들어갈 코드끼리 가장 옳게 짝지어진 것은?

〈보기〉

245	▼a(KBS 스페셜)한국 교육, 세계 1위?
	▼(㉠)[비디오 녹화자료]/▼dKBS미디어[편]
260	▼a서울 : ▼bKBS미디어, ▼c2005
(㉡)	▼a비디오디스크 1매(60분) : ▼bNTSC, 천연색, 디지털, 스테레오 ; ▼c12 cm
500	▼a본 표제는 표제화면의 표제임
(㉢)	▼a시스템조건 : Window 98/2000/ME/XP; 500MHSz 이상 CPU ; 16배속 이상 DVD –ROM드라이브
653	▼aKBS스페셜▼a한국교육▼a한국교육문제▼a교육▼a교육정책
710	▼aKBS미디어

	㉠	㉡	㉢		㉠	㉡	㉢
①	c	300	538	② c	338	516
③	h	300	538	④ h	338	516

12 문헌을 분류하기 위해 주제분석을 할 경우 참고로 하는 문헌의 정보원에 대한 설명으로 가장 옳지 않은 것은?

① 일반교양서나 문학작품, 학제적 성격이 강한 자료의 표제는 문헌의 내용을 가장 적절하고 함축적으로 표현하고 있으므로 표제를 통해 정확한 주제를 알 수 있다.

② 표제가 자료의 내용을 비교적 명확하게 나타내고 있을지라도 반드시 내용목차를 통하여 확인할 필요가 있다.

③ 저자가 인용하거나 참고한 문헌을 확인하고 용어해설이나 색인 등을 파악하면 주제를 결정하는 데 도움이 된다.

④ 주석이나 번역서의 경우 해설은 특히 원전의 주제파악에 중요한 단서를 제공하고 있다.

ANSWER 11.③ 12.①

11 ㉠ 자료유형→▼h
㉡ 형태사항→300
㉢ 시스템 사항에 관한 주기→538

12 ① 일반교양서나 문학작품, 학제적 성격이 강한 자료의 표제는 문헌의 내용을 함축적으로 표현하고 있으므로 표제를 통해 정확한 주제를 알기 어렵다.

13 도서기호에 대한 설명으로 옳은 것을 〈보기〉에서 모두 고른 것은?

〈보기〉

⊙ 청구기호의 구성요소 중에 하나이다.
⊙ 동일한 분류기호 내에서 각 도서를 개별화할 목적으로 부가하는 요소이다.
⊙ 저자(서명)나 출판연도 순서에 따라 일련번호를 부여하는 수입순 기호법이 있다.
⊙ 다권본으로 이루어진 총서 등의 경우 그 구분을 위해 표시하는 기호시스템이다.

① ⊙

② ⊙, ⊙

③ ⊙, ⊙, ⊙

④ ⊙, ⊙, ⊙, ⊙

14 통일표제에 대한 설명으로 가장 옳지 않은 것은?

① 한국목록규칙(KCR) 제4판에 명시된 규칙을 적용하여 작성하기는 어렵다.
② 전거통제 작업을 통해 전거레코드로 작성된다.
③ 한국문헌자동화목록(KORMARC)에서 통일표제 입력필드는 130 또는 240으로 지정되어 있다.
④ 다수의 저작으로 구성된 자료에서 각 저작마다 독립된 표제가 있고, 동시에 이들 자료 전체에 부여된 포괄적 표제를 의미한다.

15 폭소노미(folksonomy)에 대한 설명으로 가장 옳지 않은 것은?

① 일반인들이 웹 사이트나 사진, 웹 링크 등 디지털 정보에 자유롭게 주제 태그를 부여한다.
② 주제를 부여하거나 태깅할 때 협업으로 수행되기도 한다.
③ 지식 및 자원의 발견에 유용하다.
④ 태깅의 특징으로 높은 정확성과 집중성을 들 수 있다.

ANSWER 13.② 14.④ 15.④

13 ⊙ 청구기호의 구성요소에는 별치기호, 분류기호, 도서기호, 부차적 기호가 있다.
　⊙ 도서기호는 동일한 분류기호를 가진 도서를 개별화하고, 배열과 검색의 편의를 위해 순서를 정할 목적으로 부여되는 기호로, 수입순기호, 연대순기호, 저자기호법 등이 있다.
　⊙⊙ 판차기호, 역자기호, 권호기호, 복본기호, 연도기호 등은 부차적 기호에 해당한다.

14 ④ 종합표제에 대한 설명이다.

15 ④ 폭소노미는 일반인들이 웹 사이트나 사진, 웹 링크 등 디지털 정보에 자유롭게 주제 태그를 부여는 태깅의 특징으로 검색의 정확성과 집중성에서 택소노미에 비해 효율이 떨어진다.

16 〈보기〉는 MODS(Metadata Object Description Schema)를 적용하여 작성한 서지레코드의 일부이다. (㉠), (㉡), (㉢), (㉣)에 들어갈 내용으로 가장 옳은 것은?

───〈보기〉───

〈mods xmlns version="3.5"〉
〈titleInfo〉〈title〉깊고 푸른 밤〈/title〉
〈subTitle〉1994년도 제18회 이상문학상 작품집〈/subTitle〉
〈/titleInfo〉
〈㉠ type="personal"〉〈namePart〉최인호〈/namePart〉〈/㉠〉
〈㉡ 〉텍스트〈/㉡ 〉
〈㉢〉
〈place〉〈placeTerm type="text"〉서울〈/placeTerm〉〈/place〉
〈publisher〉문학사상사〈/publisher〉〈dateIssued〉2009————
〈/dateIssued〉〈/㉢〉
〈language〉〈languageTerm type="code"
objectPart="text"〉kor〈/languageTerm〉〈/language〉
〈physicalDescription〉〈extent〉361p. ; 22cm〈/extent〉
〈/physicalDescription〉
〈㉣〉깊고 푸른 밤; 포플라나무; 침묵은 금이다; 이 지상에서 가장 큰 집/ 崔仁浩. —未忘/金源一. 時間의 門/李淸俊. —술래 눈뜨다/ 全商國.〈/㉣〉

① ㉠ – creator
② ㉡ – Type
③ ㉢ – originInfo
④ ㉣ – Contributor

....

ANSWER 16.③

16 ㉠ name(저자정보)
㉡ typeOfResource(자료유형)
㉢ originInfo(출처정보)
㉣ tableOfContents(내용목차)
※ MODS의 상위요소

titleInfo	표제정보	note	주기사항
name	저자정보	subject	주제명
typeOfResource	자료유형	classification	분류기호
genre	장르	relatedItem	연관정보
originInfo	출처정보	identifier	식별자
language	언어정보	location	소재정보
physicalDescription	형태기술정보	accessCondition	접근조건)
abstract	요약정보	part	구성요소
tableOfContents	내용목차	extension	확장정보
targetAudience	이용대상자	recordInfo	레코드정보

17 듀이십진분류법에서 복수의 주제를 다룬 문헌에 적용하는 분류규정이다. 옳은 것을 〈보기〉에서 모두 고른 것은?

─────── 〈보기〉 ───────

㉠ 한 주제가 다른 것에 영향을 주는 경우, 영향을 준 주제에 분류함
㉡ 두 개의 주제를 별개로 다루는 경우, 분류표 상에 먼저 위치한 분류기호에 분류함
㉢ 상위 학문에서 파생된 3개 이상의 주제를 동등하게 다룬 경우, 분류표 상에 가장 나중에 위치한 분류기호에 분류함
㉣ 주제에 대한 두 개의 가능한 분류기호 중 같은 계층에 0이 없거나 0이 더 적은 분류기호에 분류함

① ㉠, ㉡   ② ㉠, ㉢

③ ㉡, ㉢   ④ ㉡, ㉣

18 〈보기〉는 어니스트 헤밍웨이의 "The Old Man and The Sea"라는 소설을 예로 기술하였다. FRBR의 제1집단의 구현형(manifestation)에 해당하는 것을 〈보기〉에서 모두 고른 것은?

─────── 〈보기〉 ───────

㉠ 프랑스어와 독일어로 번역
㉡ DVD로 제작
㉢ 한글번역본을 한실미디어 출판사에서 단행본으로 출판
㉣ 35mm필름으로 제작되어 극장에서 상영

① ㉠, ㉡, ㉢   ② ㉠, ㉡, ㉣

③ ㉠, ㉢, ㉣   ④ ㉡, ㉢, ㉣

ANSWER 17.④ 18.④

17 ㉠ 한 주제가 다른 것에 영향을 주는 경우, 영향을 받은 주제에 분류함
㉢ 상위 학문에서 파생된 3개 이상의 주제를 동등하게 다룬 경우, 분류표 상에 가장 처음에 위치한 분류기호에 분류함

18 ㉠ 표현형, ㉡㉢㉣ 구현형

19 통합서지용 한국문헌자동화목록(KORMARC) 형식의 설계 원칙에 해당하지 않는 것은?

① 인쇄 또는 필사된 도서, 계속자료, 전자자료, 지도자료, 녹음자료, 시청각자료, 고서, 복합자료의 서지정보를 담을 수 있도록 설계되었다.

② 서지데이터에는 공통으로 자료의 표제, 책임표시, 판사항, 발행사항, 형태사항, 주제, 주기에 대한 정보를 포함하고 있다.

③ 전자자료(ER)는 컴퓨터 소프트웨어, 수치데이터, 컴퓨터 의존형 멀티미디어, 평면영사자료, 온라인시스템 또는 온라인서비스 등 부호화된 전자 정보원이 해당된다.

④ 서지레코드는 리더/06(레코드 유형)의 구분부호에 의해 여러 종류의 레코드로 나뉜다.

20 우리나라의 출판시도서목록(CIP) 제도에 대한 설명으로 가장 옳은 것은?

① ISBN번호를 부여받지 않은 출판물은 CIP를 신청할 수 없다.

② 석·박사학위논문과 점자출판물은 CIP 부여 제외 대상이다.

③ CIP 정보는 KORMARC 통합서지용 025 필드에 기술한다.

④ 동일 서명으로 2책 이상으로 간행되는 저작물은 1개의 CIP를 신청한다.

ANSWER 19.③ 20.②

19 ③ 전자자료(ER)는 컴퓨터 소프트웨어, 수치데이터, 컴퓨터 의존형 멀티미디어, 온라인시스템 또는 온라인서비스 등 부호화된 전자 정보원이 해당된다. 평면영사자료는 시청각자료(VM)에 해당된다.

20 ① ISBN번호를 부여받지 않은 출판물도 CIP를 신청할 수 있다.
③ CIP 정보는 KORMARC 통합서지용 023 출판예정도서목록제어번호 필드에 기술한다.
④ 동일 서명으로 2책 이상으로 간행되는 저작물은 2개의 CIP를 신청해야 한다.

1 KDC 제6판 300(사회과학)의 하위주제에 해당하는 것은?

① 국가 및 정치윤리
② 발달심리학
③ 예절
④ 가정관리

2 KDC 제6판을 적용하여 일본의 현대소설 『낯선 나날들: 무라카미류의 장편소설』을 분류할 때, 조합과정과 분류기호가 옳은 것은?

① 830(일본문학) + −3(문학형식: 소설) + −6(시대: 현대) → 833.6
② 830(일본문학) + −3(문학형식: 소설) + −6(시대: 현대) → 830.36
③ 830(일본문학) + −6(시대: 현대) + −3(문학형식: 소설) → 836.3
④ 830(일본문학) + −6(시대: 현대) + −3(문학형식: 소설) → 830.63

ANSWER 1.③ 2.①

1 ③ 풍속, 예절, 민속학 380 > 예절 385
① 윤리학, 도덕철학 190 > 국가 및 정치윤리 193
② 심리학 180 > 발달심리학 183
④ 생활과학 590 > 가정관리 및 가정생활 591

2 문학작품의 분류기호는 언어, 형식, 시대 순으로 한다.
830(일본문학) + −3(문학형식 : 소설) + 6(시대 : 현대) → 833.6

3 KDC 제6판의 일부를 발췌한 것이다. 이를 적용한 『한국의 교육행정과 정책』의 분류기호는?

370　교육학(教育學) Education

　　　370.1-.9는 표준구분에 따라 세분한다.

　.9　교육사, 각국 교육

　　　지역구분표에 따라 세분한다.

371　교육정책 및 행정　Policy and administration of education

　.01　교육정책의 일반이론

　.06　교육위원회

　.9　교육재정

지역구분표

　-11　대한민국(大韓民國)　Korea

---

① 370.911　　　　　　　　　　　　② 371.0911

③ 371.11　　　　　　　　　　　　④ 371.911

4 KDC 제6판의 총류 중 주제를 언어별로 구분하기 위해 700(언어)의 항목 전개를 반영하거나 조합하도록 지시된 것만을 모두 고르면? (단, 요목까지만 적용함)

　㉠ 020　　　　　　　　　　　　㉡ 030

　㉢ 050　　　　　　　　　　　　㉣ 060

---

① ㉠, ㉡　　　　　　　　　　　　② ㉡, ㉢

③ ㉢, ㉣　　　　　　　　　　　　④ ㉠, ㉣

ANSWER 3.② 4.②

3　『한국의 교육행정과 정책』이므로 371 교육정책 및 행정에 분류한다.
　　371(교육정책 및 행정) + 09(∵ 지역구분 지시 없음) + -11(대한민국) → 371.0911
　　하고, 지역구분이 없으므로 0

4　KDC 제6판 총류 중 주제를 언어별로 구분하기 위해 700(언어)의 항목전개를 반영하거나 조합하도록 지시된 것은 030(백과사전), 040(강연집, 수필집, 연설문집), 050(일반 연속간행물. 080(일반 전집, 총서)이다.

5 각 분류표에 대한 설명으로 옳은 것만을 모두 고르면?

> ㉠ NDC와 DDC의 주류 순서는 동일하다.
> ㉡ CC의 5개 기본범주 중 Energy는 활동, 작용, 공정 등을 나타낸다.
> ㉢ UDC는 H. La Fontaine과 P. Otlet이 개발한 분류표로 현재는 UDC Consortium에 의해 관리되고 있다.
> ㉣ LCC는 각 권의 분류표가 주제전문가에 의해 개발되고 있어 범위주기가 DDC에 비해 더 상세하게 제시되어 있다.

① ㉠, ㉡
③ ㉢, ㉣

② ㉡, ㉢
④ ㉡, ㉢, ㉣

6 DDC 제23판에서 동일 학문에 속하는 둘 이상의 주제를 다루는 자료를 분류할 때의 설명으로 옳지 않은 것은?

① 기호법의 계층구조상 동일한 위치에 있는 '0'과 '1-9' 가운데 선택할 경우, '0'으로 시작되는 세목에 분류한다.
② 두 주제를 동등하게 다루고 있는 자료의 경우, 분류표상 앞에 위치한 주제에 분류한다.
③ 영향이나 인과관계를 다루고 있는 자료의 경우, 영향을 받은 주제 또는 결과에 해당하는 주제에 분류한다.
④ 동일한 상위주제의 세목에 해당하는 셋 이상의 주제를 다루고 있는 자료의 경우, 어느 한 주제를 더 완전하게 다루고 있지 않는 한 이 세목을 포괄하는 첫 번째 상위주제에 분류한다.

ANSWER 5.② 6.①

5 ㉠ NDC와 DDC의 주류 순서는 서로 다르다.
　㉣ LCC 범위주기가 DDC에 비해 간략하게 제시되어 있다.

6 ① DDC에서는 한 자료를 분류할 때 2가지의 분류기호 부여가 가능할 경우 '0'을 수반하지 않거나 '0'을 최소한으로 수반하는 분류기호를 우선시한다. 이를 제로규칙(rule of zero)이라고 한다.

7 DDC 제23판을 적용하여 다음을 분류할 때, 분류표에 배치된 기호의 순서대로 바르게 나열한 것은?

> ㉠ 스페인어 기초 문법
> ㉡ 제주도방언연구
> ㉢ 독일어 어원 연구
> ㉣ 바르셀로나 지방의 방언 연구
> ㉤ 일본어 문법 해설

① ㉠→㉣→㉢→㉤→㉡
② ㉠→㉣→㉤→㉡→㉢
③ ㉢→㉠→㉣→㉤→㉡
④ ㉢→㉠→㉣→㉡→㉤

....

ANSWER 7.③

7 ㉠ 스페인어 기초 문법 465
㉡ 제주도방언연구 495.77
㉢ 독일어 어원 연구 432
㉣ 바르셀로나 지방의 방언 연구 467
㉤ 일본어 문법 해설 495.65
따라서 순서는 ㉢→㉠→㉣→㉤→㉡

8 DDC 제23판의 일부를 발췌한 것이다. 이를 적용하여 물리학자의 전기인 『퀴리부인의 발자취』의 분류기호로 옳은 것만을 묶은 것은?

---

530 Physics

   .02 Miscellany

   .1 Theories and mathematical physics

   .4 States of matter

920 Biography, genealogy, insignia

   Class biography of people associated with a specific subject with the subject, plus notation 092 from Table 1, e.g., biography of chemists 540.92

   (Option B: Class individual biography in 92 or B; class collected biography in 92 or 920 undivided)

   (Option C: Class individual biography of men in 920.71; class individual biography of women in 920.72)

---

① 530.092, 92, 920.72

② 530.92, 92, 920.71

③ 530.92, B, 920.72

④ 530.092, B, 920.71

9 KDC 제6판과 DDC 제23판에서 밑줄 친 분류기호의 의미가 다른 것은?

	KDC 제6판	DDC 제23판
①	081.4	052
②	071.1	915.19
③	808.3	808.3
④	748	428

ANSWER 8.① 9.④

8 • 530 아래 .02 Miscellany를 볼 때 표준구분 자리수가 0.0 → 530.092

   • Option B : Class individual biography in 92 or B → 92 또는 B 모두 가능

   • Option C : class individual biography of women in 920.72 → 920.72

9 ④ 방언 - 표준용법

10 Cutter-Sanborn 세 자리 저자기호표의 일부를 발췌한 것이다. 이를 적용한 『The Stories of Unbelievable Experiences』(by Edwards Hemington)의 도서기호는?

24	Edm	Gilm	486	Helw
25	Edw	Gilman	487	Hem
26	Edwards	Gilmo	488	Heme
27	Ef	Gilp	489	Hemm
28	Eg	Gim	491	Hemp

① E26s ② E26t

③ H488s ④ H488t

11 녹음자료를 대상으로 KCR 제4판과 KORMARC 형식(통합서지용, 2014 개정판)을 적용한 서지레코드의 일부이다. ㉠, ㉡에 들어갈 표시기호로 옳은 것은? (단, 지시기호와 띄어쓰기, 필드종단기호는 적용하지 않음)

245	▼a굿풍류▼h[녹음자료] / ▼d국립국악원 민속악단 연주
(㉠)	▼a피리: 최경만, 황광엽 ; 대금: 길덕석, 원완철 ; 해금: 김정림, 김지희 ; 거문고: 원장현, 한인택 ; 아쟁: 김영길, 윤서경 ; 장고: 김청만
(㉡)	▼a2005년 11월 24일 국립국악원 민속악단 정기연주회의 공연 실황 녹음

	㉠	㉡
①	508	518
②	508	546
③	511	518
④	511	546

ANSWER 10.③ 11.③

10 저자의 성 첫 글자인 H + 488(Edwards) + 표제의 the 생략 후 첫 글자 s → H488s

11 ㉠ 511 연주자와 배역진 주기
㉡ 518 촬영/녹음 일시와 장소 주기

12 KCR 제4판과 KORMARC 형식(통합서지용, 2014 개정판)을 적용하여 다음 자료에 대한 서지레코드를 작성할 때, 필드의 기술이 옳은 것은? (단, 지시기호와 띄어쓰기, 필드종단기호는 적용하지 않음)

〈표제면〉	〈판권기〉
메이즈 러너 시리즈 제Ⅱ권 **스코치 트라이얼** 제임스 대시너 지음 공보경 옮김 ㈜문학수첩	Original Title: Scorch Trials 스코치 트라이얼 2012년 7월 5일 초판 1쇄 발행 2014년 8월 1일 초판 2쇄 발행 지은이: 제임스 대시너 옮긴이: 공보경 펴낸곳: ㈜문학수첩 주 소: (413120) 경기도 파주시 회동길 192 ISBN 978-89-839-2449-0 정가 14,800원

① 022 ▾a978-89-839-2449-0 : ▾c₩14800

② 245 ▾a스코치 트라이얼 = ▾xScorch trials / ▾d제임스 대시너 지음, ▾e공보경 옮김

③ 260 ▾a파주 : ▾b문학수첩, ▾c2014

④ 490 ▾a메이즈 러너 시리즈 ; ▾v제2권

ANSWER 12.④

12 ① 022   ▾a9788983924490 : ▾c₩14800

② 245   ▾a스코치 트라이얼 / ▾d제임스 대시너 지음 : ▾e공보경 옮김 (Scorch Trials는 대등표제가 아니라 원표제, 공보경 역할이 다른 책임표시)

③ 260   ▾a파주 : ▾b문학수첩, ▾c2012

13 KORMARC 형식(통합서지용, 2014 개정판)으로 작성한 서지레코드의 일부이다. ㉠ ~ ㉢에 들어갈 주제 명부출표목의 표시기호로 옳은 것은? (단, 주제명부출표목의 체계는 국립중앙도서관 주제명표에 따르는 것으로 한다)

245	10	▼a꽃으로 피기보다 새가 되어 날아가리 : ▼b김만덕 일대기 / ▼d정창권 지음
260		▼a서울 : ▼b푸른숲, ▼c2006
(㉠)	8	▼a여성 인물
(㉡)	8	▼a제주 ▼x역사
(㉢)	18	▼a김만덕 ▼v전기

	㉠	㉡	㉢
①	630	610	650
②	630	651	650
③	650	610	600
④	650	651	600

14 KCR 제4판을 적용할 때, 자료에 나타난 각 기술요소의 서지기술이 옳은 것은? (단, 띄어쓰기는 적용하지 않음)

① 판권기에 "檀紀4278年, 昭和20年"으로 나타남
   발행년도에 → 檀紀4278[昭和20]
② 표제면에 "무애 양주동 박사 지음"으로 나타남
   책임표시에 → 양주동 박사 지음
③ 표제프레임에 "아리랑(1926년 개봉작)"으로 나타남
   자료유형표시에 → [영상자료]
④ 용기에 "CD-ROM 1매"로 나타남
   특정자료종별과 수량에 → 전자 광디스크 (CD-ROM) 1매

ANSWER 13.④ 14.④

13 ㉠ 650 주제명부출표목 – 일반주제
   ㉡ 651 주제명부출표목 – 지명
   ㉢ 600 주제명부출표목 – 개인명

14 ① 발행년도에 → 檀紀4278[1945] (서기 표시)
   ② 책임표시에 → 양주동 지음
   ③ 자료유형표시에 → [영화], [비디오녹화자료]

15 KCR 제4판과 KORMARC 형식(통합서지용, 2014 개정판)을 적용하여 다음 연속간행물에 대한 서지레코드를 작성할 때, 옳지 않은 것은? (단, 지시기호와 띄어쓰기, 필드종단기호는 적용하지 않음)

- 본표제는 『統一問題研究』임
- 제1권 (1989년 봄)부터 제20권 (1993년 겨울)까지는 국토통일원에서, 제21권 (1994년 봄)부터 현재까지는 平和問題研究所에서 발행함
- 제1권 (1989년 봄)부터 제24권 (1994년 겨울)까지는 1년에 4회(계간), 제25권 (1995년 6월)부터 현재까지는 1년에 2회(반년간) 발행됨
- 대외비자료로 일반이용자의 이용을 제한함

---

① 260 ▼a서울 : ▼b국토통일원 : ▼b平和問題研究所, ▼c1989-

② 321 ▼a계간, ▼b제1권 (1989년 봄)-제24권 (1994년 겨울)

③ 362 ▼a제1권 (1989년 봄)-

④ 506 ▼a대외비자료임

16 더블린코어 메타데이터 요소와 그 한정어(인코딩 스킴)의 연결이 옳지 않은 것은?

① Subject − LCSH

② Format − IMT

③ Identifier − URI

④ Date − DCMI Type Vocabulary

ANSWER 15.① 16.④

15 ① 260 필드에는 저작의 발행, 인쇄, 배포, 이슈, 발표, 제작 등과 관련된 정보를 기술한다. 최초 발행처로 목록을 한 후 변경 내용에 대해서는 260 필드를 수정하지 않고 별도로 기술한다. 따라서 260 ▼a서울 : ▼b국토통일원, ▼c1989-

　　※ 260 필드의 제1지시기호 − 발행사항의 순차

　　　㉠ b/ − 적용 불가/해당정보 없음/최초 발행처 : 발행에 대한 정보가 제공되지 않거나 적용이 불가 또는 최초 발행처인 경우 적용한다.

　　　㉡ 2 − 중간발행처(Intervening publisher) : 적용하는 발행처가 발행처의 변경으로 최초 발행처와 최근 발행처 사이의 중간발행처인 경우 적용한다.

　　　㉢ 3 − 현행/최근 발행처 : 적용하는 발행처가 발행처의 변경으로 현행 또는 최근 출판사인 경우 적용한다.

16 ④ DCMI Type Vocabulary은 Type의 요소이다.

17 〈보기 1〉과 〈보기 2〉는 서지적으로 관련 있는 자료이다. KORMARC 형식(통합서지용, 2014 개정판)을 적용하여 해당 자료와 관련 자료 사이의 서지적 관계를 기술할 때, ㉠과 ㉡에 들어갈 연관저록 필드는? (단, 지시기호와 띄어쓰기, 필드종단기호는 적용하지 않음)

〈보기 1〉

245	▼a국회도서관 / ▼d국회도서관 [편]
260	▼a서울 : ▼b국회도서관, ▼c2011-
(㉠)	▼t국회도서관보 ▼g제1권 제1호 (1964년 4월)−제48권 제8호 (2011년 8/9월)

〈보기 2〉

245	▼a국회도서관보 / ▼d국회도서관 [편]
260	▼a서울 : ▼b국회도서관, ▼c1964−2011
(㉡)	▼t국회도서관 ▼g제48권 제9호 (2011년 10월)−

	㉠	㉡		㉠	㉡
①	760	762	②	765	767
③	770	772	④	780	785

18 RDA에 대한 설명으로 옳지 않은 것은?

① RDA는 FRBR, FRAD, FRSAD 모형을 기반으로 하고 있다.

② RDA는 ISBD의 구분기호와 요소 배열을 그대로 유지하면서, 구문적 측면과 의미적 측면의 규칙을 함께 다루고 있다.

③ RDA에서는 AACR2R에서 사용해 온 자료유형표시 대신에, 자료의 물리적 측면인 매체유형과 수록매체유형, 그리고 내용적 측면인 내용유형으로 구분하고 있다.

④ RDA에서는 접근점을 특정 저작, 표현형, 개인, 가족, 단체를 나타내는 이름, 용어, 부호 등으로 정의하고, 전거형 접근점과 이형 접근점으로 구분하고 있다.

ANSWER 17.④ 18.②

17 ㉠ 780 선행저록
㉡ 785 후속저록

18 ② RDA는 ISBD의 구분기호와 요소 배열을 구분하고, 구문적 측면과 의미적 측면의 규칙을 별개로 다루고 있다.

19 ISBD 통합판(2011)의 기술영역에 대한 설명으로 옳지 않은 것은?

① 제1영역은 본표제, 대등표제, 표제관련정보, 책임표시를 포함한다.
② 제5영역은 자료기술 영역으로 지도자료의 축척표시와 경위도 등을 포함한다.
③ 제8영역은 자원식별자, 등록표제, 입수조건 등을 포함한다.
④ 기술영역은 모두 9개 영역으로 구분되어 있다.

20 KCR 제4판에 대한 설명으로 옳은 것만을 모두 고르면?

⊙ 표목의 선정과 형식은 전거에서 처리하도록 규정하고, 목록규칙에서는 이를 제외하였다.
ⓒ 기술대상자료가 복제본이고 원본의 표제와 복제본의 표제가 다른 경우, 원본의 표제를 본표제에 기술한다.
ⓒ 복합매체자료(예 : 어학교육용 녹음자료와 텍스트)는 주된 매체를 기술의 대상으로 한다.
② 자료의 으뜸정보원에서 옮겨 적은 서지적 문구는 해당 자료에 쓰여진 그대로의 띄어쓰기를 원칙으로 하되, 이 원칙을 적용한 결과 오히려 의미 파악이 모호한 경우에는 띄어쓰기 관용을 허용한다.

① ⊙, ⓒ
② ⊙, ⓒ, ⓒ
③ ⊙, ⓒ, ②
④ ⓒ, ⓒ, ②

19 ② 지도자료의 축척표시와 경위도 등은 제3영역 자료나 자원유형 특성 사항에 포함된다.
※ ISBD 통합판(2011)의 기술영역

0	내용형식 및 매체유형 사항
1	표제 및 책임표시 사항
2	판 사항
3	자료나 자원유형 특성 사항
4	발행, 생산, 배포 등의 사항
5	자료기술 사항
6	총서 및 다권단행자원 사항
7	주기사항
8	자원식별자와 입수조건 사항

20 ⓒ 기술대상자료가 복제본이고 원본의 표제와 복제본의 표제가 다른 경우, 복제본의 표제를 본표제에 기술한다.

1 서양의 자료분류사에 대한 설명으로 가장 옳지 않은 것은?

① 게스너는 『세계서지(Bibliotheca Universalis)』를 완성하였는데, 철학을 예비적인 것과 기본적인 것으로 양분하고 25개 주제로 세분하였다.

② 베이컨의 학문분류는 보들레이안 도서관의 초창기분류, 역베이컨식인 해리스분류법, 제퍼슨문고의 분류에 영향을 주었다.

③ 해리스의 분류법은 분류기호와 도서기호를 서가배열, 목록배열, 대출과 반납에 사용한 최초 분류법으로 인정받고 있다.

④ 카터는 모든 지식을 주제의 진화순서로 배치한 전개분류법을 제안하였다.

2 도서기호에 대한 설명으로 가장 옳지 않은 것은?

① 모든 자료에 특정적인 도서기호를 부여함으로써 상호 배타적인 청구기호를 구성하는 데 유리하다.

② 도서관 장서점검을 위한 식별요소에 해당한다.

③ 도서기호는 부여할 대상이 저자나 서명이기 때문에 분류 및 편목의 속성을 함축한다.

④ 자료의 배가위치를 결정하는 일차적인 기준인 동시에 순차적 배열을 가능하게 한다.

ANSWER 1.① 2.④

1　① '서지학의 아버지'라고도 불리는 콘트라 게스너는 1545년 라틴어, 그리스어, 히브리어 문헌 1만여 권을 목록화한 세계서지(Bibliotheca Universalis)를 완성하였다. 게스너는 세계서지에서 학문(철학)을 어학 4류, 수학 5류, 수식적인 것 4류, 기본적인 것 8류의 총 21개의 주류로 분류하였다.

※ 세계서지의 주제

1 문법, 언어학	8 천문학	15 형이상학
2 변증법	9 점성술	16 윤리학
3 수사학	10 복서(卜筮), 예지(豫智)	17 경제학
4 시학	11 지리학	18 정치학, 공민학, 군사학
5 산술	12 역사학	19 법학
6 기하학, 광학	13 공예학	20 의학
7 음악	14 물리학	21 기독교신학

2　④ 자료의 배가위치를 결정하는 일차적인 기준은 분류번호이다. 도서기호는 이차적인 기준으로 동일한 분류항목 내에서 최종적인 배가위치를 결정한다.

3 Cutter-Sanborn 세 자리 저자기호표(Three-Figure Author Table)에 관한 설명으로 가장 옳지 않은 것은?

① 서명이 표목으로 채택되는 자료는 서명(또는 통일서명)을 기호화하되, 첫 단어가 관사(불용어)일 때 는 그 다음 키워드를 기호화한다.

② 전기자료는 저자의 성을 기호화하고, 대상인물인 피전자를 저작기호로 간주하여 부기한다.

③ 동일한 분류기호하에서 저자기호가 중복될 때는 숫자 '5'를 사용하여 저자기호를 적절히 조정한다.

④ 저자명 가운데, Mc, Mac, M'으로 시작되는 철자는 모두 Mac으로 취급한다.

4 통합서지용 한국문헌자동화목록(KORMARC)의 설계원칙 중 형식의 범위에 대한 설명으로 가장 옳지 않은 것은?

① 도서(BK) : 단행자료의 특성을 가지고 있는 인쇄물, 필사본 그리고 마이크로자료를 말한다.

② 고서(RB) : 대한제국(1910) 이전에 간인(刊印), 필사(筆寫)된 동장본(東裝本)을 말한다.

③ 시청각자료(VM) : 인쇄, 필사 또는 마이크로자료 등 모든 형태의 음악자료와 음악 이외의 녹음자료가 포함된다.

④ 복합자료(MX) : 주로 여러 형태가 혼합되어 수집된 문서나 필사자료에 적용한다.

ANSWER 3.② 4.③

3 ② Cutter-Sanborn 세 자리 저자기호표에서 전기자료는 전기의 대상인물인 피전자의 이름을 기호화하고, 저자명을 저작기호 로 간주하여 부기한다.

4 ③ 음악/녹음자료(MU)에 대한 설명이다. 시청각자료(VM)는 평면영사자료, 평면비영사자료, 입체자료 및 실물자료와 키트가 포함된다.
   ※ 통합서지용 한국문헌자동화목록(KORMARC)의 설계원칙 중 형식의 범위
   ㉠ 도서(BK) : 단행자료의 특성을 가지고 있는 인쇄물, 필사본 그리고 마이크로자료를 말한다.
   ㉡ 계속자료(CR) : 종간을 예정하지 않고 시간적 간격을 두고 발행되는 서지적 자료를 말한다. 계속자료에는 연속간행물 (serial)과 계속갱신자료(ongoing integrating resources)가 포함된다.
   ㉢ 전자자료(ER) : 컴퓨터 소프트웨어, 수치데이터, 컴퓨터 의존형 멀티미디어, 온라인시스템 또는 온라인서비스 등 부호화 된 전자 정보원이 해당된다.
   ㉣ 지도자료(MP) : 인쇄, 필사 또는 마이크로자료 등 모든 형태의 지도로서 책자지도, 낱장지도, 구체(球體) 등이 포함된다.
   ㉤ 음악/녹음자료(MU) : 인쇄, 필사 또는 마이크로자료 등 모든 형태의 음악자료와 음악 이외의 녹음자료가 포함된다.
   ㉥ 시청각자료(VM) : 평면영사자료, 평면비영사자료, 입체자료 및 실물자료와 키트가 포함된다.
   ㉦ 고서(RB) : 대한제국(1910) 이전에 간인(刊印), 필사(筆寫)된 동장본(東裝本)를 말한다.
   ㉧ 복합자료(MX) : 주로 여러 형태가 혼합되어 수집된 문서나 필사자료에 적용한다.

5 〈보기〉에서 밑줄 친 '최후수단표'의 순서로 옳은 것은?

〈보기〉

- 문헌이 하나 이상의 주제를 다루는 경우 분류기호는 도서관의 상황에 따라 결정해야 한다.
- DDC에서는 표준화를 위해 몇 가지 규칙을 제시하고 있는데 삼자포괄규칙, 적용규칙, 0의 규칙 등이다.
- 이러한 모든 규칙을 적용하기 어려운 경우는 <u>최후수단표</u>를 따른다.

① 사물의 종류(kinds) – 재료(materials) – 속성(properties) – 부분(parts) – 절차(processes) – 공정(operations) – 도구(instrumentalities)
② 사물의 종류(kinds) – 부분(parts) – 재료(materials) – 속성(properties) – 절차(processes) – 공정(operations) – 도구(instrumentalities)
③ 사물의 종류(kinds) – 절차(processes) – 부분(parts) – 속성(properties) – 재료(materials) – 공정(operations) – 도구(instrumentalities)
④ 사물의 종류(kinds) – 속성(properties) – 재료(materials) – 절차(processes) – 부분(parts) – 공정(operations) – 도구(instrumentalities)

....

ANSWER 5.②

5 DDC의 최후수단표(table of last resort) 순서
　　㉠ 사물의 종류(kinds)
　　㉡ 사물의 일부(parts)
　　㉢ 사물, 종류, 부분을 만드는 재료(materials)
　　㉣ 사물, 종류, 부분, 재료의 속성(properties)
　　㉤ 사물, 종류, 부분, 재료 내에서 이루어지는 절차(processes)
　　㉥ 사물, 종류, 부분, 재료에 대한 공정(operations)
　　㉦ 위의 작업을 수행하기 위한 도구(instrumentalities)

6 한국십진분류법(KDC) 제6판에서 '언어'와 '문학'의 언어 구분은 〈보기〉와 같은 조기성을 갖는다. ㉠과 ㉡에 들어갈 말을 순서대로 바르게 나열한 것은?

〈보기〉

언어구분	언어	문학	(㉠)	강연집	(㉡)
-1	한국어	710	810	031	041	051
-2	중국어	720	820	032	042	052
-3	일본어	730	830	033	043	053
-4	영어	740	840	034	044	054
-5	독일어	750	850	035	045	055
-6	프랑스어	760	860	036	046	056
-7	스페인어	770	870	037	047	057
-8	이탈리아어	780	880	038	048	—

	㉠	㉡
①	일반학회	각국신문
②	백과사전	일반 연속간행물
③	일반학회	일반 연속간행물
④	백과사전	각국신문

- -

ANSWER 6.②

6 KDC 제6판 요목

000	총류
010	도서관학, 서지학
020	문헌정보학
030	백과사전
040	강연집, 수필집, 연설문집
050	일반 연속간행물
060	일반 학회, 단체, 협회, 기관, 연구관
070	신문, 저널리즘
080	일반 전집, 총서
090	향토자료

7 〈보기〉는 KDC 제6판 본표와 보조표의 일부를 발췌한 것이다. 이를 이용하여 '경상도 방언'을 분류한 기호로 옳은 것은?

〈보기〉

710　한국어

718　방언(사투리)

　.1–.9　각 지방의 방언

　　　　지역구분표　–111–1199와 같이 세분한다.

지역구분표　–11　대한민국

　　　　　　–118　경상도

① 718.1118

② 718.118

③ 718.18

④ 718.8

7　각 지방의 방언 .1–.9는 지역구분표와 같이 세분한다고 하였으므로,

　　718 + –~~11~~8 → 718.8

8 듀이십진분류법(DDC) 제23판에서 〈보기〉와 같은 주기를 바탕으로 할 때 분류기호가 옳지 않은 것은?

〈보기〉

〉 721-729 specific aspects of architecture

  Add to each subdivision identified by * as follows:

   01-09 standard subdivisions

      ......

725.3 *Transportation, storage, agricultural buildings

    Subdivisions are added for transportation, storage, agricultural buildings together;

    for transportation buildings alone

725.31 *Railroad and rapid transit stations

----

*Add as instructed under 721-729

① 『History of Transportation, storage, agricultural buildings』 725.309

② 『Dictionary of Transportation buildings』 725.303

③ 『Dictionary of Storage Buildings』 725.3

④ 『Serial of Agricultural Buildings』 725.305

9 DDC 제23판과 KDC 제6판의 분류기호가 서로 다른 의미를 갖는 것끼리 연결된 것은?

① DDC 330 – KDC 320

② DDC 510 – KDC 410

③ DDC 840 – KDC 850

④ DDC 950 – KDC 910

....

ANSWER 8.④ 9.③

8 Subdivisions are added for transportation, storage, agricultural buildings together; for transportation buildings alone에 따르면 세구분은 transportation, storage, agricultural buildings이 함께 쓰일 경우와 transportation buildings이 단독으로 쓰일 경우에 적용한다.
  ④ 『Serial of Agricultural Buildings』는 위의 두 경우에 해당하지 않으므로 세구분 하지 않아 분류기호는 725.3이 된다.

9 ③ DDC 840 프랑스문학 – KDC 850 독일문학
  ① 경제학 ② 수학 ④ 아시아

10 목록규칙에 대한 설명으로 가장 옳은 것은?

① 제위트(Jewett)의 『대영박물관 목록규칙』은 91개조의 목록편성규칙이다.

② 카터(Cutter)는 1906년 『사전체목록규칙』을 처음 발표하였다.

③ 『프로이센 목록규칙』은 기본기입에서 단체저자의 개념을 인정하지 않았다.

④ 고재창은 서명기본저록 기반의 『조선동서편목규칙』을 발표하였다.

11 한국목록규칙 제4판(KCR4)에 대한 설명으로 가장 옳지 않은 것은?

① 목록의 기능을 처음으로 제시한 규칙이다.

② 컴퓨터에 의해 처리되는 모든 자료를 전자자료의 범주에 포함하고, 그 밖의 자료는 화상과 영상자료로 통합하여 적용하였다.

③ 저록에 포함되는 책임표시(저자 등)의 수에 원칙적으로 제한을 가하지 않았다.

④ 통일표목을 적용하고 있으며, 이전 판에 비해 기술의 대상을 크게 확장하였다.

12 한국목록규칙 제4판(KCR4)에서 사용하는 구두법의 용법으로 가장 옳지 않은 것은?

① 등호(=)는 대등표제, 총서의 대등표제, 등록표제 앞에 사용한다.

② 빗금(/)은 첫 번째 책임표시 앞에 사용한다.

③ 온점 · 빈칸 · 이중붙임표 · 빈칸(. --)은 기술의 첫 번째 사항인 표제와 책임표시사항을 포함한 각 사항의 첫 요소 앞에 사용한다.

④ 가운뎃점(·)은 책임표시를 제외하고는 정보원에 나타난 그대로 사용한다.

ANSWER 10.③ 11.④ 12.③

10 ① 파니찌(Panizzi)의 『대영박물관 목록규칙』은 91개조의 목록편성규칙이다.
② 카터(Cutter)는 1876년 『사전체목록규칙』을 처음 발표하였다.
④ 박봉석은 서명기본저록 기반의 『조선동서편목규칙』을 발표하였다.

11 ④ KCR4는 통일표목을 적용하지 않는다.

12 ③ 온점 · 빈칸 · 이중붙임표 · 빈칸(. --)은 기술의 첫 번째 사항인 표제와 책임표시사항을 제외한 각 사항의 첫 요소 앞에 사용한다.

13 〈보기〉는 한국목록규칙 제4판(KCR4)의 기술총칙에서 제시된 표제와 책임표시사항의 기술요목들이다. 순서대로 바르게 나열한 것은?

〈보기〉

ⓒ 본표제, 별표제   ⓒ 권차, 회차, 연차표시
ⓒ 표제관련정보   ⓒ 대등표제
ⓒ 자료유형   ⓒ 책임표시

① ㉠ – ㉢ – ㉣ – ㉤ – ㉡ – ㉥
② ㉠ – ㉢ – ㉣ – ㉡ – ㉤ – ㉥
③ ㉠ – ㉤ – ㉢ – ㉣ – ㉡ – ㉥
④ ㉠ – ㉤ – ㉣ – ㉢ – ㉡ – ㉥

14 한국목록규칙 제4판(KCR4)에 따를 때, 비도서자료의 자료유형 표시가 옳지 않은 것은?

① [악보자료] [music]
② [지도자료] [map]
③ [마이크로자료] [microform]
④ [입체자료] [3D]

....

ANSWER 13.④   14.①

13 표제와 책임표시사항의 기술요목 순서
본표제, 별표제 > 자료유형 > 대등표제 > 표제관련정보 > 권차, 회차, 연차표시 > 책임표시

14 ① [악보자료] → [악보]

15 MODS(Metadata Object Description Schema)의 20개 상위요소로만 구성된 것은?

① titleInfo, genre

② physicalDescription, description

③ format, typeOfResource

④ name, type

ANSWER 15.①

15 ② description은 DC 요소이다.

③ format은 DC 요소이다.

④ type은 DC 요소이다.

※ MODS와 DC의 비교

MODS	DC	MODS	DC
titleInfo	Title	targetAudience	Audience
name	Creator	subject, classification	Subject
	Contributor	relatedItem	Relation
typeOfResource	Type	identifier	Identifier
originInfo	Publisher	accessCondition	Right
	Date	genre	
language	Language	location	
physicalDescription	Format	part	
abstract, tableOfContents, note	Description	extention	
		recordInfo	

16 〈보기〉에서 MARC21로 기술된 사항을 KORMARC 통합서지용(개정판)으로 변경할 때 ㉠~㉣에 해당하는 식별기호를 순서대로 바르게 나열한 것은? (단, 지시기호와 띄어쓰기는 제외한다.)

〈보기〉

MARC21

245 ▼aRomeo and Juliet ; ▼bHamlet ; King Lear / ▼c W. Shakespeare ; illustrated by Jimmy Caruso

----

KORMARC 통합서지용(개정판)

245 ▼aRomeo and Juliet ; ㉠Hamlet ; ㉡King Lear /㉢W. Shakespeare ; ㉣illustrated by Jimmy Caruso

---

	㉠	㉡	㉢	㉣
①	▼a	▼a	▼d	▼d
②	▼a	▼b	식별기호 미사용	식별기호 미사용
③	▼a	▼a	▼d	▼e
④	▼b	▼b	▼d	▼d

....

ANSWER 16.③

16 ㉠㉡ 햄릿, 리어왕 : 본표제 → ▼a
㉢ 저자 : 첫 번째 책임표시 → ▼d
㉣ 삽화가 : 역할이 다른 책임표시 → ▼e
따라서 KORMARC 통합서지용(개정판)에 따라 변경하면 다음과 같다.
245 ▼aRomeo and Juliet ; ▼aHamlet ; ▼aKing Lear / ▼dW. Shakespeare ; ▼eillustrated by Jimmy Caruso

17 〈보기〉는 KORMARC 통합서지용(개정판) 형식으로 작성한 레코드의 일부이다. ㉠~㉣에 들어갈 내용을 순서대로 바르게 나열한 것은? (단, 지시기호와 띄어쓰기는 제외한다.)

〈보기〉
---

245 ▼a로지 브라이도티, 포스트휴먼 /▼(㉠)이경란 저

260 ▼a서울 : ▼b커뮤니케이션북스, ▼c2017

(㉡) ▼a컴북스이론총서

504 ▼a참고문헌수록

(㉢) ▼a2007년 정부(교육과학기술부)의 재원으로 한국연구재단의 지원을 받아 수행된 연구임

(㉣) ▼aBraidotti, Rosi

700 ▼a이경란, ▼d1959-

830 ▼a컴북스이론총서

	㉠	㉡	㉢	㉣
①	d	490	536	600
②	d	440	586	700
③	d	490	536	700
④	c	440	536	600

....

ANSWER 17.①

17 ㉠ 저자 : 첫 번째 책임표시 → ▼d

㉡ KORMARC 통합서지용(개정판)에서는 440 필드를 사용하지 않고 490 필드를 사용한다.

㉢ 기금정보주기 → 536

㉣ 통제된 인명으로 주제부출필드 인명을 적용한다. → 600

18 FRAD(Functional Requirements for Authority Data, 2009)에 대한 설명으로 가장 옳지 않은 것은?

① IFLA에서 제안한 전거데이터에 관한 개념모형이다.

② FRBR의 10개 개체에 제2집단의 개체로 '가족'이 추가되어 서지개체를 11개로 정의하고 있다.

③ 탐색(find), 식별(identify), 선정(select), 확보(obtain)의 이용자과업을 수행한다.

④ 서지개체는 이름 및 식별기호로 식별되며, 목록작성 과정에서 이들 이름과 식별기호가 제어된 접근점의 작성 기반으로 사용된다.

19 RDA(Resource Description and Access)에 대한 설명으로 가장 옳지 않은 것은?

① FRBR은 RDA의 이론적 배경이 되는 개념모형이다.

② RDA의 목차는 자료유형별로 기술되어 있다.

③ 목록기능에 있어서 기술과 접근의 분리를 하지 않고 있다.

④ 식별 요소마다 기록할 데이터의 용어를 범주화하여 제공하고 있어 선택입력이 가능하다.

ANSWER 18.③ 19.②

18 ③ 자원 발견의 지원을 목표로 탐색(find), 식별(identify), 선정(select), 확보(obtain)의 이용자 과업을 설정한 것은 RDA이다.

19 ② RDA의 목차는 자료유형이 포괄적으로 통합되어 기술되어 있다.

20 〈보기〉는 국제표준도서번호(ISBN)의 구조를 설명한 것이다. ㉠~㉣을 순서대로 채운 것 중 가장 옳은 것은?

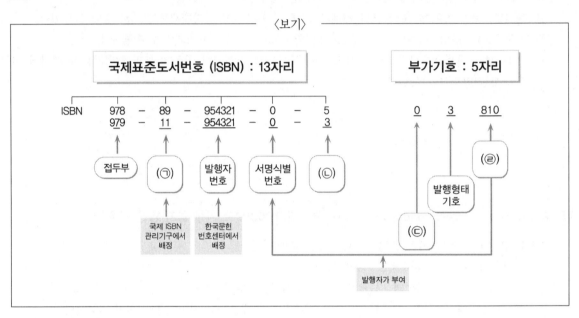

	㉠	㉡	㉢	㉣
①	체크기호	국별번호	내용분류기호	독자대상기호
②	체크기호	국별번호	독자대상기호	내용분류기호
③	국별번호	체크기호	내용분류기호	독자대상기호
④	국별번호	체크기호	독자대상기호	내용분류기호

....

ANSWER 20.④

20 ISBN과 부가기호의 구성

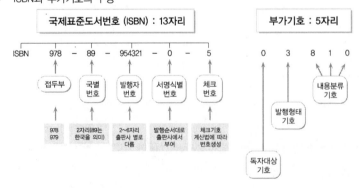

1 RDA에서는 자료의 물리적 측면을 매체유형과 수록매체유형으로 구분하고 있다. 매체유형으로 옳은 것으로만 묶은 것은?

> ㉠ 오디오(audio)
> ㉡ 마이크로필름 카세트(microfilm cassette)
> ㉢ 컴퓨터(computer)
> ㉣ 현미경 슬라이드(microscope slide)

① ㉠, ㉡
② ㉠, ㉢
③ ㉡, ㉢
④ ㉡, ㉣

ANSWER 1.②

1 ㉡ 마이크로필름 카세트 – 수록매체유형
㉣ 현미경 슬라이드 – 수록매체유형
※ RDA 자원유형
  ㉠ 내용유형(content type) : 자원이 표현된 내용과 지각을 통해 내용을 인지하는 커뮤니케이션 형식을 반영(화상형식의 경우 내용의 공간적 차원과 움직임 유무를 포함)
  ㉡ 매체유형(media type) : 자원의 감상, 재생, 운영 등에 필요한 중개 장치의 유형을 반영
  ㉢ 수록매체유형(carrier type) : 매체유형과 결합하여 저장매체와 수록형식을 반영

2 FRBR 제1집단에 해당하는 개체로만 묶은 것은?

① 저작, 표현형, 구현형, 개별자료
② 개인, 단체
③ 저작, 개인, 대상
④ 개념, 대상, 사건, 장소

3 ISBD(M)을 적용하여 표목과는 무관하게 기술(description)만으로 독립된 저록을 완성할 수 있는 목록규칙은?

① 파니찌 목록규칙
② AACR2
③ KCR3
④ RDA

4 다음에 해당하는 Dublin Core의 기본요소는?

> • 해당 자원을 이용할 수 있도록 책임을 진 개체
> • 사람과 단체, 서비스를 포함
> • 일반적으로 개체를 지시하기 위해 명칭을 사용

① Coverage
② Publisher
③ Contributor
④ Identifier

....

ANSWER 2.① 3.③ 4.②

2 FRBR의 개체와 집단
ㄱ 제1집단 : 저작, 표현형, 구현형, 개별자료
ㄴ 제2집단 : 지적·예술적 내용을 책임지거나 배포·관리상의 책임을 지닌 개인과 단체
ㄷ 제3집단 : 개념, 대상, 사건, 장소

3 ③ KCR3은 국제표준인 ISBD의 기술방식을 도입하여 서지기술의 표준화를 기하였다.

4 제시된 내용은 발행처에 대한 설명이다.
※ Dublin Core Metadata Element Set
ㄱ 콘텐츠 기술요소 : Title(표제), Subject(주제), Description(설명), Source(출처), Language(언어), Relation(관련 자료), Coverage(내용 범위)
ㄴ 지적 속성요소 : Creator(제작자), Publisher(발행처), Contributor(기타 제작자), Rights(이용조건)
ㄷ 물리적 기술요소 : Date(날짜), Type(자료유형), Format(형식), Identifier(식별자)

5 KCR 제4판과 KORMARC 형식(통합서지용, 2014 개정판)을 적용하여 서지레코드를 작성한 사례이다. ㉠, ㉡에 들어갈 표시기호는? (단, 지시기호와 띄어쓰기는 적용하지 않음)

245	00	▾a에바 페론 · 이사벨 페론/ ▾d폴 L. 몽고메리 저; ▾e유성인 역
246	0	▾i관제: ▾a아르헨티나여 울지 마오!
260		▾a서울 : ▾b전국사, ▾c1982
(㉠)		▾a348 p. : ▾b초상화; ▾c21 cm
490	00	▾a영 레이디의 여성전기; ▾v2
(㉡)	18	▾a페론, 에바 ▾v전기
700	1	▾a몽고메리, 폴 L.
700	1	▾a유성인

	㉠	㉡
①	270	600
②	270	650
③	300	600
④	300	650

---

5 ㉠ 형태사항→300
㉡ 통제된 인명으로 주제부출필드 인명을 적용→600

6 KCR 제4판을 적용하여 KORMARC(통합서지용, 2014 개정판) 형식으로 자료를 기술할 때, 옳은 것만을 모두 고르면? (단, 지시기호, 띄어쓰기는 적용하지 않음)

〈표제면〉   〈판권기〉

현대정보학총서 25

정보자원의 기술

Resource Description

홍길동 · 임꺽정 공저

사단법인 한국도서관협회
2015

정보자원의 기술

저자 : 홍길동 · 임꺽정
펴낸곳 : 한국도서관협회
초판 발행 : 2015년 10월 15일
주소 : 서울특별시 서초구

ISBN 978-89-7699-253-3 93020
정가 : 22,000원

㉠ 020 ▼a9788976992533 ▼g93020 : ▼c₩22000

㉡ 245 ▼a정보자원의 기술= ▼xResource description / ▼d홍길동, ▼e임꺽정 공저

㉢ 260 ▼a서울 : ▼b한국도서관협회, ▼c2015

㉣ 490 ▼a현대정보학총서 ; ▼v25

---

① ㉠, ㉣
② ㉡, ㉢
③ ㉡, ㉢, ㉣
④ ㉠, ㉡, ㉢, ㉣

....

ANSWER 6.④

6   ㉠ 020(국제표준도서번호, 입수조건), ㉡ 245(서명, 저자사항), ㉢ 260(발행, 배포, 간사사항), ㉣ 490(총서사항) 모두 바르게 작성되었다.

7 목록규칙에 대한 설명으로 옳지 않은 것은?

① 커터(Charles A. Cutter)는 사전체목록규칙을 통하여 목록의 기능을 제시하였다.

② AA Code는 국제목록규칙으로 영국과 미국의 협동목록규칙이다.

③ ISBD 통합판은 국제목록원칙규범을 토대로 접근점과 기술부를 규정하고 있다.

④ RDA 본문에는 구분기호 등 요소 표시에 관한 규칙이나 배열순서는 정해져 있지 않다.

8 MARC21(서지데이터용)의 245 필드를 적용한 것으로 옳지 않은 것은? (단, 지시기호와 띄어쓰기는 적용하지 않음)

① 245 $aHamlet ;$aRomeo and Juliette

② 245 $aFocus on grammar :$bbasic level

③ 245 $aThe plays of Oscar Wilde /$cAlan Bird

④ 245 $aAnimalsk production =$banimal production

ANSWER 7.③ 8.①

7 ③ ISBD 통합판은 표목부(접근점)에 대한 규정이 결여되었다.
  ※ ISBD 통합판의 주요 특징
   ㉠ 기술영역에 내용형식, 매체유형영역 추가
   ㉡ FRBR과 일치하도록 데이터요소의 필수 여부 규정
   ㉢ GMD를 표제 및 책임표시사항에서 삭제
   ㉣ 구두점 기술 시 중복기술을 허용 (※ 구두법은 기술요소와 함께 채기하되 언제나 기술요소의 앞에 위치)
   ㉤ 동일 영역 내 데이터요소에 각괄호 기술 시 개별적인 각괄호 사용

8 ① 245 $aHamlet ;$aRomeo and Juliette → ① 245 $aHamlet ;$bRomeo and Juliette

9 MODS의 요소와 연관되는 DC의 요소명은?

① Coverage

② Description

③ Source

④ Subject

10 열거식 저자기호법에 해당하는 것만을 모두 고르면?

> ㉠ Cutter-Sanborn 저자기호표
>
> ㉡ 장일세 동서저자기호표
>
> ㉢ LC 저자기호법
>
> ㉣ 리재철 한글순도서기호법

① ㉠, ㉡

② ㉠, ㉢

③ ㉠, ㉡, ㉢

④ ㉡, ㉢, ㉣

ANSWER 9.② 10.①

9 MODS와 DC의 비교

MODS	DC	MODS	DC
titleInfo	Title	targetAudience	Audience
name	Creator	subject, classification	Subject
	Contributor	relatedItem	Relation
typeOfResource	Type	identifier	Identifier
originInfo	Publisher	accessCondition	Right
	Date	genre	
language	Language	location	
physicalDescription	Format	part	
abstract, tableOfContents, note	Description	extention	
		recordInfo	

10 ㉢㉣ LC 저자기호법과 리재철 한글순도서기호법은 분석합성식 기호법이다.

11 KCR 제4판과 KORMARC 형식(통합서지용, 2014 개정판)을 적용하여 다음의 연속간행물에 대한 서지레코드를 작성할 때, 옳은 것은?

본표제 : 한국문헌정보학회지

- 1970년
  - 『도서관학』창간호(제1집)
- 1993년 6월
  - 『한국문헌정보학회지』로 본표제 변경(제24집)
  - '반연간'으로 간행빈도 변경
- 1996년 3월
  - '계간'으로 간행빈도 변경
  - '제30권 제1호'로 권호차 변경

---

① 본표제가 변경되었으므로 별도의 서지레코드를 작성한다.
② 기술의 정보원은『도서관학』의 첫 호(창간호)를 기준으로 한다.
③ 『한국문헌정보학회지』 간행빈도는 '반연간'에서 '계간'으로 변경되었으나, 동일 본표제이므로 310(간행빈도) 필드를 반복하여 기술한다.
④ 『한국문헌정보학회지』는 『도서관학』의 후속 자료이므로 『도서관학』에 관한 정보를 785(후속저록) 필드에 기술한다.

ANSWER 11.①

11 ② 본표제가 '한국문헌정보학회지'이므로 기술의 정보원은『한국문헌정보학회지』로 본표제가 변경된 제24집을 기준으로 한다.
③ 『한국문헌정보학회지』 간행빈도는 '반연간'에서 '계간'으로 변경되었으므로, 310 필드에 현재 간행빈도를, 321 필드에 해당 자료의 이전 간행빈도를 기술한다.
④ 『한국문헌정보학회지』는 『도서관학』의 후속 자료이므로, 『도서관학』은 『한국문헌정보학회지』의 선행저록이 된다. 따라서 780(선행저록) 필드에 기술한다.

12 콜론분류법(CC)에서 각 패싯을 나타내는 5개의 기본범주(fundamental categories)에 포함되지 않는 것은?

① Personality

② Form

③ Space

④ Time

13 분류법에 대한 설명으로 옳은 것은?

① 전개분류법(EC)은 총 다섯 가지 분류표를 만들어 장서 규모별로 사용할 수 있도록 만든 분류법이다.

② 서지분류법(BC)은 영국의 도서관을 위한 분류법으로 동일 주제는 동일 장소에 집결시키는 원칙을 가지고 있다.

③ 미의회분류법(LCC)은 비십진분류법으로 주류의 배열은 전개분류법 체계를 참고하여 구성하였다.

④ 주제분류법(SC)은 십진분류법으로 주류의 배열은 총류, 철학, 역사, 사회과학 순으로 구성하였다.

ANSWER 12.② 13.③

12 콜론분류법(CC) 기본범주의 패싯기호와 연결기호

기본범주	의미	패싯기호	연결기호
Time	시간 : 시대구분	[T]	'(apostrophe)
Space	공간 : 지리구분	[S]	.(full stop)
Energy	기능 : 활동, 작용, 공정 등	[E]	:(colon)
Matter	소재 : 사물	[M]	
(property)	: 특성	[MP]	
(method)	: 방법	[MM]	;(semi-colon)
(material)	: 재료	[MMt]	
Personality	개성 : 본질적 속성	[P]	,(comma)

13 ① 전개분류법(EC)은 총 <u>일곱 가지</u> 분류표를 만들어 장서 규모별로 사용할 수 있도록 만든 분류법이다.

② <u>주제분류법(SC)</u>은 영국의 도서관을 위한 분류법으로 동일 주제는 동일 장소에 집결시키는 원칙을 가지고 있다.

④ <u>일본십진분류법(NDC)</u>은 십진분류법으로 주류의 배열은 총류, 철학, 역사, 사회과학 순으로 구성하였다.

14 DDC 제23판의 일부를 발췌한 것이다. 이를 적용한 『한국어 속담(Korean proverbs)』의 분류기호는?

390	Customs, etiquette, folklore
398	Folklore
.9	Proverbs
	Class here folk aphorisms
	Add to base number 398.9 notation 1–9 from Table 6, e.g., French proverbs 398.941

Table 6	
−41	French
−956	Japanese
−957	Korean

① 398.9057

② 398.90957

③ 398.957

④ 398.9957

14 『한국어 속담』: 398(민속, 전통문화) + .9(속담) + −957(한국어) → 938.9957

15 KDC 제6판의 일부를 발췌한 것이다. 이를 적용한 (가)『해산물검사』와 (나)『중국의 전염병』의 분류기호는?

---

517   건강증진, 공중보건 및 예방의학

　　.5   식품위생

　　.58   식품검사

　　.581-.583   특정식품검사

　　　　　　　594.1-.3과 같이 세분한다. 예: 낙농물검사 517.5825

　　.6   예방의학

　　　　　　일반전염병 및 접촉전염병의 예방, 위생적 관리, 위생적 검사 등을 포함한다.

　　.62   지리적 분포

　　　　　　지역구분표에 따라 세분한다. 예: 일본의 전염병 517.6213

594   식품과 음료

　　.2   동물성 식품

　　.25   유제품

　　.29   해산물

지역구분표

　　-12   중국

	(가)	(나)
①	517.58029	517.6212
②	517.58129	517.622
③	517.5829	517.6212
④	517.58229	517.622

16 KDC 제6판의 일부를 발췌한 것이다. 이를 적용한 『지방 간호직 시험문제집』의 분류 기호로 옳은 것만을 모두 고르면?

359　지방자치 및 지방행정
　　.035　지방공무원시험
　　　　　　국가공무원시험 → 350.35
　　.0357　시험문제집
　　　　　001-999와 같이 주제구분한다.
　　　　　별법: 도서관에 따라 해당주제 아래에 분류할 수 있다.

512.8　간호학

표준구분표
　　-07　　지도법, 연구법 및 교육, 교육자료
　　-077　각종 시험 대비용 교재 및 문제집, 면허증

---

① 359.0357005128　　　　　　　　　　　512.87
② 359.035705128　　　　　　　　　　　　512.877
③ 359.0357128　　　　　　　　　　　　　512.807
④ 359.03575128　　　　　　　　　　　　512.8077

16 『지방 간호직 시험문제집』의 분류 기호
　• 359에 분류하는 경우 : 359 + .0357(시험문제집) + 512.8(간호학) → 359.03575128
　• 512.8에 분류하는 경우 : 512.8 + -077(각종 시험 대비용 교재 및 문제집) → 512.8077

17 UDC에 대한 설명으로 옳은 것만을 모두 고르면?

> ㉠ 주류는 0~9로 구성되어 있다.
> ㉡ 현재 UDC 주류 4는 공기호로 남아있다.
> ㉢ 사회과학과 경제학의 분류기호는 각각 3, 33이다.
> ㉣ 한 개의 주분류에 여러 개의 공통보조분류를 동시에 부가할 경우 그 순서는 '지리 – 시대 – 언어 –
>   형식' 순이다.

① ㉠

② ㉠, ㉡

③ ㉠, ㉡, ㉢

④ ㉠, ㉡, ㉢, ㉣

ANSWER 17.③

17 ㉣ 한 개의 주분류에 여러 개의 공통보조분류를 동시에 부가할 경우 그 순서는 '지리 – 시대 – 형식 – 언어' 순이다.
　※ 국제십진분류법(UDC) 분류기호의 조합 및 배열
　　㉠ 하나의 주분류에 여러 개의 보조분류가 추가될 경우에는 관점 – 지리 – 시대 – 형식 – 언어순으로 채택한다.
　　㉡ 동일 개념에 둘 이상의 특수보조분류가 추가될 경우는 적용범위가 좁은 쪽을 우선으로 채택한다.

18 KDC 제6판의 일부를 발췌한 것이다. 이를 적용한 분류기호로 옳지 않은 것은?

809	문학사, 평론
	문학의 사조(思潮)·제파(諸派) 및 평론 등을 포함한다.
	각국 문학사는 해당문학 아래에 분류한다.
.05	18-19세기 1700-1899
.06	20세기 1900-1999
.07	21세기 2000-
.1-.8	각 문학형식의 역사
	문학형식구분표에 따라 세분한다.
	문학형식에 의한 각국 문학사는 해당문학 아래에 분류한다.
810	한국문학
.9	문학사, 평론
820	중국문학
823	소설

---

① 18세기의 낭만주의문학 − 809.05
② 한국문학사 − 810.9
③ 소설사 − 809.1
④ 중국소설사 − 823.09

18 ③ 소설사는 각 문학형식의 역사에 해당하므로 문학형식구분표에 따라 세분한다. 따라서 분류기호는 809.3이다.

19 KDC 제6판의 일부를 발췌한 것이다. 이를 적용한 『제주도 방언』의 분류기호는?

710	한국어
718	방언(사투리)
.1–.9	각 지방의 방언 지역구분표 –111–1199와 같이 세분한다.

지역구분표

  –1   아시아
  –11   대한민국
  –119 전라도
  –1199 제주특별자치도

① 710.81199
③ 718.199

② 718.1199
④ 718.99

---

19 710 한국어의 경우 지역구분표 –111–1199에 따라 그대로 세분할 경우 –11이 중복된다.
『제주도 방언』: 718(방언) + –~~11~~99(제주특별자치도) → 718.99

20 DDC 제23판의 일부를 발췌한 것이다. ㉠, ㉡에 들어갈 Tables(보조표)로 옳은 것은?

331.6   Workers by ethnic and national origin
.62   Immigrants and aliens
.620 9   History, geographic treatment, biography

             Class here immigrant and alien workers in specific areas, e.g., immigrant
             workers in Canada 331.620971

.623–.629   Immigrants and aliens from specific continents, countries, localities

             Add to base number 331.62 notation 3–9 from (㉠) for place of origin, e.g.,
             immigrant workers from Korea 331.62519

.63   Native-born workers by ethnic group
.631–.639   Native-born workers of other ethnic groups

             Add to base number 331.63 notation 1–9 from (㉡), e.g., Korean Americans
             331.63957

	㉠	㉡
①	Table 2	Table 5
②	Table 2	Table 4
③	Table 5	Table 4
④	Table 5	Table 2

ANSWER 20.①

20   ㉠ for the place of origin → Table 2
         ㉡ ethnic and national groups → Table 5

1 한국목록규칙 제4판의 기술총칙으로 옳지 않은 것은?

① 특정 자료를 다른 자료와 식별하는 데 필요한 모든 요소를 범위로 한다.
② 복제물은 기본적으로 그 대본인 원자료를 기술의 대상으로 한다.
③ 서지사항의 식별요소로 국제표준서지기술에서 규정한 구두법을 적용한다.
④ 합집이나 총서에 수록된 개별 저작을 기술의 대상으로 할 수 있다.

2 Charles Ammi Cutter가 제시한 목록의 기능으로 옳지 않은 것은?

① 이용자가 알고 있는 저자명, 표제, 주제명으로 자료를 검색하게 한다.
② 도서관이 소장하고 있는 특정 도서를 저자명, 주제명, 문헌의 유형으로 보여 준다.
③ 특정 판 또는 저작의 특성에 따라 자료의 선정을 지원한다.
④ 문헌 간의 관계를 제시하여 목록의 안팎을 항해할 수 있도록 한다.

ANSWER 1.② 2.④

1 ② 복제물은 기본적으로 복제물 그 자체를 기술의 대상으로 한다.

2 ④ FRBR에 대한 설명이다.
 ※ Cutter가 제시한 목록의 기능
  ㉠ 저자명이나 표제, 주제를 통한 특정 자료의 검색 기능
  ㉡ 특정 저자나 주제, 특정 유형의 자료에 대한 소장 여부 제시 기능
  ㉢ 특정 판(서지적) 또는 특성(문자나 인쇄상)에 의한 자료의 선정 지원 기능

3 한국목록규칙 제4판의 기술 내용으로 옳은 것은?

① 271 p. : 지도, 삽화, 초상 ; 21 cm

(기타형태사항으로 지도, 삽화, 초상이 수록됨)

② 800 p. (쪽수 복잡)

(190 p., 300 p., 310 p.의 3종의 쪽수나 장수매김의 자료임)

③ 학위논문(석사) – 한국대학교 대학원, 문헌정보학과, 2010

(학위논문 자료임)

④ 동경 : 한림사, 2020

(발행지가 동경, 부산의 순으로 열기된 경우임)

4 메타데이터 관련 용어에 대한 설명으로 옳은 것은?

① 더블린코어(DC)는 MARC 형식의 한계를 극복하고, 웹 정보자원에 특화된 핵심 데이터 요소를 규정하고 있다.

② METS는 도서관계의 요구를 충족시키기 위한 메타데이터 표준으로 개발되었다.

③ EAD는 디지털 자원의 인코딩과 전송 규칙을 규정하는 XML 스키마 기반의 명세이다.

④ CDWA는 출판정보를 제공하는 기관에서 널리 이용되는 메타데이터 표준이다.

ANSWER 3.③ 4.①

3 ① 기타형태사항으로 삽화가 수록되었을 경우, 삽화를 가장 먼저 기술하고 다음에 자모순으로 따른다.

② 4종 이상으로 쪽수나 장수 매김이 복잡한 도서의 경우에 모든 쪽수와 장수를 합산하여 그 합계를 기재하고 '쪽수 복잡'이란 말을 원괄호에 묶어서 기술한다.

④ 발행지가 동경, 부산의 순으로 열기된 경우 둘 다 기술해 준다.

4 ② MODS에 대한 설명이다.

③ EAD는 기록관리와 아카이브, 장기보존을 위한 메타데이터 표준이다. EAD는 SGML과 XML 규약을 따르고 있는데 본래는 전자 검색도구를 위한 SGML DTD로 개발되었으나, 1998년 EAD 1.0버전부터는 XML과도 호환할 수 있게 되었다.

④ CDWA는 박물관, 미술관 등 문화유산기관에서 널리 이용되는 메타데이터 표준이다. 출판정보를 제공하는 기관에서 널리 이용되는 메타데이터 표준은 ONIX이다.

5 종합목록의 사례에 해당하는 것만을 모두 고른 것은?

> ㉠ OCLC의 WorldCat
> ㉡ 호주 국립도서관의 PANDORA
> ㉢ 국립중앙도서관의 KOLIS-NET
> ㉣ 한국교육학술정보원의 DDOD

① ㉠, ㉡

② ㉠, ㉢

③ ㉡, ㉢

④ ㉢, ㉣

6 한국목록규칙 제4판을 적용하여 KORMAC(통합서지용, 2014 개정판) 형식으로 작성한 레코드의 일부이다. ㈎, ㈏에 들어갈 표시기호는? (단, 지시기호와 띄어쓰기는 적용하지 않는다)

> 245 ▾a다산의 재발견: ▾b어떻게 조선 최고의 학술그룹을 조직하였는가 / ▾d정민 지음
> ㈎ ▾a서울 : ▾b휴머니스트, ▾c2011
> ㈏ ▾a정약용, ▾d1762-1836
> 700 ▾a정민

	㈎	㈏
①	260	500
②	260	600
③	300	500
④	300	600

ANSWER 5.② 6.②

5 ㉡ 호주 국립도서관의 PANDORA는 1996년부터 가치 있는 웹 자원을 수집해 보존하고 있다. 미국에서 의회도서관을 주축으로 실시하는 MINERVA도 같은 맥락이다.
㉣ DDOD(Digital Dissertations on Demand)는 한국교육학술정보원에서 제공하는 해외박사학위논문서비스이다.

6 ② 260 발행, 배포, 간사사항 / 600 주제명부출표목 – 개인명

7 KORMARC(통합서지용, 2014 개정판)의 기술내용으로 ⑰~㉑에 해당하는 더블린코어(DC)의 요소로 옳은 것은? (단, 지시기호와 띄어쓰기는 적용하지 않는다)

> ⑰ 020 ▼a9788976791659
> ㉯ 056 ▼a942 ▼26
> 245 ▼a미국의 역사 ㉰ ▼h[전자자료] / ▼d토마스 헌터 지음
> ㉱ 650 ▼a미국 역사

① ⑰ - identifier
② ㉯ - format
③ ㉰ - subject
④ ㉱ - type

8 한국목록규칙 제4판의 자료유형 기술 방법으로 옳은 것은?

① 대등표제가 있는 경우 대등표제 다음에 각괄호([ ])로 묶어 기재한다.
② 두 가지 이상의 자료 유형을 기술할 필요가 있을 경우 그 주된 유형을 기재하고, 나머지를 쉼표(,) 다음에 병기할 수 있다.
③ 영상자료는 '영상자료'나 'motion picture'를 자료유형으로 한다.
④ 인쇄자료 중 문자로 쓰여진 자료(단행본, 고서와 고문서, 인쇄형식의 연속간행물 등)는 자료유형표시를 생략할 수 있다.

ANSWER 7.① 8.④

7
① ⑰ 020 국제표준도서번호 - identifier
② ㉯ 056 한국십진분류기호 - subject
③ ㉰ ▼h 자료유형표시 - type
④ ㉱ 650 주제명부출표목 - subject

8
① 대등표제가 있는 경우 본표제 다음에 각괄호로 묶어 기재한다.
② 두 가지 이상의 자료 유형을 기술할 필요가 있을 경우 그 주된 유형을 기재하고, 나머지를 원괄호 다음에 병기할 수 있다.
③ 영상자료는 '영화', '비디오녹화자료', 'motion picture', 'videorecording'을 자료유형으로 한다.

9 한국목록규칙 제4판의 자료특성사항 기술사례가 옳지 않은 것은?

	자료유형	기술사례
①	지도자료	축척 1 : 50,000
②	악보	관현악총보
③	녹음자료	녹음 카세트 1개
④	연속간행물	제1집(1980년)–제11집(1990년)

10 RDA에서 표현형의 식별을 위한 요소만을 모두 고른 것은?

㉠ 표현형의 언어	㉡ 내용유형
㉢ 수록매체 유형	㉣ 발행지

① ㉠, ㉡

② ㉠, ㉣

③ ㉡, ㉢

④ ㉢, ㉣

---

9 ③ '녹음 카세트 1개'는 300 형태사항의 ▼a 특정자료종별과 수량 기술사례에 해당한다.

10 ㉢, ㉣은 구현형의 식별을 위한 요소이다.

　※ 저작, 표현형, 구현형, 개별자료

　　㉠ 저작 : 지적 · 예술적 창작

　　㉡ 표현형 : 저작을 글, 음성, 영상 등으로 실현

　　㉢ 구현형 : 표현형을 물리적 매체로 제작

　　㉣ 개별자료 : 구현형을 누군가 소유한 상태

11 학문(지식)분류 학자와 도서관 분류표의 영향관계 표시가 옳은 것은?

① 헤겔(Hegel) − 서지분류법(BC)
② 베이컨(Bacon) − 미의회도서관분류법(LCC)
③ 앙페르(Ampere) − 주제분류법(SC)
④ 콩트(Comte) − 전개분류법(EC)

12 KDC 제6판의 일부를 발췌한 것이다. 이를 적용한『행정이론 및 철학』의 분류기호는?

> 350 행정학
>
> 　　특수행정은 해당주제 아래에 분류한다. 예: 군사행정 391; 교통행정 326.31
>
> 　　350.01-09는 표준구분에 따라 세분한다.
>
> ─────────────────────────────
>
> **표준구분표**
>
> −01　　철학 및 이론

① 350.1　　　　　　　　　　　　② 350.01
③ 351　　　　　　　　　　　　　④ 350.001

· ·

ANSWER 11.④　12.②

11　① 헤겔 − 해리스 분류법
　　② 베이컨 − 해리스 분류법, 듀이십진분류법(DDC)
　　③ 앙페르 − 콜론분류법(CC)
　　※ 해리스, 베이컨, 듀이의 비교

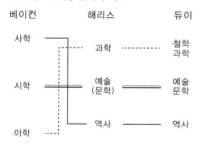

12　행정이론 350 + 철학 01
　　350.01-09는 표준구분에 따라 세분한다.
　　따라서 350.01

13 DDC 제23판을 적용하여 분류한 조합과정과 분류기호이다. 적용된 ㉮~㉱ Table의 종류가 다른 것은?

Spanish Grammar → 46 + ㉮(-5) = 465

Phonology of Portuguese → 469 + ㉯(-15) = 469.15

French−English Dictionary → 44 + ㉰(-3) + ㉱(-21) = 443.21

① ㉮   ② ㉯
③ ㉰   ④ ㉱

14 KDC 제6판의 일부를 발췌한 것이다. 이를 적용한 『대구지역 전염병 대응』의 분류기호는?

517.6   예방의학
　.62   지리적 분포
　　　　지역구분표에 따라 세분한다.
──────────────────────────────────
지역구분표
　-1   아시아
　-11   대한민국
　-118   경상도
　-1184   대구광역시

① 517.61184
② 517.621184
③ 517.62184
④ 517.6201184

ANSWER 13.④ 14.②

13 ㉮㉯㉰ T4 언어공통구분표, ㉱ T6 국어구분표
　　㉱ T6 -2 English and Old English + -1 Indo-European languages

14 '대구지역'의 '전염병 대응'이므로 지리적 분포에서 지역구분표에 따라 세분한다. 따라서 517.62 + 1184 → 517.621184

15 KDC 제6판 본표의 일부를 발췌한 것이다. 별법을 적용한 분류기호로 옳지 않은 것은?

326.3	교통
.39	관광학
.393	관광상품
	국제관광, 생태관광자원, 문화관광자원, 관광이벤트 등을 포함한다.
	별법 : 도서관에 따라 001-999와 같이 주제구분할 수 있다.

① 스포츠 관광 - 326.393692
② 음악 관광 - 326.39367
③ 건축 관광 - 326.39361
④ 의료 관광 - 326.39351

16 분류표에 대한 설명으로 옳은 것만을 모두 고른 것은?

ⓐ 분석합성식 분류표는 패싯 분류표라고도 한다.
ⓑ 십진 분류표는 LCC, DDC, NDC 등이 있다.
ⓒ 종합(일반)분류표는 지식의 전 주제 분야를 망라하여 체계화한 분류표이다.
ⓓ 열거식 분류표는 모든 지식 세계를 각각의 주제나 형식에 따라 최고의 유개념에서 최저의 종개념까지 체계적으로 세분계층화한 분류표이다.

① ㉠, ㉡
② ㉢, ㉣
③ ㉠, ㉢, ㉣
④ ㉡, ㉢, ㉣

ANSWER 15.③ 16.③

15 ③ 건축 관광 - 326.39354
KDC 6판에서는 건축에 대한 주제가 610에서 540으로 옮겨지면서 610은 공기호가 되었다.

16 ㉡ LCC는 비십진 분류표에 해당한다.
※ 십진 분류표와 비십진 분류표
   ㉠ 십진 분류표 : 십진법을 적용한 분류표이며, 아라비아 숫자만을 사용한다. 예 DDC, KDC, NDC 등
   ㉡ 비십진 분류표 : 십진법을 적용하지 않은 분류표이며, 문자만을 사용하거나 문자, 숫자, 부호를 혼용한다. 예 LCC, CC 등

17 DDC 제23판의 일부를 발췌한 것이다. 이를 적용한 『미중외교(미국과 중국의 국제관계)』의 분류기호는?

---

327 International relations

   .3-.9 Foreign relations of specific continents, countries, localities

          Class here foreign policy

          Add to base number 327 notation 3-9 from Table 2; then, for relations between that notation or region and another nation or region, add 0 and to the result add notation 1-9 from Table 2

Table 2.

        -5 Asia

        -51 China and adjacent areas

        -7 North America

        -73 United States

---

① 327.7351

② 327.73051

③ 327.07351

④ 327.073051

18 리재철 『한글순도서기호법』의 사용 설명으로 옳은 것은?

① 저자기호의 기본기호는 문자로 이루어진다.

② 개인의 전기서는 피전자명을 기본기호의 대상어로 삼아 기호화한다.

③ 판차가 있을 경우 기본기호 다음에 판차를 숫자화하여 기재한다.

④ 권차, 권호 및 복본기호는 기본기호 다음에 기호를 부기한다.

ANSWER 17.② 18.②

17 국제관계 327 + 미국 -73 + 0 + 중국 -51 → 327.73051

18 ① 저자기호의 기본기호는 숫자로 이루어진다.
    ③ 판차가 있을 경우 저작기호 다음에 판차를 숫자화하여 기재한다.
    ④ 권차, 권호 및 복본기호는 부차적 기호 다음에 기호를 부기한다.

19 DDC 제23판의 분류규정에 대한 설명 중 옳은 것만을 모두 고른 것은?

> ㉠ 자료가 주제의 이론과 응용을 함께 다룬 경우에는 이론에 분류한다.
> ㉡ 자료가 복수 주제를 동등하게 다룬 경우에는 분류표상 선치하는 주제에 분류한다.
> ㉢ 한 국가의 통치자(왕, 황제, 대통령, 수상 등)에 대한 공식적인 기록은 그 국가의 역사에 분류한다.
> ㉣ 단일 주제를 다룬 자료에서 관점이 2개 이상일 때, 특별히 저자가 강조한 관점이 없으면 분류표에서 규정한 학제적 기호에 분류한다.

① ㉠, ㉡

② ㉢, ㉣

③ ㉠, ㉡, ㉢

④ ㉡, ㉢, ㉣

20 DDC 제23판을 적용하여 2020년에 한국어로 출판된 개인시집을 분류할 때, 조합과정이 옳은 것은?

① 895.7(Korean literature) + −1 (Table 3A: Poetry) + 5 (PERIOD TABLE: 2000−)

② 895.7(Korean literature) + 5 (PERIOD TABLE: 2000−) + −1 (Table 3A: Poetry)

③ 895.7(Korean literature) + −1 (Table 3B: Poetry) + 5 (PERIOD TABLE: 2000−)

④ 895.7(Korean literature) + 5 (PERIOD TABLE: 2000−) + −1 (Table 3B: Poetry)

ANSWER 19.④ 20.①

19 ㉠ 자료가 주제의 이론과 응용을 함께 다룬 경우에는 응용에 분류한다.

20 • 한국어로 출판됨 → 한국문학
• 개인시집 → Table 3A 개인의 저작물(Table 3B는 2인 이상의 저작물)
• 2020년 → 문학의 패싯구조는 문학류(8) + 언어(국어구분) + 문학형식(문학형식구분표) + 문학시대
따라서 895.7(Korean literature) + −1(Table 3A : Poetry) + 5(PERIOD TABLE : 2000−)가 된다.

1 자료분류에 대한 설명으로 옳은 것만을 모두 고르면?

> ㉠ 분류를 자연적 분류와 인위적 분류로 구분할 때 자료분류는 자연적 분류에 해당한다.
> ㉡ 자료분류의 유형을 서가분류와 서지분류로 구분할 때 서지분류는 고정식 배열법에 해당한다.
> ㉢ 베이컨(F. Bacon)은 인간의 정신능력을 기억, 상상, 이성으로 구분하고, 이에 대응되는 지식(학문)을 사학, 시학, 철학으로 구분하였다.
> ㉣ 커터(C.A. Cutter)는 콩트(A. Comte)의 지식분류를 참고하여 주류를 진화적 및 과학적 순서로 배열한 전개분류법(EC)을 고안하였다.

① ㉠, ㉢
② ㉡, ㉣
③ ㉡, ㉢, ㉣
④ ㉠, ㉡, ㉢, ㉣

2 국제십진분류법(UDC)에 대한 설명으로 옳지 않은 것은?

① 'Expanded Dewey'라는 별칭을 가지고 있다.
② 순수기호법을 적용하는 DDC보다 기호체계가 복잡하다.
③ 과학기술분야가 매우 상세하게 전개되어 있다.
④ 콜론분류법(CC)의 분석합성식 원리에 영향을 받아 초판이 발간되었다.

ANSWER 1.③ 2.④

1 ㉠ 분류를 자연적 분류와 인위적 분류로 구분할 때 자료분류는 인위적 분류에 해당한다.
  ※ 문헌분류
    ㉠ 자연적 분류 : 자연현상의 객관적 성질을 기준으로 분류하는 것 = 과학적 분류
    ㉡ 인위적 분류 : 인간의 편의에 따라 임의의 기준으로 분류하는 것

2 ④ CC는 랑가나단이 고안한 분석합성식 분류법으로 1933년 처음으로 발표되었다. UDC는 20세기에 접어들어 서가분류와는 별도로 주제를 이론적으로 분류하는 방법을 고안하여 발표한 것으로, UDC가 CC의 영향을 받는 것은 불가능하다.

3 다음 설명에 해당하는 도서기호법과 관련이 없는 사람은?

> • 도서기호를 부여할 때 자료가 출판된 연대 또는 연도를 문자나 숫자로 기호화하는 방법이다.
> • 동일한 분류기호 내에서 여러 자료가 연대의 오름차순으로 배가되므로 지식 및 학문의 발전과정을 체계적으로 브라우징할 수 있다.
> • 서가에서 연대순으로 접근이 가능하여 자료탐색 시간을 절약할 수 있다.

① 박봉석
② 리재철
③ 브라운(J.D. Brown)
④ 랑가나단(S.R. Ranganathan)

4 DDC 제23판과 KDC 제6판의 강목에 대한 주제 연결이 옳지 않은 것은?

	분류기호	DDC 제23판	KDC 제6판
①	510	Mathematics	의학
②	540	Chemistry	건축, 건축학
③	550	Physics	기계공학
④	570	Biology	화학공학

....

ANSWER 3.① 4.③

3 설명은 연대순 접근과 관련된 내용이다. 비스코 연대순 도서기호법, 브라운 연대순 도서기호법, 랑가나단 연대순 기호법, 리재철 한글순 도서기호법 등이 해당한다.
① 박봉석의 조선십진분류표는 해방과 더불어 편찬되어 당시 조선의 실정에 맞추어 도서를 정리할 수 있는 분류로 고안된 것이다. 성별기호표이다.

4 DDC 제23판 기준
500 Science
510 Mathematics
520 Astronomy
530 Physics
540 Chemistry
550 Earth sciences & geology
560 Fossils & prehistoric life
570 Biology
580 Plants (Botany)
590 Animals (Zoology)

5 KDC 제6판의 별법에 해당하는 분류기호가 아닌 것은?

① 정치지리학 : 340.98

② 경제학서지 : 320.026

③ 도서관법 : 368.002

④ 미국 시 : 849.1

6 DDC 제23판의 일부를 발췌한 것이다. ㈎, ㈏에 들어갈 보조표는?

> 808 Rhetoric and collections of literary texts from more than two literatures
>
> .8   Collections of literary texts from more than two literatures
>
> .801–.803   Collections displaying specific features
>
> Add to base number 808.80 notation 1–3 from
>
> ㈎ , e.g., collections of literature featuring classicism 808.80142, on death 808.803548
>
> 809 History, description, critical appraisal of more than two literatures
>
> .01–.05   Literature from specific periods
>
> Add to base number 809.0 the numbers
>
> following −090 in notation 0901–0905 from ㈏ , e.g., history of 18th century literature
>
> 809.033

㈎	㈏
① Table 3B	Table 1
② Table 3B	Table 2
③ Table 3C	Table 1
④ Table 3C	Table 2

....

ANSWER 5.① 6.③

5 ② 주제별 서지목록 : 016 + 주제구분

③ 기타 제법 : 368 + 각주제

④ 영미문학 841-9

6 – Table 3C는 본표의 700.4, 791.4, 808-809 주제에서 본표의 지시가 있을 때만 적용하는 보조표로서 문학의 특징이나 주제, 소재, 민족·종족·국가군, 특정 사람군 등을 세분한다.

– 특정 시대적 측면에서 취급하였으므로 Table 1을 참고해야 한다.

7 DDC 제23판의 일부를 발췌한 것이다. 이를 적용한 「남아프리카에 거주하는 한국어 사용자들에 대한 사회적 연구」의 분류기호는?

305 Groups of people	
.7	Language groups
	Add to base number 305.7 notation 1–9 from
Table 6, e.g., English-speaking people 305.721; then add 0 and to the result add notation 1–9 from Table 2	
.8	Ethnic and national groups
.81–.89	Specific ethnic and national groups
	Add to base number 305.8 notation 1–9 from
Table 5	
Table 2	
−68	Republic of South Africa and neighboring
southern African countries	
Table 5	
−957	Koreans
Table 6	
−957	Korean

① 305.7680957
② 305.7957068
③ 305.8680957
④ 305.8957068

7 ② 305 + 7 + −957(Table 6) + 068(add 0 and to the result add notation 1–9 from Table 2)

8 DDC 제23판과 KDC 제6판에 따라 분류할 때 밑줄 친 부분을 기호화할 수 없는 것은?

① DDC 제23판 : 박경리 소설 <u>전집</u>
② DDC 제23판 : 영국 소설 <u>비평</u>
③ KDC 제6판 : <u>20세기</u> 영미 소설
④ KDC 제6판 : 1990년대 한국 <u>단편소설</u>

9 KDC 제6판의 900류에 대한 설명으로 옳지 않은 것은?

① 세계사 및 세계문화사 전반을 다룬 저작은 909에 분류한다.
② 특정 주제에 해당되지 않는 낱장지도나 지도책 등은 989에 분류한다.
③ 전기는 일반적으로 피전자의 주제에 분류하나, 한곳에 집중시키고자 하는 경우에는 990 아래에 분류한다.
④ 「조선시대 함경도의 역사」와 같이 시대와 지역이 동시에 적용되는 경우, 시대구분을 먼저 하고 다음에 지역구분을 부가한다.

10 KDC 제6판의 문학류 분류에 대한 설명으로 옳지 않은 것은?

① 어느 한 작가에 대한 비평은 그 작가와 함께 분류한다.
② 원작품이 자국어와 외국어로 쓰인 것은 자국어 문학 아래에 분류한다.
③ 어느 한 문학가가 다른 한 문학가에게 준 영향을 다룬 저작은 영향을 받은 문학가에 분류한다.
④ 문학작품은 원칙적으로 작가의 국적에 따라 분류한다. 예를 들어, 한국인이 영어로 쓴 소설은 한국소설에 분류한다.

ANSWER 8.① 9.④ 10.④

8 ① 특정 개인에 대한 저작일 경우 전집은 적용하지 않는다.

9 ④ 지역구분을 먼저 한다. (주제 > 지역 > 시대 > 형식)
① 909 세계사, 세계문화사
② 989 지도 및 지도책
③ 990 전기

10 ④ 문학작품은 원칙적으로 쓰인 언어에 따라 분류한다.

11 서양의 목록규칙에 대한 설명으로 옳지 않은 것은?

① 파니치(A. Panizzi)의 목록규칙은 저자명 기본표목의 원칙을 채택하고, 단체명 기본표목과 성서에 관한 통일표목을 인정하고 있다.

② AA Code는 최초의 국제적인 협동목록규칙으로 미국판과 영국판이 각각 발행되지 않고 통합되어 발행되었다.

③ 커터(C.A. Cutter)의 사전체목록규칙은 주제명 표목에 관한 규칙을 포함하고 있으며 이용자 편의성을 강조한 규칙이다.

④ AACR2는 ISBD의 구두법을 따르고 있으며, 기술의 수준을 간략수준, 중간수준, 완전수준의 3단계로 구분하고 있다.

12 분류목록과 비교하여 주제명목록의 특성에 대한 설명으로 옳지 않은 것은?

① 주제를 나타내는 용어로 바로 접근이 가능하다.

② 표목의 자모순으로 배열되기 때문에 관련 주제가 용어에 따라 분산된다.

③ 검색을 위해서는 표목의 의미뿐만 아니라 분류체계에 대한 이해가 필요하다.

④ 특정 주제를 다루는 관점이 다르더라도 하나의 주제명 아래 자료를 집중시키는 것이 가능하다.

13 KORMARC 형식(통합서지용, 2014 개정판)의 설계원칙에 대한 설명으로 옳지 않은 것은?

① 가변길이 제어필드는 지시기호, 식별기호, 데이터, 필드종단기호로 구성된다.

② 디렉토리는 시스템에서 자동생성하며, 디렉토리 항목의 수는 입력된 표시기호의 수와 동일하다.

③ 리더/06에 입력되는 요소를 통해서 콘텐츠나 자료의 다양한 형태에 따라 생성되는 레코드의 유형을 구분한다.

④ 레코드는 리더, 디렉토리, 가변길이필드로 구성되며, 가변길이필드는 가변길이 제어필드와 가변길이 데이터필드로 구분된다.

ANSWER 11.② 12.③ 13.①

11 ② AA Code는 최초의 국제적인 협동목록규칙으로 미국판과 영국판이 각각 발행되었다.

12 ③ 검색을 위해서 분류체계에 대한 이해가 필요한 것은 아니다.

13 ① 가변길이 제어필드는 데이터필드와는 달리 지시기호나 식별기호를 갖지 않고, 데이터와 필드종단기호로만 구성된다.

14 한국목록규칙 제4판을 적용하여 KORMARC 형식(통합서지용, 2014 개정판)으로 레코드를 작성할 때, 옳은 것만을 모두 고르면? (단, 지시기호와 띄어쓰기는 적용하지 않는다)

현대문학시리즈 99

나는 지금 미술관에 간다
2002년 7월 1일 초판 발행
2007년 3월 5일 제2판 발행
2015년 1월 3일 제3판 1쇄 발행
2016년 8월 5일 제3판 2쇄 발행
홍길동 글 심청이 그림
발행처 / 좋은하늘 (서울시 강남구 방배동 111번지)
ISBN 978-11-23567-12-1　가격 23,000원

마지막 페이지는 133쪽임. 천연색 삽화와 지도, 도표가 포함되어 있음. 크기는 가로 17.5 cm, 세로 24.1 cm임

㉠	020	▼a978-11-23567-12-1 : ▼c₩23000
	245	▼a나는 지금 미술관에 간다 / ▼d홍길동 글 ; ▼e심청이 그림
	250	▼a제3판
㉡	260	▼a서울 : ▼b좋은하늘, ▼c2016
㉢	300	▼a133 p. : ▼b천연색 삽화, 도표, 지도 ; ▼c25 cm
㉣	490	▼a현대문학시리즈 ; ▼v99

① ㉠, ㉡ 　　　　　　　　　　② ㉢, ㉣

③ ㉠, ㉡, ㉣ 　　　　　　　　④ ㉡, ㉢, ㉣

ANSWER 14.②

14　㉠ 020　▼a9781123567121 : ▼c₩23000
　　　㉡ 260　▼a서울 : ▼b좋은하늘, ▼c2015

15 한국목록규칙 제4판을 적용하여 KORMARC 형식(통합서지용, 2014 개정판)으로 작성된 레코드의 OPAC 검색결과 일부이다. 이에 해당하는 원데이터의 형식으로 옳지 않은 것은? (단, 띄어쓰기는 적용하지 않는다)

표제	인포메이션 : 만화로 배우는 정보검색	
저자사항	맷 업슨, 케빈 캐넌 지음 ; 노승영 옮김	
발행사항	파주 : 궁리, 2017	
주기사항	원저자명: Matt Upson, Kevin Cannon 원표제: Information : a graphic guide to research 영어 원작을 한국어로 번역	
분류기호	KDC6: 025.25 DDC23: 025.524	

① 056 ▾a025.25 ▾26

② 246 19 ▾aInformation : ▾ba graphic guide to research

③ 500 ▾a원저자명: Matt Upson, Kevin Cannon

④ 534 ▾a영어 원작을 한국어로 번역

16 RDA(Resource Description and Access)에 따라 단행본의 자원유형을 표시할 때 내용유형, 매체유형, 수록매체유형을 바르게 연결한 것은?

	내용유형	매체유형	수록매체유형
①	text	object	book
②	text	unmediated	book
③	text	unmediated	volume
④	volume	object	text

ANSWER 15.④ 16.③

15 ④ 534 원본주기 → 546 언어주기
① 056 한국십진분류기호
② 246 여러 형태의 표제
③ 500 일반주기

16 ③ RDA의 매체유형으로는 audio(음향장치), computer(컴퓨터), microform(마이크로형태자료), microscopic(현미경용), projected(투사용 매체), stereographic(입체화상장치), unmediated(직접판독가능장치), video(비디오) 등이 있다.

17 MODS의 기술 예시 중 (가)~(라)에 해당하는 KORMARC 형식(통합서지용, 2014 개정판)의 표시기호로 옳지 않은 것은?

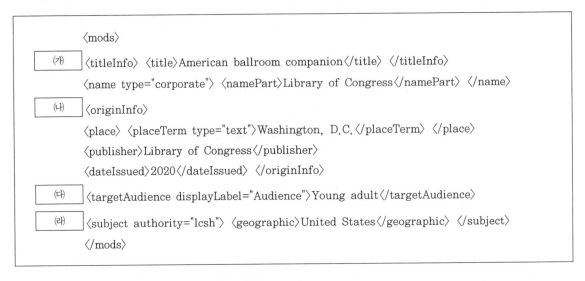

```
              ⟨mods⟩
  (가)    ⟨titleInfo⟩ ⟨title⟩American ballroom companion⟨/title⟩ ⟨/titleInfo⟩
          ⟨name type="corporate"⟩ ⟨namePart⟩Library of Congress⟨/namePart⟩ ⟨/name⟩
  (나)    ⟨originInfo⟩
          ⟨place⟩ ⟨placeTerm type="text"⟩Washington, D.C.⟨/placeTerm⟩ ⟨/place⟩
          ⟨publisher⟩Library of Congress⟨/publisher⟩
          ⟨dateIssued⟩2020⟨/dateIssued⟩ ⟨/originInfo⟩
  (다)    ⟨targetAudience displayLabel="Audience"⟩Young adult⟨/targetAudience⟩
  (라)    ⟨subject authority="lcsh"⟩ ⟨geographic⟩United States⟨/geographic⟩ ⟨/subject⟩
          ⟨/mods⟩
```

① (가) − 245

② (나) − 260

③ (다) − 521

④ (라) − 600

17 ④ 600 주제명부출표목 − 개인명 → 651 주제명부출표목 − 지명

① 245 표제와 책임표시사항

② 260 발행, 배포, 간사사항

③ 521 이용대상자주기

18 한국목록규칙 제4판을 적용하여 KORMARC 형식(통합서지용, 2014 개정판)으로 레코드를 작성한 사례이다. ㈎~㈑에 들어갈 연관저록의 표시기호로 옳지 **않은** 것은? (단, 지시기호와 띄어쓰기는 적용하지 않는다)

• 계간 잡지 「디자인」이 「디자인과 공예」로 표제가 변경됨 (서지레코드 1, 서지레코드 2)		
• 「산행」은 「산과 인간」의 별책부록으로 발간됨 (서지레코드 3, 서지레코드 4)		

서지레코드 1	245	▼a디자인
	㈎	▼t디자인과 공예, ▼g제11권 제1호-
서지레코드 2	245	▼a디자인과 공예
	㈏	▼t디자인, ▼g제1권 제1호-제10권 제4호
서지레코드 3	245	▼a산과 인간
	㈐	▼t산행
서지레코드 4	245	▼a산행
	㈑	▼t산과 인간

① ㈎ - 785

② ㈏ - 780

③ ㈐ - 770

④ ㈑ - 773

18 ④ 773 기본자료저록→772 모체레코드저록
　① 785 후속저록
　② 780 선행저록
　③ 770 보유판 및 특별호 저록

19 전통적인 주제명표목표에서 사용되는 참조를 바탕으로 전거레코드를 작성할 때, ㈎～㈒에 들어갈 표시 기호를 바르게 연결한 것은?

주제명표목표		
문화부 ⇒ 문화체육관광부	문체부 → 문화체육관광부	
Ministry of Culture, Sports and Tourism → 문화체육관광부	문화체육관광부 ⇒ 문화부	

전거레코드			
110	▼a문화체육관광부	110	▼a문화부
㈎	▼a문체부	㈒	▼a문화체육관광부
㈏	▼aMinistry of Culture, Sports and Tourism		
㈐	▼a문화부		

	㈎	㈏	㈐	㈒
①	410	410	510	510
②	410	510	510	410
③	510	410	410	510
④	510	510	410	410

19 → 보라참조, ⇒ 도보라참조
  • 문화부 ⇒ 문화체육관광부 : 510 도보라부출-단체명
  • 문체부 → 문화체육관광부 : 410 보라부출-단체명
  • Ministry of Culture, Sports and Tourism → 문화체육관광부 : 410 보라부출-단체명
  • 문화체육관광부 ⇒ 문화부 : 510 도보라부출-단체명

20 도서관의 링크드 오픈 데이터(LOD : Linked Open Data)에 대한 설명으로 옳은 것만을 모두 고르면?

> ㉠ 데이터의 중복 구축을 줄일 수 있는 효율적인 정보 공유방법이다.
> ㉡ 웹상의 다양한 정보가 서로 연계되어 보다 풍부한 정보를 제공할 수 있다.
> ㉢ 국립중앙도서관에서는 서지데이터와 전거데이터를 LOD 형식으로 공개하고 있다.

① ㉠, ㉡   ② ㉡, ㉢
③ ㉠, ㉢   ④ ㉠, ㉡, ㉢

ANSWER 20.④

20 링크드 오픈 데이터(LOD)는 사용자가 정확하게 원하는 정보를 찾을 수 있도록 웹상의 모든 데이터와 데이터베이스를 공개하고 연결하는 것으로, ㉠, ㉡, ㉢ 모두 옳은 설명이다.

1 국제목록원칙규범(2016)에서 목록규칙의 구조와 개발을 위해 제시한 일반원칙 중 가장 중요한 것은?

① 관용법
② 정확성
③ 충분성과 필요성
④ 이용자의 편의성

2 동서양의 다양한 목록규칙에 대한 설명으로 옳은 것은?

① 파니치(A. Panizzi)의 목록규칙은 1841년에 처음 발표되었으며, 91개의 조항은 모두 기술규칙만으로 구성되어 있다.
② 한국목록규칙 제3판은 동양서와 서양서 공용 규칙이며, 비도서자료의 기술규칙이 포함되었다.
③ 영미목록규칙(AACR) 제1판은 저자명기본표목 방식이며, 북미판과 영국판이 각각 발행되었다.
④ 고재창의 한은도서편목법은 서명기본표목 방식이며, 단행본은 물론 연속간행물에 관한 규칙도 함께 다루고 있다.

ANSWER 1.④ 2.③

1 ④ 목록규칙 제정과 관련된 여러 가지 목표가 있다. 그 중에서도 최고의 목표는 이용자의 편의를 고려하는 것이다.

2 ① 파니치(A. Panizzi)의 목록규칙은 1841년에 처음 발표되었으며, 91개의 조항은 모두 목록규칙만으로 구성되어 있다.
② 한국목록규칙 제3판은 표목부와 단행본 이외의 비도서자료를 위한 기술규칙이 포함되지 않은 단행본만을 위한 규칙이다.
④ 고재창의 한은도서편목법은 목록규칙이며, 연속간행물을 비롯한 악보, 음반, 사진, 지도 등의 비도서 자료에 대한 규칙도 함께 다루고 있다.

3 AACR2와 RDA에 대한 설명으로 옳지 않은 것은?

① RDA는 장서량의 증가를 고려하여 기술의 수준을 간략수준, 중간수준, 완전수준 3단계로 제시하고 있다.

② AACR2에서는 본표제 다음에 자료유형표시(GMD)를 기술한다.

③ AACR2에서는 단행본, 지도자료, 녹음자료 등과 같이 자료유형별로 장이 구성되어 있지만, RDA에서는 기술요소별로 되어 있다.

④ AACR2에서 사용하였던 '통일표제'의 개념이 RDA에서는 '저작의 우선표제'로 나타났다.

4 한국목록규칙 제4판에서 단행본의 기술 대상에 포함되지 않는 것은?

① 팜플렛

② 점자자료

③ 별쇄본

④ 도서가 주된 구성요소인 복합매체자료

ANSWER 3.① 4.②

3 ① AACR2는 기술부의 서지 수준을 도서관의 규모에 따라 간략수준·중간수준·완전수준으로 3등분하였다.

4 단행본이란 고유한 표제를 지니면서 독립적으로 간행된 도서를 말한다. 다만, 다음 자료도 단행본에 준하여 기술의 대상으로 삼을 수 있다.
㉠ 물리적으로 두 책 이상으로 구성되어 있으면서 각 책에 독립된 표제가 없는 도서
㉡ 물리적으로 독립적으로 간행되고 고유한 표제를 지닌 부록이나 보유
㉢ 전질의 구성요소가 되는 도서
㉣ 총서의 일부를 구성하는 도서
㉤ 연속간행물의 일부로 고유한 표제를 지닌 별책
㉥ 합철분
㉦ 합집
㉧ 도서가 주된 구성요소인 복합매체자료
㉨ 도서의 구성요소(장이나 절)로 구성된 자료(별쇄본)
㉩ 팜플렛

5 전자책으로 발간된 『20세기 미국의 도서관 건축』을 Dublin Core로 기술할 경우, 해당 자원 내에 표현된 '20세기'를 기술하는 기본요소로 가장 적절한 것은?

① Title
② Date
③ Description
④ Coverage

6 한국목록규칙 제4판에 제시된 전자자료의 기술을 위한 다음 정보원의 우선순위를 순서대로 바르게 나열한 것은?

> ㈎ 용기 및 용기에 부착된 레이블
> ㈏ 내부정보원(표제화면, 주메뉴, 프로그램 설명 등)
> ㈐ 레이블
> ㈑ 안내 지침서 등의 딸림자료

① ㈎ → ㈏ → ㈐ → ㈑
② ㈎ → ㈐ → ㈏ → ㈑
③ ㈐ → ㈏ → ㈎ → ㈑
④ ㈐ → ㈏ → ㈑ → ㈎

....

ANSWER 5.④ 6.④

5 ④ 내용범위
   ① 표제
   ② 날짜
   ③ 설명

6 정보원의 우선순위
   ㈐ 레이블
   ㈏ 내부정보원(표제화면, 주메뉴, 프로그램 설명 등)
   ㈑ 안내 지침서 등의 딸림자료
   ㈎ 용기 및 용기에 부착된 레이블

7 한국목록규칙 제4판을 적용하여 KORMARC 형식(통합서지용, 2014 개정판)으로 레코드를 작성할 때, 자료특성사항의 기술 사례가 옳은 것은? (단, 지시기호와 띄어쓰기는 적용하지 않는다)

① 마이크로자료에 수록된 악보

255 ▾a총보

② 전자자료

256 ▾a전자 데이터 (550 레코드)

③ 인쇄지도

254 ▾a축척 1 : 50,000 ; 횡축메르카토르도법

④ CD-ROM에 수록된 연속간행물

310 ▾a창간호 (1920년 1월) – 제66권 12호 (1985년 12월)

•••

ANSWER 7.②

7 ① 마이크로자료에 수록된 악보

254 ▾a총보

③ 인쇄지도

255 ▾a축척 1 : 50,000 ; 횡축메르카토르도법

④ CD-ROM에 수록된 연속간행물

362 ▾a창간호 (1920년 1월) – 제66권 12호 (1985년 12월)

8 다음 자료를 한국목록규칙 제4판을 적용하여 KORMARC 형식(통합서지용, 2014 개정판)으로 레코드를 작성할 때, 옳은 것만을 모두 고르면? (단, 지시기호와 띄어쓰기는 적용하지 않는다)

세계명작시리즈 15

단순한 열정 Passion simple
1판 1쇄 2001년 6월 20일
1판 15쇄 2011년 9월 26일
2판 1쇄 2012년 11월 7일
2판 12쇄 2022년 10월 20일

지은이 아니 에르노 | 옮긴이 최정수
펴낸곳 문학동네 | 펴낸이 김소영
주소 10881 경기도 파주시 회동길 210
ISBN 978-89-546-1958-5 04860
ISBN 978-89-546-0901-2(세트)
가격 10,000원

○ 마지막 페이지는 95쪽임
○ 크기는 가로 17.5 cm, 세로 21.1 cm임

ㄱ 020   ▾a9788954609012(세트)
ㄴ 020   ▾a9788954619585 ▾b04860 : ▾c₩10000
ㄷ 245   ▾a단순한 열정 / ▾d지은이: 아니 에르노 ; ▾d옮긴이: 최정수
ㄹ 246   ▾aPassion simple
ㅁ 260   ▾a파주 : ▾b문학동네, ▾c2012
ㅂ 300   ▾a95 p. ; ▾c18 cm

① ㄱ, ㄷ, ㅂ　　　　　　　② ㄱ, ㄹ, ㅁ
③ ㄴ, ㄷ, ㅁ　　　　　　　④ ㄴ, ㄹ, ㅂ

ANSWER 8.②

8 ㄴ 020   ▾a9788954619585 ▾g04860 : ▾c₩10000
　　ㄷ 245   ▾a단순한 열정 / ▾d지은이: 아니 에르노 ; ▾e옮긴이: 최정수
　　ㅂ 300   ▾a95 p. ; ▾c22 cm

9 KORMARC 형식(전거통제용, 2016 개정판)에 대한 설명으로 옳지 않은 것은?

① KORMARC 형식 전거레코드는 서지레코드와 마찬가지로 리더, 디렉토리, 가변길이필드로 구성된다.

② 인명, 단체명, 회의명, 표제, 주제명, 지명 등에서 가장 우선되는 용어는 1XX 필드에, 이에 대한 이형은 4XX 필드에 기술한다.

③ 1XX 필드에 기술된 우선어와 관련되는 용어는 5XX 필드에 기술하며, 5XX 필드에 기술되는 용어는 우선어 또는 비우선어 모두 가능하다.

④ 전거제어를 하는 이유는 다양한 형태로 표현되는 동일 저자, 동일 표제, 동일 주제 등을 동시에 검색할 수 있게 하여 검색의 효율을 높이고자 하는 데 있다.

10 한국목록규칙 제4판을 적용하여 KORMARC 형식(통합서지용, 2014 개정판)으로 작성한 레코드의 일부이다. 505 필드에 대한 설명으로 옳지 않은 것은? (단, 띄어쓰기는 적용하지 않는다)

> 245 00 ▾a세계문학전집 / ▾d세계문학전집편찬위원회 편
> 505 00 ▾n1. ▾t젊은 사자들 / ▾d어어윈 쇼 저 ; ▾e김성한 역 -- ▾n2. ▾t분노는 포도처럼 / ▾d존 쉬타인벡 저 ; ▾e강봉식 역 -- ▾n3. ▾t독일민족설화집 / ▾d그림형제 편 ; ▾e김창호 역

① 종합표제 또는 대표표제 아래 두 개 이상의 저작이 수록된 경우, 내용주기에는 그 수록된 저작의 내용을 기술한다.

② 내용주기의 표시 수준은 기본형과 확장형 중에 선택하여 기술할 수 있으며, 위의 레코드는 기본형에 해당한다.

③ 505 필드를 이용하여 표제, 저자명 색인파일을 직접 생성할 수 있다.

④ 505 필드에서 생성된 저자명 색인파일 가운데 서양인명은 700 필드에서 도치형으로 다시 작성할 수 있다.

ANSWER 9.③ 10.②

9 ③ 5XX 필드에 기술되는 용어는 우선어만 가능하다.

10 ② 위의 레코드는 확장형에 해당한다.

※ 확장형 : 식별기호 va를 제외한 여러 가지 식별기호를 반복 사용하여 형식화 된 내용주기를 자세한 부분에까지 기술하는 경우에 사용한다. 이 경우에는 505 필드에서 서명, 저자명 색인파일을 직접 생성할 수도 있다. 정확한 색인파일 작성을 위하여 7XX필드에 부출표목을 생성하여 저자명의 도치나 서명의 첫머리에 오는 문자를 제외할 수도 있다.

11 박봉석의 조선십진분류표에 대한 설명으로 옳지 않은 것은?

① DDC와 달리 어학과 문학을 같은 주류인 3류에 배치하고 있다.
② 주류는 자료의 양과 이용가치를 중심으로 물질과학에서 정신과학 순으로 배열하였다.
③ 주류의 분류기호가 아라비아 숫자 4자리로 제한되어 있다.
④ 공통형식구분, 문학형식구분 등의 조기성 기호가 도입되었으나 일관성이 결여되어 있다.

12 근대 지식분류(학문분류)에 대한 설명으로 옳은 것만을 모두 고르면?

> ㉠ 베이컨(F. Bacon)은 인간의 학문을 정신능력에 따라 사학, 시학, 이학으로 구분하였는데 이는 DDC
> 에 영향을 미쳤다.
> ㉡ 앙페르(A. Ampère)는 『과학철학시론』에서 학문분류를 시도하였는데 이는 콜론분류법에 영향을 미
> 쳤다.
> ㉢ 스펜서(H. Spencer)는 과학을 추상성과 구체성의 진화론 관점에서 추상적 과학, 추상적 및 구체적
> 과학, 구체적 과학으로 구분하였다.
> ㉣ 헤겔(G. Hegel)은 『실증철학강의』에서 모든 과학 가운데 수학을 선치시킨 후, 천문학, 물리학, 화학,
> 생물학 등을 배치하였다.

① ㉠, ㉢
② ㉡, ㉣
③ ㉠, ㉡, ㉢
④ ㉠, ㉡, ㉣

ANSWER 11.② 12.③

11　② 조선십진분류표의 분류체계는 기존의 분류법들을 참작하되 과학적 이론보다는 자료의 양과 그 이용가치를 중요시하여 정신과학, 물질과학의 순으로 배열하였다.

12　㉣ 콩트는 실증성을 기반으로 수학→천문학→물리학→화학→생물학→사회학의 순서로 실증과학의 위계를 설명하였다.

13 우리나라의 주요 분류법에 대한 설명으로 옳지 않은 것은?

① 『해동문헌총록』은 김휴가 편찬한 해제서목이다.
② 『신편제종교장총록』은 대각국사 의천이 편찬한 것으로 3분법을 적용하고 있다.
③ 『규장총목』은 서호수가 편찬한 규장각 소장장서의 해제서목이다.
④ 『한국서지』는 프랑스인 모리스 쿠랑(M. Courant)이 편찬한 해제목록으로 사부분류법을 채택하고 있다.

14 LCC에 대한 설명으로 옳은 것만을 모두 고르면?

> ㉠ 비십진식으로 전개력이 뛰어나기 때문에 대규모 도서관에 적합하다.
> ㉡ 현존하는 최대 열거식 분류표로서, 문자와 숫자로 구성된 혼합기호를 사용하였다.
> ㉢ 전개식 분류법(EC)의 주류를 참고로 작성되었다.
> ㉣ 합성식 분류원리를 도입함으로써 혼합주제의 기호화가 가능하다.
> ㉤ 인간의 미적 및 예술적 활동은 H ~ L에 구분하고 있다.

① ㉠, ㉡, ㉢
② ㉠, ㉡, ㉣
③ ㉠, ㉢, ㉤
④ ㉡, ㉣, ㉤

ANSWER 13.④ 14.①

13 ④ 19분법이 사용되었다.
  ※ **사부분류법** : 동양학의 전주제 분야 자료를 일차적으로 경·사·자·집의 차례로 사분한 기초구분을 '부(部)'라 하고, 각 부를 일정한 전개의 기준에 따라 2차적으로 구분한 것을 '유(類)'라 하며, 그 유 아래에서 필요에 따라 3차적으로 구분한 것을 '속(屬)', 그리고 다시 세분한 것을 '세속(細屬)'이라 한다. 이러한 분류체계를 사부분류법이라 한다. 사부분류법이 적용된 우리나라의 목록 중 현존하는 초기의 것은 「규장총목」이다

14 ㉣ 분성합성식 원리를 원용하고 있다.
  ㉤ 인간의 미적 및 예술적 활동은 M ~ P에 구분하고 있다.

15 KDC 제6판의 본표 일부를 발췌한 것이다. 이를 적용한 『중학교에서의 프로젝트 교수법』의 분류기호로 옳은 것은?

---

371 교육정책 및 행정

372 학교행정 및 경영, 보건 및 교육지도

373 학습지도, 교육방법

　　　교수이론, 교육공학, 교육기술 등을 포함한다.

　.1　학습지도, 조직

　.2　교수법, 지도방법

　.21　강의식

　.22　문답식

　.23　토의식

　.24　계발법

　.25　프로젝트(단원)법

374 교육과정

375 유아 및 초등교육

376 중등교육

　.5　중학교교육

　　　중학교를 포함한다.

　　　376.51-.54는 371-374와 같이 세분한다.

---

① 376.57325

② 376.5325

③ 376.325

④ 376.525

15　376.53+25

16 KDC 제6판의 본표 일부를 발췌한 것이다. 이를 적용한 분류기호로 옳지 않은 것은?

> 600　예술(藝術)
>
> 　　　미술, 장식미술, 음악, 연극, 영화, 오락 등에 관한 종합저작을 포함한다.
>
> 　　　예술에 관한 표준구분은 600.1-.9에, 미술에 관한 표준구분은 601-609에 분류한다.
>
> 　.9　예술사
>
> 　　　　발달, 비평 등을 포함한다.
>
> 　　　　특수분야의 예술사는 해당주제 아래에 분류한다.
>
> 　　　　예: 연극사 680.9
>
> 　.903　중세
>
> 　.91　아시아(동양)예술사
>
> 　.9103　중세
>
> 　.9104　근세
>
> 　.911-.919　아시아 각국의 예술사
>
> 　　　　　　지역구분표에 따라 세분한다.　예: 한국예술사 600.911
>
> 　.92　서양예술사
>
> 609　미술사
>
> 　　　600.901-.979와 같이 세분한다.　예: 미국미술사 609.42
>
> 620　조각, 조형미술

① 『중세미술사』 → 600.903

② 『아시아근세예술사』 → 600.9104

③ 『일본미술사』 → 609.13

④ 『조각의 역사』 → 620.9

16　① 「중세미술사」 → 609.9103

17 DDC 제23판의 본표와 보조표 일부를 발췌한 것이다. 이를 적용한 분류기호로 옳은 것은?

---

636   Animal husbandry

　.003–.006　Standard subdivisions

　.008–.009　Standard subdivisions

　.08　　Specific topics in animal husbandry

　.081　Selection, showing, ownership marks

　.082　Breeding

　.083　Care, maintenance, training

　.084　Feeding

.7 Dogs

.7001–.7009　Standard subdivisions

　　　　　Notation from Table 1 as modified under 636.001–636.009

.701–.708　Specific topics in husbandry of dogsAdd to base number 636.70 the numbers following 636.0 in 636.01–636.08

.8 Cats

.8001–.8009　Standard subdivisions

　　　　　Notation from Table 1 as modified under 636.001–636.009

.801–.808　Specific topics in husbandry of cats

　　　　Add to base number 636.80 the numbers following 636.0 in 636.01–636.08

Table 1. Standard Subdivisions

　–03 Dictionaries, encyclopedias, concordances

　–04 Special topics

　–05 Serial publications

　–06 Organizations and management

　–08 Group of people

　–09 History, geographic treatment, biography

---

① 『애견 훈련시키기』 → 636.7083
② 『월간 고양이 : 반려동물 전문잡지』 → 636.805
③ 『고양이 사료 먹이는 법』 → 636.80084
④ 『인류와 함께한 반려견의 역사』 → 636.8009

18 Cutter-Sanborn 저자기호표 일부를 발췌한 것이다. 이를 적용한 "A Digital Dilemma / by Alvin Toffler. Second edition"의 도서기호(저작기호 포함)는?

472	Alv	642	Toep
473	Alvare	643	Toes
474	Alve	644	Tof
475	Alvi	645	Tog
476	Alvo	646	Toi
477	Alvw	647	Tol

① A475a2

② A475d2

③ T644a2

④ T644d2

17 636Animal husbandry

+.7Dogs

+.083Care, maintenance, training

18 ① 저자의 성을 대문자 한 글자로 기재한 다음 기호표에서 저자의 성에 해당하는 숫자를 찾아 채기한다. 표제를 기본표목으로 채택할 경우에는 관사를 제외한 표제를 기호화한다.

② 조합된 저자기호 다음에 저작기호를 부기한다. 표제에서 관사를 제외한 첫 단어의 한 글자, 저작기호가 동일한 경우 두 글자까지 알파벳 소문자로 기재하되, 연대나 연도일 경우에는 영어 발음으로 첫 글자를 부여한다. 개정판일 때에는 저작기호 뒤에 판차기호를 숫자로 부기하여 구별한다.

T644d2

19 KDC 제6판의 본표와 조기표 일부를 발췌한 것이다. 이를 적용한 『재중한국인』의 분류기호로 옳은 것은?

---

331 사회학

  .3 인구, 인구이동

  .37 국제 인구이동, 이민

  .371-.377 각국 이민

        정착국을 기준으로 지역구분표에 따라 세분한다.

        별법 : 필요한 경우 0을 부가한 후 이민의 출발국을 지역구분표에 따라 세분할 수 있다.

지역구분표

  -11 대한민국

  -12 중국

① 331.371112

② 331.371211

③ 331.3711012

④ 331.3712011

---

19 이민 : 331.371   / 주분류기호

    중국(정착국) : -20   /보조기호(from 지역구분표)

    331.37120

    한국(출발국) :   -11 /보조기호(from 지역구분표)

    331.37120+0+11=331.3712011

20 DDC 제23판으로 『프랑스의 의학대학 디렉토리』를 분류할 경우, 분류기호의 조합 과정이 옳은 것은?

① 610(의학) + −025(T1 : directory) + −44(T2 : France)

② 610(의학) + −0711(T1 : higher education) + −44(T2 : France)

③ 610(의학) + −025(T1 : directory) + −0711(T1 : higher education) + −44(T2 : France)

④ 610(의학) + −0711(T1 : higher education) + −025(T1 : directory) + −44(T2 : France)

ANSWER 20.②

20 DDC는 23판을 기준으로 6개의 보조표(auxiliary tables)이 마련되어 있다. 보조표의 기호는 단독으로 사용할 수 없고 본표의 분류기호와 조합하여 사용해야 한다. 보조표의 보조기호는 '−01', '−02'와 같이 '−'라는 기호를 숫자 앞에 붙여서 표현한다.

ⓐ Table 1 : Standard Subdivisions

    −01 Philosophy and theory

    −02 Miscellany

    −03 Dictionaries, encyclopedias, concordances

    −04 Special topics

    −05 Serial publications

    −06 Organizations and management

    −07 Education, research, related topics

    −08 Groups of people

    −09 History, geographic treatment, biography

ⓑ Table 2 : 지리, 시대, 인물

1 『사고전서총목(四庫全書總目)』의 분류체계에서 부(部)와 류(類)가 옳게 짝지어지지 않은 것은?

① 경부(經部) - 유서류(類書類), 유가류(儒家類)
② 사부(史部) - 지리류(地理類), 목록류(目錄類)
③ 자부(子部) - 예술류(藝術類), 천문산법류(天文算法類)
④ 집부(集部) - 총집류(總集類), 시문평류(詩文評類)

2 서가분류와 서지분류를 비교한 설명으로 옳지 않은 것은?

① 서가분류는 자료의 물리적 위치 배열에 필요한 분류로 배가분류라고도 한다.
② 서가분류는 복수주제의 다면적 표현이 용이한 분류이다.
③ 서지분류는 서지작성을 목적으로 하며 서가분류에 앞서 개발되었다.
④ 서지분류는 고정식, 순차적 배열법을 기반으로 한다.

ANSWER 1.① 2.②

1 『사고전서총목제요』는 총 200권으로 구성되었고, 분류체계는 사부분류법을 채용하였다. 먼저 경부(經部), 사부(史部), 자부(子部), 집부(集部)의 4부로 구분하고, 각 부(部)는 다시 44개의 유(類)로 구분하고, 유(類)는 다시 66개의 속(屬)으로 구분하였다.
  ㉠ 경부(經部) : 역류(易類), 서류(書類), 시류(詩類), 예류(禮類), 악류(樂類) 등 10개
  ㉡ 사부(史部) : 정사류(正史類), 편년류(編年類), 기사본말류(紀事本末類), 별사류(別史類), 잡사류(雜史類), 지리류(地理類), 목록류(目錄類) 등 15개
  ㉢ 자부(子部) : 유가류(儒家類), 병가류(兵家類), 법가류(法家類), 농가류(農家類), 의가류(醫家類), 유서류(類書類), 예술류(藝術類), 천문산법류(天文算法類) 등 14개
  ㉣ 집부(集部) : 초사류(楚辭類), 별집류(別集類), 총집류(總集類), 시문평류(詩文評類) 등 5개

2 ② 서지분류는 복수주제의 다면적 표현이 용이한 분류이다.

3 자료분류법에 대한 설명으로 옳은 것만을 모두 고르면?

> ⊙ LCC에서는 주제를 세분할 때 분류기호의 일부로 커터(Cutter) 번호를 사용하여 전개하기도 한다.
> ⓛ Brown의 SC(Subject Classification)에서는 주제 간 합성이 불가능하며 알파벳 대문자를 사용한 순수기호법을 사용한다.
> ⓒ CC는 기본적으로 학문에 의한 분류표로, 자연과학, 사회과학, 인문과학 순으로 배열하고 있다.
> ② LCC는 주류표마다 수정·보완하는 책임자가 다르고 수시로 개정되기 때문에 특수분류표의 성격을 지니고 있다.

① ⊙, ⓛ   ② ⊙, ②
③ ⓛ, ⓒ   ④ ⓒ, ②

4 자료의 분류규정에 근거하여 분류할 때 옳지 않은 것은?

① 『토지의 미학 : 박경리 소설 비평』은 『토지』와 함께 분류한다.
② 『조선왕조 500년 왕들의 이야기』는 조선 왕들의 전기를 다루고 있다. 이 경우 '한국사' 아래에 분류한다.
③ 『교육재정과 영재교육』은 교육재정 감소로 인한 영재교육 문제를 다루고 있다. 이 경우 '교육재정'에 분류한다.
④ 『베토벤 서간집』은 '베토벤 전기'에 분류한다.

5 KDC 제6판에 따라 분류기호를 조합할 때 표준구분표 적용이 옳지 않은 것은?

	본표	표준구분표
①	190	−09
②	410	−01
③	440	−04
④	713	−03

....

ANSWER 3.② 4.③ 5.④

3 ⓛ Brown의 SC(Subject Classification)에서는 알파벳 대문자 한 자와 아라비아 숫자 000-999를 합성한 본표와 .0-.980까지의 숫자로 구성된 범주표를 조합하여 사용한다. 주제 간 합성이 가능하다.
　　ⓒ CC는 기본적으로 학문에 의한 분류표로, 자연과학, 인문과학, 사회과학 순으로 배열하고 있다.

4 ③ 『교육재정과 영재교육』은 교육재정 감소(원인)로 인한 영재교육 문제(결과)를 다루고 있다. 이 경우 '영재교육'에 분류한다.

5 ④ 본표 713(사전), 표준구분표 −03(사전, 인용어사전, 용어집, 약어집)이므로 중복분류에 해당한다.

6 KDC 제6판의 본표와 해설서 일부를 발췌한 것이다. 이를 적용한 분류기호로 옳지 않은 것은?

380 풍습, 예절, 민속학

388 민속학

.1 민속문학

　구비문학, 설화, 전설, 무가 등을 포함한다.

　지역구분표에 따라 세분한다. 예 : 남미전설 388.15

　민속을 바탕으로 한 본격문학작품은 800의 해당주제

　아래에 분류한다.

　　신화 → 219 ; 불교설화 → 224.4;

　　기독교설화 → 234.4 ; 판소리 → 679.312

810 한국문학

811　시

812　희곡

813　소설

.4　고려시대

.5　조선시대

.6　20세기 1910-1999

.7　21세기 2000-

.8　동화

지역구분표

-1　아시아

-11　대한민국

-12　중국

-14　동남아시아

-141　베트남

-142　라오스

-143　캄보디아

해설서

388.1 민속문학

▷ 구비문학, 설화, 전설 등의 민속문학은 388.1에 분류한다.

▷ 전설, 민담, 설화 등으로서 작가의 한 작품의 테마가 된 것은 창작된 문학형식 아래에 분류한다.

▷ 전설, 민담, 설화를 번안 개작한 것으로 아동을 대상으로 한 것은 아동문학과 함께 분류한다.

	서명	분류기호
①	『조선설화 자료집』	388.111
②	『배비장: 민담으로 전해진 조선후기 해학소설』	813.5
③	『불교 설화』	224.4
④	『어린이를 위해 다시 쓴 고려시대 민담과 설화』	813.4

7 KDC 제6판을 적용하여 자료를 분류했을 때 조기표 적용이 옳은 것만을 모두 고르면?

> ㉠ 『떠먹여 주는 한국어 문법』 – 715
> ㉡ 『만화로 보는 기독교 포교법』 – 236
> ㉢ 『영어 어휘 길들이기』 – 742
> ㉣ 『화엄경 : 진리의 말씀』 – 223

① ㉠, ㉡
② ㉠, ㉣
③ ㉡, ㉢
④ ㉢, ㉣

ANSWER 6.④ 7.②

6 ④ 『어린이를 위해 다시 쓴 고려시대 민담과 설화』는 '전설, 민담, 설화를 번안 개작한 것으로 아동을 대상으로 한 것'에 해당한다. 따라서 '아동문학과 함께 분류한다'. → 813.8

7 ㉡ 『만화로 보는 기독교 포교법』 – 235 (-5 : 선교, 포교, 전도, 교화(교육)활동/ -6 : 종단, 교단)
　 ㉢ 『영어 어휘 길들이기』 – 744 (-2 : 어원/ -4 : 어휘)

8 DDC 제23판의 본표와 보조표의 일부를 발췌한 것이다. 이를 적용한 분류기호로 옳지 않은 것은?

523.3　　　　Moon

　.31　　　　　　Constants and dimensions

Including gravity, size, mass

　.32　　　　　　Optical, electromagnetic, radioactive, thermal phenomena

　.33　　　　　　Orbit and motions

　.38　　　　　　Eclipses

　.4　　　　　Planets, asteroids, trans‒Neptunian objects of solar system

　　　　　　　　Standard subdivisions are added for planets, asteroids, trans‒Neptunian objects
of solar system together, for planets of solar system alone

　　　　　　　　Add to notation for each number identified by * the numbers following 523.3 in
523.31‒523.33

　.41　　　　　*Mercury

　.42　　　　　*Venus

　.44　　　　　Asteroids

Including Ceres

*Add as instructed under 523.4

Table 1. Standard Subdivisions

　−03　　　Dictionaries, encyclopedias, concordances

　−09　　　History

	서명	분류기호
①	『Dictionary of Ceres』	523.44
②	『History of Planet of Solar System』	523.409
③	『Dictionary of Mercury Gravity』	523.41103
④	『History of Orbit of Venus』	523.42309

ANSWER 8.③

8　③ 『Dictionary of Mercury Gravity』 523.41~~103~~
　Mercury 523.41에 *(Add as instructed under 523.4)에 따라 'Add to notation for each number identified by * the
numbers following 523.3 in 523.31‒523.33'를 확인했을 때, 'Including gravity'에서 포함주임을 확인할 수 있다.

9 DDC 제23판으로 분류할 경우, 분류기호의 조합이 옳지 않은 것은?

서명	분류기호 조합
① 『교육학 연구방법』	370(Education) + (−0721)(T1의 연구방법) = 370.721
② 『농학사』	630(Agriculture and related technologies) + (−09)(T1의 역사) = 630.9
③ 『영국문학전집』	820(English and old English literatures) + (−08)(T1의 전집) = 820.8
④ 『예술 이론』	700(Arts) + (−01)(T1의 이론) = 700.1

10 Dublin Core의 기본 데이터 요소 중 물리적 기술요소(instantiation)에 해당하는 것은?

① Description
③ Source

② Language
④ Type

11 AACR2를 적용한 목록에서 표목을 선정하는 기준으로 옳지 않은 것은?

① 표제면에 원저작을 다른 문학형식으로 개작 또는 각색한 저자가 원저자와 함께 기재되어 있는 경우, 개작자나 각색자를 기본표목으로 한다.
② 표제면에 비평적 전기의 작가가 저자로 기재되어 있는 경우, 전기의 작가를 기본표목으로 하며, 피전자는 부출표목으로 한다.
③ 표제면에 원저자와 번역자가 함께 기재되어 있는 경우, 원저자를 기본표목으로 한다.
④ 표제면에 종합표제가 기재되어 있는 두 저자의 합집은 첫 번째 저작의 저자를 기본표목으로 한다.

ANSWER 9.③ 10.② 11.④

9 ③ '전집' 항목은 T3에 해당한다.

10 Dublin Core의 기본 데이터 요소
　㉠ 콘텐츠 기술 요소 : Title(표제), Subject(주제), Description(설명), Source(출처), Type(유형), Relation(관련자원), Coverage(수록범위)
　㉡ 지적 속성 요소 : Creator(창작자), Publisher(발행자), Contributor(기여자), Rights(저작권)
　㉢ 물리적 기술 요소 : Date(날짜), Language(언어), Format(형식), Identifier(식별자)

11 ④ 표제면에 종합표제가 기재되어 있는 두 저자의 합집은 종합표제를 기본표목으로 한다.

12 리재철 저자기호표(순한글도서기호표, 제5표)를 적용하여 전기도서인 『백범 김구 : 대한민국 임시 정부를 이끈 독립운동의 큰 별 / 김종렬 글 ; 이경석 그림』의 도서기호를 작성할 때 옳은 것은?

자음기호		모음기호			
		초성이 ㅊ이 아닌 글자		초성이 ㅊ인 글자	
ㄱ ㄲ	1	ㅏ	2	ㅏ(ㅐ ㅑ ㅒ)	2
ㄴ	19	ㅐ(ㅑ ㅒ)	3	ㅓ(ㅔ ㅕ ㅖ)	3
ㄷ ㄸ	2	ㅓ(ㅔ ㅕ ㅖ)	4	ㅗ(ㅘ ㅙ ㅚ ㅛ)	4
ㄹ	29	ㅗ(ㅘ ㅙ ㅚ ㅛ)	5	ㅜ(ㅝ ㅞ ㅟ ㅠ ㅡ ㅢ)	5
ㅁ	3	ㅜ(ㅝ ㅞ ㅟ)	6	ㅣ	6
ㅂ ㅃ	4	ㅡ(ㅢ)	7		
ㅅ ㅆ	5	ㅣ	8		
ㅇ	6				
ㅈ ㅉ	7				
ㅊ	8				
ㅋ	87				
ㅌ	88				
ㅍ	89				
ㅎ	9				

① 김16김
② 김16ㅂ
③ 김75김
④ 김75ㅂ

13 BIBFRAME 2.0 모델의 핵심 상위 클래스에 해당하지 않는 것은?

① 개별자료(item)
② 인스턴스(instance)
③ 저작(work)
④ 전거(authority)

14 MODS 메타데이터의 20개 상위 요소에 속하는 것만 나열한 것은?

① accessCondition, extension, identifier, location, part, recordInfo
② accessCondition, extension, location, part, source, recordInfo
③ genre, identifier, name, relationInfo, titleInfo, typeOfResource
④ genre, language, name, relationInfo, titleInfo, typeOfResource

ANSWER 13.④ 14.①

13 BIBFRAME 2.0은 세 가지 핵심 추상화 단계(저작, 인스턴스 및 개별자료)로 정보를 조직화한다.
   ㉠ **저작(Work)** : BIBFRAME 모델에서 가장 상위의 추상화 단계로 목록 대상 자원의 가장 개념적 본질을 반영하며, 저자, 언어 및 주제가 해당된다.
   ㉡ **인스턴스(Instance)** : 저작은 하나 이상의 개별 물리적 구현형(예 : 특정 출판형식)을 가질 수 있는데, 이것이 바로 저작의 인스턴스이다. 인스턴스는 발행처, 발행지, 발행일, 포맷과 같은 정보를 포함한다.
   ㉢ **개별자료(Item)** : 개별자료는 인스턴스의 실제 복본(물리적 또는 전자적 형태)이다. 이는 자원의 물리적 또는 온라인 위치, 서가번호, 바코드 정보를 포함한다.

14 MODS는 20개의 상위요소(elements), 하위요소(subelements) 및 속성(attributes)으로 이루어져 있다. 20개의 상위요소는 표제정보〈titleInfo〉, 저자정보〈name〉, 콘텐츠유형〈typeOfResource〉, 장르〈genre〉, 출처정보〈originInfo〉, 언어〈language〉, 형태기술정보〈physicalDescription〉, 요약정보(초록), 내용목차정보〈tableOfContents〉, 이용대상자〈targetAudience〉, 주기사항〈note〉, 주제명〈subject〉, 분류기호〈classification〉, 연관정보〈relatedItem〉, 식별기호〈identifier〉, 소장정보〈location〉, 접근제한정보〈accessCondition〉, 구성정보〈part〉, 로컬정보〈extension〉, 레코드정보〈recordInfo〉이다.

15 KCR 제4판을 적용하여 자료의 본표제에 기재된 내용을 전사할 때 옳은 것만을 모두 고르면?

	본표제	전사
㉠	Looser takes all (Looser는 Loser의 오기임)	Looser[i.e. Loser] takes all
㉡	Information Organization and Retrieval	Information Organization and Retrieval
㉢	The Third Wave	The 3rd wave
㉣	The world in anger (anger는 danger의 오기임)	The world in [d]anger

① ㉠, ㉡

② ㉠, ㉣

③ ㉡, ㉢

④ ㉢, ㉣

16 KORMARC 형식(통합서지용, 2014 개정판)을 적용하여 주제명 부출표목을 작성할 때 표시기호(Tag)의 사용이 옳지 않은 것은? (지시기호와 띄어쓰기는 고려하지 않음)

① 611 ▼a한국호텔경영자회의▼n(5차 : ▼d1999 : ▼c제주)

② 630 ▼a불전. ▼p화엄경▼x해설

③ 650 ▼a음악▼x대중가요▼y2000−2010▼z한국

④ 651 ▼a지역문화▼x육성방안

....

ANSWER 15.② 16.④

15 ㉡ 본표제, 대등표제 등의 표제는 첫 단어의 첫 글자와 표제를 구성하는 고유명사 각 요소의 첫 글자는 모두 대문자로 기재하고 나머지는 소문자로 기재한다. 고유명사가 아니므로 'Information organization and retrieval'로 기재한다.
㉢ 서수는 표제와 책임표시사항에서는 권차, 회차, 연차표시를 제외하고 그 자료에 쓰인 그대로 기재한다.

16 ④ 651은 지명이다. ▼a지역문화▼x육성방안은 650 일반주제명에 해당한다.

17 종합표제나 대표표제가 없는 다음 저작의 표제와 책임표시사항을 KCR 제4판을 적용하여 기술할 때 옳지 않은 것은?

저자	저작
김유정	봄봄, 동백꽃
김동인	배따라기
황순원	별
현진건	운수 좋은 날

① 김유정의 두 저작을 수록한 합집 - 봄봄 ; 동백꽃 / 김유정
② 김동인과 황순원의 개별저작을 수록한 합집 - 배따라기 / 김동인. 별 / 황순원
③ 김동인, 황순원, 현진건의 개별저작을 수록한 합집 - 배따라기 ; 별 ; 운수 좋은 날 / 김동인. [외]
④ 김유정, 김동인, 황순원, 현진건의 개별저작을 수록한 합집 - 봄봄 / 김유정. [외]

18 FRBR에 대한 설명으로 옳지 않은 것은?

① 서지적 세계를 개체, 속성, 관계의 세 가지로 구분하여 모형화한 다음 서지레코드에 필요한 데이터 요소를 제시하였다.
② 표제, 형식, 일자는 제1집단에 속한 개체의 속성이다.
③ 제2집단은 지적 예술적 창작물의 주제를 나타내는 개념, 대상, 사건, 장소의 네 개 개체로 구분된다.
④ 이용자 과업에는 탐색(find), 식별(identify), 선택(select), 입수(obtain)의 4개가 설정되어 있다.

ANSWER 17.③ 18.③

17 ③ 저작은 모두 기술하고 저자는 첫 저작의 저자만 기술 후 [외]로 표기하는 것은 옳지 않다. ④처럼 표시하는 것이 옳다.

18 ③ 보기는 제3집단에 대한 설명이다. 제2집단은 지적 예술적 내용, 물리적 생산, 배포, 생산물의 관리 보관에 책임을 갖는 개체를 나타내는 개념으로 개인, 집단, 가족 등으로 구분된다.

19 KORMARC 형식(통합서지용, 2014 개정판)을 적용하여 서지레코드를 기술할 때 ㈎와 ㈏를 바르게 연결한 것은? (지시기호와 띄어쓰기는 고려하지 않음)

245	▼aRomeo and Juliet ; ▼aKing Lear ; ▼aMacbeth/ ▼dby William Shakespeare
260	▼aNew York : ▼bMarcel Dekker, ▼c2010
300	▼a435 p. : ▼bill. ; ▼c24 cm
㈎	▼aShakespeare, William
㈏	▼aKing Lear
㈏	▼aMacbeth

	㈎	㈏
①	700	700
②	700	740
③	710	700
④	710	740

19 ㈎ ▼dby William Shakespeare → 700 - 개인명
　　㈏ ▼aKing Lear, ▼aMacbeth → 740 - 분출 표제

20 KCR 제4판에서 제시하고 있는 전자책 기술규칙으로 옳은 것은?

① 전자책의 기술에는 자료특성사항을 적용하지 않는다.

② 인쇄된 단행본을 디지털 형태로 복제한 전자책의 경우에는 인쇄된 단행본의 발행사항을 기술하고, 전자책의 발행사항은 주기사항에 기술한다.

③ 전자책에 둘 이상의 독립된 총서표제가 기재된 경우에는 대표 총서사항을 원괄호(( )) 안에 기술한다.

④ 전자책의 특정자료종별과 수량은 기술하지 않는다.

ANSWER 20.①

20 ② 인쇄된 단행본을 디지털 형태로 복제한 전자책의 경우에는 복제한 전자책의 발행사항을 기술한다.
③ 전자책에 둘 이상의 독립된 총서표제가 기재된 경우에는 각각의 총서사항을 원괄호(( )) 안에 기술한다.
④ 전자책의 특정자료종별과 수량은 기술한다. 크기는 기술하지 않는다.

02

정보봉사개론

1 정보서비스의 기능 중에서 정보제공에 속하는 직접적인 활동내용이 아닌 것은?

① 정보중재
② 질문과 해답
③ 데이터베이스 구축
④ 정보중개

2 도서관이 원격 이용자에게 사서와 주제전문가의 문헌정보, 인터넷정보원, 주제 분야에 관한 전문지식과 경험을 제공하는 서비스는?

① 독서상담서비스
② 디지털정보서비스
③ 맞춤정보서비스
④ 문헌배달서비스

ANSWER 1.③ 2.②

1 ③ 데이터베이스 구축은 정보서비스의 간접적 기능이다.

2 ① 독서상담서비스 : 독자의 관심과 독서 수준에 적합한 책을 선택하도록 사서가 도와주는 대 역점을 두는 서비스
③ 맞춤정보서비스 : SDI(Selective Dissemination of Information)서비스는 관심 있는 분야의 키워드를 등록해 놓으면 관련 자료가 도서관에 입수될 때 마다 신청해둔 E-mail을 통해 정기적으로 최신정보를 제공받을 수 있는 서비스
④ 문헌배달서비스 : 도서관 방문 이용이 어려운 이용자를 위하여 문헌을 배달받아 편리하게 이용할 수 있도록 하는 서비스

3 마치오니니(Marchionini)의 4가지 브라우징 전략 중 ㉠에 적합한 전략은?

(㉠)는 고도로 조직화된 정보검색환경에서 잘 정의된 목표를 찾기 위한 브라우징 전략으로서 단선적 혹은 선택적 (㉠)가 있다. 단선적 (㉠)는 정보공간에서 순차적으로 정보를 브라우징하는 것으로 검색된 결과의 리스트를 차례차례로 살펴보는 것이다.

① 관찰하기(observe) ② 훑어보기(scan)
③ 항해하기(navigate) ④ 모니터하기(monitor)

4 참고정보원 중 어린이 및 청소년을 위한 백과사전은?

① Compton's Encyclopedia
② The Oxford English Dictionary
③ The Columbia Gazetteer of the World
④ Biography and Genealogy Master Index

5 일반적으로 포함되는 정보의 내용에 따라 참고정보원의 유형을 분류할 때, 이차 참고정보원(서지정보원)에 해당하는 것만을 모두 고른 것은?

| ㉠ 초록 | ㉡ 색인 |
| ㉢ 연감 | ㉣ 백과사전 |

① ㉠, ㉡ ② ㉠, ㉣
③ ㉡, ㉢ ④ ㉢, ㉣

ANSWER 3.② 4.① 5.①

3 (훑어보기)는 고도로 조직화된 정보검색환경에서 잘 정의된 목표를 찾기 위한 브라우징 전략으로서 단선적 혹은 선택적 (훑어보기)가 있다. 단선적 (훑어보기)는 정보공간에서 순차적으로 정보를 브라우징하는 것으로 검색된 결과의 리스트를 차례차례로 살펴보는 것이다.

4 Compton's Encyclopedia(컴튼 백과사전) … 교육과정에 적합한 항목을 잘 선택하여 교육법에 맞도록 편집·발행하고 있어 초등학교 상급학년부터 고등학생에 이르기까지 폭넓게 사용할 수 있다.

5 2차 참고정보원에는 서지, 목록, 초록, 색인 등이 있다.

6 전세계의 학술지를 대상으로 영향력 지수와 관련된 인용정보를 일 년 주기로 발행하여 학술지 평가에 유용한 정보를 제공하는 것은?

① JCR   ② Dialog

③ OAIster   ④ Elsevier Science Direct

7 대상 영역과 메타데이터 스키마가 잘못 연결된 것은?

① 에이전트 : vCard, FOAF

② 출판유통 : XrML, ODRL

③ 교육 : LOM, GEM, SCORM

④ 박물관, 미술관 : VRA, CDWA, CCO

8 정보안내서비스의 서비스 시행단계를 계획단계, 시행단계, 평가단계로 구분할 때, 시행단계 업무만을 모두 고른 것은?

㉠ 홍보	㉡ 직원교육
㉢ 자원파일의 구축	㉣ 기존 서비스와의 관계 정립

① ㉠, ㉡, ㉢   ② ㉠, ㉡, ㉣

③ ㉠, ㉢, ㉣   ④ ㉡, ㉢, ㉣

ANSWER 6.① 7.② 8.①

6 JCR(Journal Citation Report) … Thomson Scientific사가 Journal의 평가를 위해 인용 분석을 통해 만든 Journal 평가도구로, 저널의 인용, 피인용 정보 등을 바탕으로 Impact Factor(IF) 등의 저널 평가 지표를 제공하고 있다.

7 ② XrML, ODRL는 디지털 콘텐츠 식별기술이다.

8 ㉣ 기존 서비스와의 관계 정립은 계획단계의 업무이다.

9 자연어 색인과 통제어휘 색인의 관계에 대한 설명으로 옳은 것은?

① 자연어를 색인어로 선택하면 통제어휘 사용에 비해 동형이의어 문제를 제거할 수 있다.
② 자연어를 색인어로 선택하면 통제어휘 사용에 비해 분류시스템의 호환성에 많은 문제가 발생한다.
③ 통제어휘를 색인어로 선택하면 자연어 사용에 비해 동의어 문제를 제거할 수 있다.
④ 통제어휘를 색인어로 선택하면 자연어 사용에 비해 정보표현과 검색의 정확성이 증가한다.

10 다음과 같은 특성을 갖는 이용자 교육은?

> • 도서관의 잠재적인 이용자 집단에게 도서관에 대한 이해를 넓히고 이용을 촉진시킨다.
> • 도서관 시설, 조직 및 서비스 등 도서관 시스템 전반에 걸쳐 간단히 소개하는 초급 단계의 교육이다.

① 특정자료 이용교육   ② 도서관 이용지도
③ 서비스 현장교육   ④ 오리엔테이션

11 참고사서가 이용자의 질문을 듣고 되물을 때, 응용할 수 있는 질문방법으로는 폐쇄적 질문, 개방적 질문, 중립적 질문이 있다. 일반적인 참고봉사 상황에서 가장 바람직한 질문의 진행방법은?

① 개방적 질문→폐쇄적 질문→중립적 질문
② 중립적 질문→개방적 질문→폐쇄적 질문
③ 폐쇄적 질문→중립적 질문→개방적 질문
④ 개방적 질문→중립적 질문→폐쇄적 질문

ANSWER 9.③ 10.④ 11.④

9 ① 통제어를 색인어로 선택하면 자연어휘 사용에 비해 통형이의어 문제를 제거할 수 있다.
② 통제어를 색인어로 선택하면 자연어휘 사용에 비해 분류시스템의 호환성에 많은 문제가 발생한다.
④ 자연어휘를 색인어로 선택하면 통제어 사용에 비해 정보표현과 검색의 정확성이 증가한다.

10 오리엔테이션은 가장 초보적 단계의 이용자 교육으로 도서관에 대한 이해를 넓혀 이용을 촉진시킨다. 주로 도서관 시설, 조직 및 서비스 등 도서관 시스템 전반에 대해 간단히 소개하는 형식으로 진행된다.

11 일반적인 참고봉사 상황에서 참고사서가 이용자의 질문을 듣고 되물을 때 가장 바람직한 질문의 진행방법은 이용자의 부담이 적은 개방적 질문→중립적 질문→폐쇄적 질문 순이다.

12 검색어휘의 표현에 다양한 변형을 허용하고자 사용하는 어휘절단 연산자에 대한 설명으로 옳지 않은 것은?

① 특정어휘에 적용되므로 이항 연산자이다.
② 주로 어휘의 변형이 많은 영어로 된 어휘에 많이 적용된다.
③ 절단(truncation)은 와일드카드(wildcard) 또는 스테밍(stemming)이라고도 한다.
④ 어휘의 적당한 부분을 절단하여야만 유용한 검색결과를 얻을 수 있을 때 사용되지만, 너무 많이 절단하면 불필요한 검색결과를 얻게 된다.

13 시각장애인과 독서장애인을 위한 매체로 국제적인 디지털 음성 표준 포맷은?

① RDF   ② JPEG
③ DAISY   ④ MPEG 7

14 도서관에서 제공하는 RSS(Rich Site Summary) 서비스의 유형이 아닌 것은?

① 소급 자료의 탐색
② 도서관 블로그 구독
③ 도서관 공지사항 구독
④ 검색결과의 주기적 전달

ANSWER 12.① 13.③ 14.①

12 ① 이항 연산자 : 2개 항 사이의 연산을 정의하는 연산자로 +, *, EQ, AND 등이 있다.

13 ③ DAISY : 시각장애인과 독서장애인을 위한 국제적인 디지털 음성표준
① RDF : 웹상의 메타데이터를 지원하는데 필요한 구조를 정의하기 위해 W3C에서 제안한 표준
② JPEG : 사진 등의 정지화상을 통신에 사용하기 위해서 압축하는 기술의 표준
④ MPEG 7 : 멀티미디어로 구성된 데이터베이스에서 정보를 용이하게 탐색하여 추출할 수 있도록 표준화된 멀티미디어 콘텐츠 표현 방식

14 RSS 서비스의 유형
㉠ 도서관 블로그 구독
㉡ 도서관 공지사항 구독
㉢ 검색결과의 주기적 전달
㉣ 도서관 신규 자료 공지

15 정보서비스를 평가하는 방법은 상황에 따라 특정 요인에 크게 영향을 받는다. 그 요인으로 옳지 않은 것은?

① 기술과 비용
② 목적과 범위
③ 시간과 주체
④ 목록과 표준

16 소셜 태깅(social tagging)에 대한 설명으로 옳지 않은 것은?

① 최종이용자가 인터넷 상의 정보를 색인하는 수단의 하나이다.
② 폭소노미는 색인전문가에 의해 만들어진 태그로 구축된 택소노미이다.
③ 태그구름은 태그빈도에 기초하여 사이트에서 만들어진 시각적 태그집성이다.
④ 태깅은 정보표현의 새로운 방법으로서, 정보검색 분야를 확장시키는 혁신을 초래하였다.

17 정보서비스의 평가요소를 제시한 사람과 그의 주장이 잘못 연결된 것은?

① 봅(Bopp)은 참고자원의 평가, 참고조사업무의 평가, 정보서비스의 평가 등 3단계로 구분하고 각 단계에서 필요한 평가요소를 제시하였다.
② 짜이찌(Zweizig)는 정보서비스에 대한 이용자의 인식, 직접서비스, 참고집서, 타 기관과의 협력, 정보서비스 운영체계, 재정적 측면 등 6개 영역의 평가를 주장하였다.
③ 휘틀래치(Wjhitlatch)는 담당자의 개인적인 성과, 장서개발, 새로운 기술과 정보서비스의 소개, 서비스와 직원평가, 운영능력 등 5가지의 요소에 대해 평가할 것을 주장하였다.
④ 랑카스터(Lancaster)는 사실형질문의 답변에 대한 평가에 한정하여 특정기간 동안 접수된 참고질문의 총 건수, 해결을 시도한 참고질문 수, 참고사서가 해결한 참고질문 수, 해결된 참고질문의 정확률, 한 이용자당 평균 참고질문 처리시간 등 5가지 평가범주를 제시하고 있다.

ANSWER 15.④ 16.② 17.③

15 정보서비스를 평가하는 방법에 영향을 미치는 상황 요인으로는 기술과 비용, 목적과 범위, 시간과 주체 등이 있다.
④ 목록과 표준은 정보서비스를 위해 갖추어야 할 요인이다.

16 ② 폭소노미는 이용자에 의해 만들어진 메타데이터이다.

17 ③ 담당자의 개인적인 성과, 장서개발, 새로운 기술과 정보서비스의 소개, 서비스와 직원평가, 운영능력 등 5가지의 요소에 대해 평가할 것을 주장한 것은 Katz이다. 휘틀래치는 주로 이용자의 질문과 참고사서가 제공하는 정보, 제공된 정보에 대한 이용자와 참고사서의 인식정도 등을 평가요소로 제시하였다.

18 정보검색시스템의 검색 성능을 평가하는 척도의 값이 1이 되는 것은?

① 잡음률 + 재현율

② 누락률 + 재현율

③ 배제율 + 정확률

④ 부적합률 + 재현율

19 ISO 11620 '성과지표'의 속성에 대한 설명으로 옳지 않은 것은?

① 타당성은 측정하고자 의도한 것을 측정하는 속성이다.

② 적절성은 도서관의 절차 및 근무환경의 적합성에 관한 속성이다.

③ 신뢰성은 동일한 환경에서 사용될 때 동일한 결과의 산출여부에 관한 속성이다.

④ 비교성은 문제점을 식별하고 가능한 행동을 취하는 데 도움이 되는 속성이다.

20 소스코드가 공개된 상태로 공급되는 오픈 소스 소프트웨어(OSS)가 아닌 것은?

① DSpace

② Fedora

③ Greenstone

④ Topic Maps

ANSWER 18.② 19.④ 20.④

18 정보검색시스템의 검색 성능을 평가하는 척도의 값이 1이 되는 것은 '누락률+재현율', '잡음률+정확률', '배제율+부적합률'이다.

19 ④ 비교성은 도서관들 간의 성과 비교에 관한 속성이다. 성과지표를 통해 각 도서관의 질과 효율 수준을 비교할 수 있다.

20 소스코드가 공개된 상태로 공급되는 오픈 소스 소프트웨어(OSS)로는 DSpace, Fedora, Greenstone, JeromDL 등이 있다.
④ Topic Maps는 국제표준화기구 ISO의 시맨틱 기술 표준이다.

1 이용자에 대한 참고사서의 인적 협조를 반대했던 인물은?

① Samuel S. Green

② Charles A. Cutter

③ William F. Poole

④ Melvil Dewey

2 정보서비스의 평가 유형 중 공개조사법(obtrusive testing)에 대한 설명으로 옳은 것은?

① 사서들이 평가받고 있다는 사실을 인식하고 있어 실제 정보서비스 상황과 큰 차이가 발생할 수도 있다.

② 자연스러운 업무 상황에서 사서를 평가하므로 정보서비스 평가 결과를 신뢰할 수 있다.

③ 사전에 면밀한 계획을 세워야 하므로 시간이 많이 소요되고 대리 이용자의 교육 등에 비용이 많이 든다.

④ 윤리적인 문제로 평가 자체에 대한 부정적 반응을 불러일으킬 가능성이 있다.

3 디지털 콘텐츠의 저작권 보호 기술에 해당하는 것은?

① Metadata

② Creative Commons License

③ Greenstone

④ Digital Fingerprinting

ANSWER 1.② 2.① 3.④

1 이용자에 대한 참고사서의 인적 협조는 Samuel S. Green이 주장하였다. William F. Poole, Melvil Dewey 등은 찬성하였고, Charles A. Cutter, Robert W.F Harrison 등은 반대하였다.

2 ②③④ 비밀조사법에 대한 설명이다.

3 Digital Fingerprinting … 사람의 지문을 디지털화한 것. 숨은 메시지를 디지털 시청각 자료에 파묻는 것으로 이 방식으로 암호화되면 어떤 자료로 복제되든 이 신호를 지니게 되어 저작권을 보호할 수 있다.
① 저작권 관리기술의 묘사방법
② 개방환경에서 사용되는 개방적 이용허락
③ 디지털도서관 컬렉션을 구축·분배하기 위한 Open S/W

4 정보이용행태 모형 중 Brenda Dervin이 제시한 의미형성이론의 핵심 개념을 가장 잘 보여주는 것은?

① 의도 - 상황 - 선택
② 탐색 - 선택 - 이용
③ 형성 - 탐색 - 선택
④ 상황 - 격차 - 이용

5 시소러스에 대한 설명으로 옳지 않은 것은?

① 불용어를 포함하여 문헌의 주제와 관련된 용어의 상호관계를 보여 준다.
② 색인 작성 시 적절한 색인어를 선택·통제하거나 검색 시 적절한 검색어의 선택과 확장이나 축소를 위해 사용할 수 있다.
③ 분류표, 주제명표목표와 더불어 색인어휘를 제공하는 통제어휘집의 일종이다.
④ UF는 비우선어를 제시해 주며, BT 및 NT는 상하위 개념의 용어를 제시해 준다.

6 현대적 정보검색 방법 개발에 기여한 Mortimer Taube가 창안한 것은?

① 조합색인
② SDI 서비스
③ 자동색인 알고리즘
④ 적합성 피드백 기법

ANSWER 4.④ 5.① 6.①

4 Brenda Dervin의 의미형성이론 … 정보환경(situation)에서 그 격차(gap)를 인식하고 정보획득을 위해 의식적으로 노력하여 정보를 이용(use)하며 새로운 의미를 형성한다.

5 ① 불용어는 포함하지 않는다.

6 조합색인
㉠ 전조합색인 : 색인을 작성할 때 조합이 이루어지는 것으로 주제명 표목이 대표적인 예이다.
㉡ 후조합색인 : 색인어를 미리 조합하지 않고 검색 시 이용자가 조합하여 사용하는 것으로 대표적인 예로 디스크립터가 있다.

7 다음 표와 같이 전체 문헌을 네 개의 집단으로 구분하였을 때 검색효율의 값[%]은? (단, 검색효율은 "재현율 + 배제율 − 1"이다)

	적합 문헌	부적합 문헌
검색 문헌	15	10
비검색 문헌	5	70

① −27.5

② 35

③ 47.5

④ 62.5

8 다음에 제시된 정보검색 모델에서 '용어가중치'를 사용하는 모델로만 구성된 것은?

> ㉠ 벡터공간 모델
> ㉢ 확률 모델
> ㉡ 불리언논리 모델
> ㉣ 확장불리언논리 모델

① ㉠, ㉡

② ㉠, ㉣

③ ㉡, ㉢

④ ㉡, ㉣

9 정보검색에서 재현율을 높이기 위한 방법으로 옳지 않은 것은?

① 색인어보다 자연어를 사용한다.
② 가능한 한 많은 유의어를 포함시킨다.
③ AND 연산자를 가능한 한 적게 사용한다.
④ 서명필드에서 탐색용어를 사용한다.

ANSWER 7.④ 8.② 9.④

7 • 재현율 : 15/(15+5)=15/20
  • 배제율 : 70/(10+70)=70/80
  따라서 검색효율의 값은 15/20+70/80−1=0.625 → 62.5%

8 확장불리언논리 모델은 불리언논리 모델에 벡터공간 모델의 특징인 부분일치와 용어가중치를 적용한 것으로 유연성을 제공한다.

9 ④ 서명필드에서 탐색용어를 사용하는 것은 정확률을 높이기 위한 방법이다.

10 LibQUAL + 척도에 대한 설명으로 옳지 않은 것은?

① 웹 기반 이용자 조사를 통해 도서관 서비스 품질에 대한 이용자의 인식을 측정하는 것이 목적이다.
② 도서관 장서 평가만을 위해 개발되어 도서관 장서의 물리적 제공과 접근성을 측정하도록 하고 있다.
③ 개별 도서관의 이용자 조사 데이터를 수집할 수도 있다.
④ 다수의 도서관이 공유할 수 있는 비교 데이터 수집이 가능하다.

11 다음 글이 설명하는 것에 해당하는 것은?

- 공유된 개념화에 대한 명시적이고 정형화된 명세서이다.
- 개념과 관계에 대한 추론을 위한 논리적인 규칙을 명시한다.
- 변화를 반영하고 자동적으로 업데이트를 수행하기 위한 매커니즘이다.

① taxonomy
② folksonomy
③ ontology
④ thesaurus

12 정보서비스 평가요소에 대한 설명으로 옳지 않은 것은?

① 경제성 평가는 비용 대 효과성, 생산성을 측정하는 것이다.
② 자원 평가는 자료, 이용자, 시설의 양과 질을 측정하는 것이다.
③ 서비스과정 평가는 제공된 서비스에 대한 만족도를 측정하는 것이다.
④ 서비스의 성과 및 산출물 평가는 제공된 해답 또는 정보의 질과 관련된 문제를 측정하는 것이다.

ANSWER 10.② 11.③ 12.②

10 ② LibQUAL+ 척도는 도서관 서비스 품질평가를 위한 온라인 설문도구이다.

11 ontology는 공유된 개념화(shared conceptualization)에 대한 정형화되고 명시적인 명세(formal and explicit specification)로, 쉽게 말해 개념에 대한 설명을 자세하게 정의하고 그 개념과 연관있는 다른 개념들을 나타내어 관계를 표시하는 것을 말한다.

12 ② 자원 평가는 자료, 직원, 시설의 양과 질을 측정하는 것이다.

13 IPL(Internet Public Library)에 대한 설명으로 옳지 않은 것은?

① 1995년 미시간 대학 문헌정보학 대학원의 프로젝트로 출발하였다.
② MeL(Michigan eLibrary)과 Online Reference Collection 등과 함께 대표적인 온라인 가상참고서가
   이다.
③ 대학생들 이상의 이용자들을 대상으로 하여 전문적인 내용의 정보원을 제공한다.
④ 현재는 IPL2의 이름으로 주제별 정보원, 뉴스·잡지 정보원 등 몇 개의 카테고리로 나누어 서비스하
   고 있다.

14 정보안내서비스(Information & Referral Service)에 대한 설명으로 옳지 않은 것은?

① 참고도구로 비책자형 자원파일보다는 책자형 참고자료에 의존하는 서비스이다.
② 지역사회의 주민들과 그들의 요구에 맞는 사회봉사기관과 연결시켜 주기도 한다.
③ 이용자에게 적절한 자료와 정보를 수록한 최신 지역정보파일을 갖고 있어야 한다.
④ 도나휴는 사회적 혜택을 받지 못하는 사람들에게 건강, 주거 등 생존에 필요로 하는 정보를 제공하는
   서비스라고 정의했다.

15 OSI 7계층 참조 모델의 계층 구조를 순서대로 나열한 것은?

① 물리계층 – 데이터링크계층 – 네트워크계층 – 트랜스포트계층 – 표현계층 – 세션계층 – 응용계층
② 물리계층 – 네트워크계층 – 데이터링크계층 – 트랜스포트계층 – 세션계층 – 표현계층 – 응용계층
③ 물리계층 – 네트워크계층 – 데이터링크계층 – 트랜스포트계층 – 표현계층 – 세션계층 – 응용계층
④ 물리계층 – 데이터링크계층 – 네트워크계층 – 트랜스포트계층 – 세션계층 – 표현계층 – 응용계층

....

ANSWER 13.③ 14.① 15.④

13 ③ IPL은 세계의 다양한 이용자들과 사서들이 즐겨찾는 가상참고서가이다.

14 ① 참고도구로 책자형 자원파일보다는 비책자형 참고자료에 의존하는 서비스이다.

15 OSI 7계층 참조 모델의 계층 구조
   물리계층–데이터링크계층–네트워크계층–트랜스포트계층–세션계층–표현계층–응용계층

16 가상참고서가에 대한 설명으로 옳지 않은 것은?

① 모바일 기술과 인터넷 접근이 가능한 곳이면 언제 어디서나 필요한 정보에 접근할 수 있다.
② 일반참고정보원에서부터 주제분야의 참고정보원에 이르기까지 망라적으로 수록하고 있다.
③ 웹 정보의 특성상 정보의 신뢰성과 객관성이 결여될 수 있다.
④ 이용자가 참고사서에게 질문하지 않고도 스스로 접근하여 필요한 정보를 획득할 수 있다.

17 디지털 도서관의 통합검색 유형 중 메타 통합 검색에 대한 설명으로 옳지 않은 것은?

① 통합검색 대상의 데이터베이스로부터 개별 메타데이터를 수집하여 통합 메타데이터로 구축한 후 검색한다.
② 대표적인 표준이나 요소기술로 Z39.50, SRU, Web Services, Web/CGI, OpenAPI 등이 있다.
③ 검색과정 자체는 매우 단순하지만, 다양한 포맷의 메타데이터를 통합하는 작업이 복잡하고 어려울 수 있다.
④ 대표적 기법은 OAI-PMH라는 메타데이터 수확 프로토콜을 사용하는 것이다.

18 도서관 이용자교육의 질적인 평가를 위한 근거 자료가 될 수 없는 것은?

① 이용자 대상 개방형 설문
② 이용자 관찰
③ 도서관 이용 빈도
④ 심층 면담

ANSWER 16.③ 17.② 18.③

16 ③ 인터넷 정보원에 대한 설명이다.

17 • Z39.50, SRU → 분산 검색
　　• Web/CGI → 웹프로그래밍기술
　　• OpenAPI → 웹 2.0 기술

18 ③ 도서관 이용 빈도는 양적인 평가를 위한 근거 자료이다.

19 Eisenberg와 Berkowitz의 Big6 모형에서 핵심 전략과 하위 절차의 연결로 옳은 것은?

① 탐색전략 수립 – 정보원의 활용 정도를 평가해 최선의 정보원 선정
② 정보의 식별과 접근 – 최종 과제물 작성
③ 정보이용 – 문제 해결에 필요한 정보 확인
④ 통합 – 적합한 정보원으로부터 필요한 정보 추출

20 자동 색인어 선정을 위한 통계적 기법에 대한 설명으로 옳지 않은 것은?

① 문헌에서 사용된 단어의 출현빈도를 계산하여 각 단어의 중요도를 측정한 후 특정 기준치에 의거하여 색인어를 선정하는 방법이다.
② 통계적 기법 중 하나인 단어빈도 방법에 의하면 고빈도와 저빈도의 단어는 색인어로 적합하지 않고 중간빈도 단어가 주제어로서 적합한 것으로 나타났다.
③ S. Jones는 전체 문헌 집단에서 특정 단어의 출현빈도가 높을수록 높은 가중치를 부여하는 통계적 기법을 제안하였다.
④ S. P. Harter가 제시한 2-포아송 분포모형은 각 문헌이 질문에 대한 답으로 적합할 확률과 부적합할 확률을 산출하여 적합할 확률이 큰 문헌을 먼저 출력한다.

ANSWER 19.① 20.③

19 ② 최종 과제물 작성→통합
③ 문제 해결에 필요한 정보 확인→정보의 식별과 접근(정보문제의 정의)
④ 적합한 정보원으로부터 필요한 정보 추출→정보이용

20 ③ S. Jones는 전체 문헌 집단에서 특정 단어의 출현빈도가 높을수록 낮은 가중치를 부여하는 통계적 기법을 제안하였다.

1 다음은 문헌집단 분할표이다. 아래 표를 참고하여 '배제율'을 구하시오.

	검색된 문헌	검색되지 않은 문헌
적합 문헌	30	10
부적합 문헌	30	20

① 25% ② 40%

③ 50% ④ 75%

2 메타데이터의 유형과 그 예를 옳게 짝지은 항목을 모두 고른 것은?

> ㈎ 기술적 메타데이터 – 고유식별자, 물리적 속성, 서지적 속성 등
> ㈏ 관리적 메타데이터 – 해상도, 컬러, 압축정보 등
> ㈐ 구조적 메타데이터 – 목차, 페이지, 색인 등
> ㈑ 보존 메타데이터 – 소유권자, 저작 및 배포 권한, 라이선스 정보 등

① ㈎, ㈏ ② ㈎, ㈏, ㈐

③ ㈎, ㈏, ㈑ ④ ㈏, ㈐, ㈑

ANSWER 1.② 2.②

1
$$배제율 = \frac{검색되지\ 않은\ 부적합\ 문헌\ 수}{부적합\ 문헌\ 총수} \times 100$$

따라서 $\frac{20}{30+20} \times 100 = 40\%$

2 메타데이터의 유형
　㉠ 기술적 메타데이터 : 고유식별자, 물리적·서지적 속성 등
　㉡ 관리적 메타데이터 : 스캐너 유형, 해상도, 컬러, 압축정보 등
　㉢ 구조적 메타데이터 : 서명, 목차, 페이지, 색인 등
　㉣ 보존적 메타데이터 : 디지털 자원의 이력 및 출력정보, 진본성 인증 등

3 시소러스와 온톨로지에 대한 설명으로 옳지 않은 것은?

① 시소러스는 특정 도메인에 한정되어 구축되며, 온톨로지는 모든 도메인을 대상으로 할 수 있다.

② 시소러스는 도메인에 사용되는 용어(어휘)를 통제하고, 용어체계를 구축하며, 용어들 간의 관계를 정의한 것이다.

③ 온톨로지는 도메인에 존재하는 실체의 속성을 파악하여 개념을 표현하며, 개념들 간 다양한 의미관계를 표현하고, 추론이 가능하도록 구성된다.

④ 시소러스는 용어 개념에 대한 속성 파악이 어렵고, 용어 간 의미 관계 표현이 단순하다.

4 다음은 정보기술에 따른 도서관의 발전단계를 표로 나타낸 것이다. 아래 표의 (㉠)에 적합한 용어를 바르게 나열한 것은?

구분	전통적 도서관	전자도서관	디지털도서관	유비쿼터스 도서관
장서	소장/오프라인	소장/오프라인/ 전자매체	소장/접근 하이브리드 디지털 정보자원	소장/접근 하이브리드 u – 정보자원
검색	카드목록	OPAC	도서관포털	u – 매체
공간	물리적 공간	물리적/전자적 공간	웹 공간	u – 플랫폼
키워드	효율적 관리	자동화, 전자화	통합, 디지털화	(㉠)

① 개인화, 자동화, 지식기반　　　　　　② 자동화, 분산화, 통합

③ 분산화, 통합, 지식기반　　　　　　　④ 개인화, 융합, 지능화

....

ANSWER 3.①　4.④

3　① 시소러스와 온톨로지 모두 특정 도메인에 한정되어 구축된다.

4　정보기술에 따른 도서관의 발전단계

구분	전통적 도서관	전자도서관	디지털도서관	유비쿼터스 도서관
장서	소장/오프라인	소장/오프라인/전자 매체	소장/접근 하이브리드 디지털 정보자원	소장/접근 하이브리드 u – 정보자원
검색	카드목록	OPAC	도서관 포털	u – 매체
공간	물리적 공간	물리적/전자적 공간	웹 공간	u – 플랫폼
키워드	효율적 관리	자동화, 전자화	통합, 디지털화	개인화, 융합, 지능화

5 다음은 디지털 콘텐츠 저작권 보호기술에 대한 설명이다. ㉠과 ㉡에 들어갈 용어로 옳은 것은?

> (㉠)에서는 콘텐츠 내부에 소유권자나 판매권자의 정보가 삽입되는 반면에 (㉡) 기술은 구매자의 정보가 삽입되는 것이다. 따라서 (㉡)을 이용하면 불법적으로 콘텐츠를 재분배한 구매자가 누구인지 밝혀낼 수 있기 때문에 구매자들로 하여금 불법적인 재분배를 방지할 수 있다.

① ㉠ Digital Watermarking, ㉡ Copyright Protection
② ㉠ Digital Fingerprinting, ㉡ Digital Watermarking
③ ㉠ Copyright Protection, ㉡ Digital Fingerprinting
④ ㉠ Digital Watermarking, ㉡ Digital Fingerprinting

6 다음은 레틱의 참고과정모델에서 소음발생원인과 제거과정을 그린 것이다. 설명이 옳지 않은 것은?

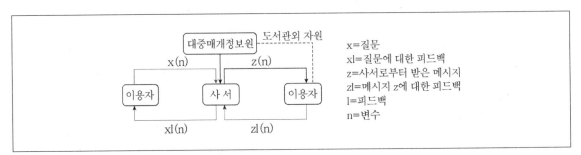

① 소음은 피드백을 일으키는 필수요소로 작용한다.
② 소음은 대중매개정보원의 검증되지 않은 정보원의 입수로 야기된다.
③ 피드백이 계속되면 소음은 소멸된다.
④ zl이 이용자 요구를 만족시켜 주었을 경우 참고과정은 종료하고, 그렇지 못했을 경우 피드백은 계속된다.

ANSWER 5.④ 6.②

5 Digital Watermarking에서는 콘텐츠 내부에 소유권자나 판매권자의 정보가 삽입되는 반면에 Digital Fingerprinting 기술은 구매자의 정보가 삽입되는 것이다. 따라서 Digital Fingerprinting을 이용하면 불법적으로 콘텐츠를 재분배한 구매자가 누구인지 밝혀낼 수 있기 때문에 구매자들로 하여금 불법적인 재분배를 방지할 수 있다.

6 레틱의 참고과정모델에서 발생하는 소음은 의미적 소음(semantic noise)로 피드백을 일으키는 필수요소로 작용하며 피드백이 계속되면 소멸된다.

7 다음 〈보기〉에서 제시된 참고면담기법에 대한 설명으로 옳은 것은?

> 〈보기〉
> 대화 상대방의 퍼스널리티(personality)에 자신의 이미지를 투영하는 것을 말한다. 참고사서가 이용자의 행동이나 말에 대한 자신의 느낌을 일치시켜 공유하는 것, 즉 이용자의 입장이 되는 것을 말한다.

① 참고데스크에서 이용자가 스스로 탐색하다가 실패한 상황에 대해, 이용자가 방어적인 태도 때문에 거북해 할 때 이용자를 안심시키기 위해 응용된다.
② 억양, 음색, 속도, 그리고 웃음이나 울음, 하품, 잠시 멈춤 등과 같은 언어의 보조적 수단을 통해 의사전달을 극대화시키는 기법이다.
③ 참고사서가 이용자의 질문 의도나 내용을 정확하게 파악하지 못했을 때 이용자에게 질문내용을 다시 확인하거나 부연설명을 요구하는 기법이다.
④ 다른 사람의 이야기를 듣고 말 속에 숨은 뜻을 정확히 파악하는 기법이다.

8 참고사서에게 강조되었던 전문성의 역사적 흐름을 과거부터 시간 순으로 맞게 나열한 것은?

> ㈎ 정보시스템과 서비스의 설계, 정보처리 기술과 도구에 대한 지식과 능력
> ㈏ 최종 해답 제공 능력
> ㈐ 이용자 교육활동
> ㈑ 참고정보원에 대한 이해

① ㈏, ㈐, ㈑, ㈎　　　　　② ㈐, ㈑, ㈏, ㈎
③ ㈑, ㈎, ㈏, ㈐　　　　　④ ㈑, ㈏, ㈎, ㈐

ANSWER 7.① 8.②

7 ② 의사언어
　　③ 재진술
　　④ 경청

8 참고사서에게 요구되는 전문성의 흐름 변화 … 이용자 교육활동(1900년대 초반) → 참고정보원에 대한 이해 → 최종 해답 제공 능력 → 정보시스템과 서비스의 설계, 정보처리 기술과 도구에 대한 지식과 능력(조사분석가, 정보중개자로서의 전문성)

9 이용자가 한 편의 논문을 가지고 사서에게 찾아와 관련 논문을 더 찾고 싶다고 한다. 이용자가 가져온 특정 논문을 활용하여 바로 취할 수 있는 효과적인 검색방법이 아닌 것은?

① 그 논문의 참고문헌을 Chaining한다.
② 그 논문의 해당 주제 데이터베이스를 이용하여 Citation Pearl Growing 기법을 활용한 탐색을 한다.
③ A & HCI, SSCI와 같은 인용색인데이터베이스에서 그 논문을 찾으면, 인용하거나 인용된 논문들이 제시되어 관련 논문을 찾기 용이하다.
④ 그 논문이 실린 학술잡지의 목차를 Browsing하면서 찾는다.

10 참고사서가 조사과정을 통해 얻어진 해답을 제공할 때 그 정보의 유용성에 관한 최종적인 평가가 이루어지는 것을 무엇이라 하는가?

① 재현율의 평가(recall evaluation)
② 선호도 평가(preference evaluation)
③ 적합성의 평가(pertinence evaluation)
④ 정도율 평가(precision evaluation)

11 다음 두 가지 이유로 인하여 필요한 정보서비스이론은 어느 것인가?

> • 정보화 사회에서 정보활용방법을 습득하는 요구는 과거에 비해 강해진다.
> • 새로운 전자매체 출현으로 정보량과 입수채널이 확대되고 다양화되고 있다.

① 정보관리이론　　　　　　　　② 교육이론
③ 자유이론　　　　　　　　　　④ 중도이론

ANSWER 9.④　10.③　11.②

9 특정 자료로 관련 자료를 탐색하는 효과적 검색방법
　㉠ **목록이용** : 특정 자료의 목록을 이용하여 분류기호나 주제명 등으로 재탐색
　㉡ **색인이용** : 색인지, 초록지 등을 활용하여 관련 범위 자료를 탐색
　㉢ **인용문헌 이용** : 인용색인데이터베이스 등을 통해 인용문헌을 확장 탐색
　㉣ **특정 어휘 이용** : 전문용어나 고유명사 등 특정 어휘를 바탕으로 확장 탐색

10 적합성의 평가 … 참고사서가 조사과정을 통해 얻어진 해답을 제공할 때 그 정보의 유용성에 관한 이용자의 최종적 평가로 이용자가 만족하지 않을 경우 이용자의 정보요구단계로 되돌아가야 한다.

11 정보화 사회가 도래하면서 이용자의 정보이용능력(Information Literacy)을 향상시키기 위한 교육을 강조하는 관점이다.

12 협력형 디지털 정보서비스(Collaborative Digital Reference Service)에 대한 장점에 속하지 않는 것은?

① 각 도서관 정보전문가의 전문성과 능력을 최대한 활용할 수 있다.
② 참고자료를 최대한 활용할 수 있으며, 국내외 네트워크를 형성할 수 있다.
③ 기술방식이 표준화되어 있기 때문에 참고담당 사서업무가 경감되는 효과가 있다.
④ 디지털 정보서비스를 제공하는 시간을 연장할 수 있다.

13 도서관 교육의 교육모델에 대한 설명 중 옳은 것은?

① 팀 교육형 교육 : 정보이용 기술이 한 교과목의 목표 중 일부가 되며, 해당 주제 분야의 지식과 정보를 탐색하고 활용하는 데 꼭 필요한 교육프로그램으로 이루어진다.
② 교과목 통합형 교육 : 사서와 교수가 공동으로 교육내용과 방법을 계획, 실시, 평가하는 방법이다.
③ 교과목 연계형 교육 : 학부 수준의 특정 교과목에서 이루어지고 있는 학습활동으로 최소한 교과목 통합형이나 독립 교과목으로 운영될 때 가능한 방안이다.
④ 독립 교과목형 교육 : 그 기관의 교육과정의 일부로서 교육자(사서 또는 교수)가 과목 전체에 걸쳐 책임을 지고 가르치는 교과목이며, 학점이 부여되기도 한다.

ANSWER 12.③ 13.④

12 협력형 디지털 정보서비스(CDRS)의 장점
㉠ 각 도서관 정보전문가의 전문성과 능력을 최대한 활용할 수 있다.
㉡ 참고자료를 최대한 활용할 수 있으며, 국내외 네트워크를 형성할 수 있다.
㉢ 디지털 정보서비스를 제공하는 시간을 연장할 수 있다.

13 ① 교과목 통합형 교육에 대한 설명이다.
②③ 팀 교육형 교육에 대한 설명이다.
※ 도서관 교육의 교육모델
㉠ 오리엔테이션
㉡ 교과목 연계형 교육
㉢ 교과목 통합형 교육
㉣ 독립 교과목형 교육
㉤ 팀 교육형 교육

14 정보서비스 평가 요소에 해당하지 않는 것은?

① 접근성 요소(예 : 이용자가 가능한 한 직접 볼 수 있도록 하는가 등)
② 관심 요소(예 : 이용자와 눈을 마주치는가 등)
③ 전략적 요소(예 : 협력자로서 품위를 유지하는가 등)
④ 추적 요소(예 : 해답이 만족스러운지 이용자에게 확인하는가 등)

15 이용자 교육방법 가운데 강의식 교육의 장점에 해당하지 않는 것은?

① 학습자와 교육자 간의 피드백이 가능하다.
② 다른 교육방법과 수단들을 병행할 수 있다.
③ 학습자의 필요에 따라 교육의 진도를 자유롭게 조절할 수 있다.
④ 경제적이고 융통성이 있다.

16 참고면담 시 활용되는 중립형 질문의 장점이 아닌 것은?

① 사서가 유용하다고 판단한 자료를 이용자가 적합하다고 판단하지 않을 때 활용하기에는 적절하지 않다.
② 사서로 하여금 정보요구가 발생한 상황을 이해하는 데 도움을 준다.
③ 사서가 자신의 경험을 바탕으로 이용자의 요구에 대해 너무 일찍 부정확한 결론에 도달하는 것을 피하도록 돕는다.
④ 직접적인 질문이 이용자의 기분을 상하게 할 때 사용할 수 있다.

ANSWER 14.③ 15.③ 16.①

14 정보서비스 평가 요소
　㉠ 접근성 요소
　㉡ 관심 요소
　㉢ 질문 요소(질문듣기, 질문하기)
　㉣ 탐색 요소
　㉤ 추적 요소

15 ③ CAI 교육의 장점이다.

16 중립형 질문은 참고면담 초기 사서가 이용자의 방식으로 질문을 이해하도록 하는 것에 가장 효과적이지만 참고면담 후기 사서가 유용하다고 판단한 자료를 이용자가 적합하다고 판단하지 않을 때 활용할 수도 있다.

17 다음 자료 유형 중 이차자료(Secondary Sources)에 속하지 않는 것은?

① 초록지

② 학술지

③ 서지

④ 목록

18 비공식 정보원에 대한 설명 중 옳지 않은 것은?

① 이용자가 바로 사용할 수 있도록 미리 정제된 정보를 제공받을 수 있다.

② 공식적인 채널로 유통시키기에 민감하거나 사적인 정보들을 교환할 수 있어서 세부적이고 구체적인 정보를 얻을 수 있다.

③ 비공식 정보원은 신뢰성과 객관성을 입증할 수 있다.

④ 연구자들 간의 대화를 통해 연구주제와 방법 및 연구 단계에 대한 정보들 중 필요한 정보들만을 직접 선택할 수 있다.

19 멜빌 듀이(Melvil Dewey)의 업적이 아닌 것은?

① 뉴욕도서관협회 창설

② 십진분류법(Dewey Decimal Classification : DDC)의 창안

③ 미국도서관협회(American Library Association : ALA) 창설

④ 목록규칙(Anglo – American Cataloging Rules : AACR)의 고안

20 인터넷 주소가 바뀌어도 이용자가 콘텐츠를 찾을 수 있도록 디지털객체에 부여되는 고유번호의 명칭은 무엇인가?

① DOI

② ISI

③ SCI

④ OED

ANSWER 17.② 18.③ 19.④ 20.①

17 학술지, 신문, 잡지 등의 연속간행물은 1차자료에 해당한다.

18 ③ 비공식 정보원은 공식적 정보원에 비해 신뢰성과 객관성이 입증되지 않았다는 단점이 있다.

19 ④ 영미목록규칙은 1961년 국제 도서관협회연맹(IFLA)이 개최한 국제목록원칙회의를 시작으로 1967년 미국도서관협회, 미국의 회도서관, 영국도서관협회, 캐나다도서관협회 등 4개 기관이 협력하여 영미목록규칙 제1판(AACR)을 발간하였다.

20 DOI(Digital Object Identifier) … 디지털 콘텐츠에 부여하는 식별자로 디지털 환경에서 콘텐츠 생산 및 유통, 이용을 활성화하기 위한 기술이다.

1 메건 윈젯(Megan Winget)이 제시한 도서관, 기록관, 박물관의 기능을 복합적으로 수행하는 통합형수집기관은?

① 정보광장   ② 라이브러리파크

③ 스마트도서관   ④ 라키비움

2 문헌정보학 분야의 이론과 주창자의 연결이 옳은 것은?

① 서지결합법(Citation Coupling) – 무어스(Mooers)

② 최소노력의 법칙(Principle of Least Effort) – 지프(Zipf)

③ 인용집중의 법칙(Law of Concentration) – 브래드포드(Bradford)

④ 동시인용분석기법(Cocitation Analysis) – 케슬러(Kessler)

3 정보원 중에서 1차정보로 옳지 않은 것은?

① 투고 전에 연구자에게 비공식적으로 배포된 출판전 배포기사

② 학습용으로 제작된 CD – ROM판 백과사전

③ 레터(letter)를 전문으로 발행하는 레터지

④ 편집 위원의 심사를 거쳐 수정 게재된 학술잡지 기사

ANSWER 1.④ 2.② 3.②

1 라키비움(Larchiveum) … 미국 텍사스대학의 메건 윈젯(Megan Winget)이 제시한 복합문화기관으로 도서관, 기록관, 박물관 등의 기능을 복합적으로 수행하는 통합형수집기관을 지칭한다.

2 ① 서지결합법 – 케슬러
③ 인용집중의 법칙 – 가필드
④ 동시인용분석기법 – 스몰

3 ② 사전, 백과사전, 연감 등은 2차정보에 해당한다.

4 단어 A를 이용한 정보탐색 결과가 만족스럽지 않을 때, 재현율 향상을 위한 재탐색 방법으로 옳지 않은 것은?

① 단어 A를 절단하여 재탐색하였다.
② A OR B로 재탐색하였다. (단, 단어 B는 단어 A와 동의어이다)
③ 다른 데이터베이스를 이용하여 재탐색하였다.
④ WITH 연산자를 이용하여 재탐색하였다.

5 대학이나 연구기관에서 생산한 학술정보를 공개적으로 수집·저장하여 학내외 이용자들에게 무료로 제공하는 디지털 아카이브는?

① 기관 리포지토리(Institutional Repository)
② 가상참고서가(Virtual Reference Shelves)
③ 자원 파일(Resources File)
④ 패스파인더(Pathfinder)

6 레틱(Rettig)의 커뮤니케이션 모델에 대한 설명으로 옳지 않은 것은?

① 이용자가 사서에게 질문함으로써 커뮤니케이션이 시작된다.
② 질문과 피드백의 횟수가 늘어날수록 전달의 효용성이 증가한다.
③ 의미적 소음은 피드백을 일으키는 요소로 작용한다.
④ 바브렉(Vavrek)의 커뮤니케이션 모델 개발에 영향을 주었다.

ANSWER 4.④ 5.① 6.④

4 재현율 향상을 위해서는 OR을 이용하여 탐색하는 것이 좋으며 인접연산기호의 엄격한 사용을 자제해야 한다.

5 Open Access 디지털 아카이브
  ㉠ 골드로드 : 오픈 액세스 잡지(Open Access Journal)
  ㉡ 그린로드 : 셀프 아카이빙
   • 저자 셀프 아카이빙
   • 기관 리포지토리

6 ④ 레틱의 커뮤니케이션 모델은 바브렉의 커뮤니케이션 모델의 단점을 개선·보완하여 개발한 것이다.

7 다음 그림이 의미하는 정보탐색 전략은? (단, 음영부분이 탐색결과이다)

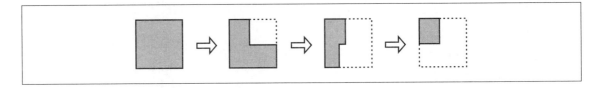

① 최소 자료 패싯 우선 전략(lowest posting facet first)
② 인용문헌 확대 탐색 전략(citation pearl growing)
③ 점진 분할 전략(successive fraction)
④ 특정 패싯 우선 전략(most specific facet first)

8 디지털 정보서비스에 대한 설명으로 옳지 않은 것은?

① 웹 폼(web-form) 방식은 질문내용 뿐만 아니라 이용자 정보도 파악할 수 있다.
② 화상회의시스템은 사서와 이용자가 음성이나 문자를 이용하여 실시간으로 대화가 이루어지며, 일대일 또는 일대 다수를 위한 서비스에 사용될 수 있다.
③ 'Qwidget'은 사서와 이용자가 동일한 웹 페이지를 공유하면서 상담할 수 있는 기술이다.
④ '24/7 Reference' 소프트웨어는 채팅정보서비스와 관련이 있다.

ANSWER 7.③ 8.③

7 점진 분할 전략 … 검색할 주제가 광범위하고 불분명할 때 효과적이다. 탐색 결과에 특정 조건을 부여하여 점차 수를 줄여가는 방법으로, 탐색 결과가 유용하나 그 양을 줄일 수 있거나 주제접근이 불가능할 경우 사용한다.

8 Qwidget … 이용자의 질문이 접수되면 전문사서가 1:1로 실시간으로 답을 제공하는 디지털 정보서비스이다.
③ 사서와 이용자가 동일한 웹 페이지를 공유하면서 상담할 수 있는 기술은 co-browsing 이다.

9 참고면담에서 비언어적 기법 중 신체언어의 적용사례로 옳은 것은?

① 참고사서는 면담시 이용자에게 친근감을 보이기 위해 일정한 거리를 유지해야 한다.
② 참고사서는 이용자를 반기고, 그에게 관심을 기울이고 있음을 표정으로 나타내어야 한다.
③ 참고사서는 억양이나 음색을 효율적으로 사용하여 이용자의 자유로운 질문표현을 유도해야 한다.
④ 참고사서는 의복, 화장 등이 이용자와 커뮤니케이션에 영향을 미칠 수 있기 때문에 주의해야 한다.

10 OCLC에서 제공하는 서비스가 아닌 것은?

① Gold Rush
② Dewey Services
③ QuestionPoint
④ WorldCat

11 다음 설명에 해당하는 것은?

> • 기관이나 개인이 필요한 소프트웨어나 하드웨어를 구입하지 않고, 필요할 경우 인터넷 상에서 이용 가능한 어플리케이션 및 기타 IT 서비스를 비용을 지불하고 이용한다.
> • 정보유틸리티, 플랫폼으로서의 인터넷 등의 용어로 사용되기도 한다.

① 클라우드 컴퓨팅
② 오픈소스
③ 유비쿼터스 컴퓨팅
④ 시멘틱 웹

ANSWER 9.② 10.① 11.①

9 ① 공간적 행위
③ 의사언어
④ 가공적 행위

10 ① 전자저널관리시스템 Gold Rush는 CARL(The Colorado Alliance of Research Libraries)에서 제공하는 서비스이다.

11 제시된 내용은 클라우드 컴퓨팅에 대한 설명이다.

12 정보서비스의 평가기법이 아닌 것은?

① 문헌전달력 테스트법　　　　　　　② 공개적인 관찰법
③ 사용성 평가법　　　　　　　　　　④ 비용분석법

13 인용색인에 대한 설명으로 옳지 않은 것은?

① 인용색인은 선별된 학술지 문헌에 수록된 인용문헌과 피인용문헌의 서지정보를 수록하고 있다.
② 'Web of Science'를 통해 SCI Expanded와 SSCI의 인용정보를 제공받을 수 있다.
③ 인용색인의 편집은 기계색인방법에 적합한 것으로 알려져 있다.
④ 인용색인의 효시는 1963년에 가필드(Garfield)가 출판한 SCI이다.

14 시소러스에서 계층관계를 표시하는 기호가 아닌 것은?

① NTP　　　　　　　　　　　　　② BTI
③ SN　　　　　　　　　　　　　　④ TT

ANSWER　12.③　13.④　14.③

12　정보서비스의 평가기법에는 통계, 관찰, 면담, 설문조사, 사례연구, 자기평가 외에 비용분석, PPBS, 실패분석, 문헌전달력 테
　　　스트 등의 기타 평가기법 등이 있다.

13　④ 인용색인의 효시는 1873년 '법률정보인용집(Shepard's Citations)'이다.

14　③ SN(Scope Note) : 동음이의어에서 우선어와 사용범위를 기술
　　　① 하위　② 상위　④ 최상위

15 다음에서 설명하는 정보서비스의 직접적 기능은?

> 참고사서가 색인지, 목록 등을 이용하여 출판물에 대한 사실정보를 제공하는 서비스로서 이용자가 탐색하고자 하는 출판물에 대한 정보가 완전하지 않은 경우에 유용하다.

① 정보중개서비스
② 서지정보 확인
③ 상호대차서비스
④ 참고정보원의 개발과 구성

16 정보활용능력(Information Literacy)에 대한 설명으로 옳은 것은?

① 도일(Doyle)은 정보활용능력의 다양한 양상을 우산살로 설명하였다.
② 정보활용능력의 일반적인 평가기준은 적절성, 적시성, 권위, 적용범위, 정확성이다.
③ Big6 모형은 정보문제 해결을 위한 처리과정 모형으로서 실제 학습상황에서 학생들의 연령에 따라 정보활용능력을 가르치는 방법이다.
④ 평생학습과 독립적 학습은 정보활용능력을 위한 전제조건이다.

17 디지털도서관 운영에 필요한 표준화 적용영역과 표준의 연결이 옳지 않은 것은?

표준화 적용영역	표준
① 이용통계	COUNTER
② 통합검색 프로토콜	OAI – PMH
③ 식별체계	OpenURL
④ 콘텐츠 배포	ZING

ANSWER 15.② 16.③ 17.④

15 서지정보의 확인은 이용자가 알고 있는 서지정보의 내용에 대한 확인 및 불완전한 서지정보를 보완하는 기능을 한다. 주로 색인지, 목록 등을 이용하여 이용자가 알고 있는 서지정보의 내용과 대조확인한다.

16 ① 정보활용능력의 다양한 양상을 우산살로 설명한 사람은 브레이빅(Breivik)이다.
② 적절성, 적시성, 권위, 적용범위, 정확성은 여러 정보원에 수록된 정보를 평가하기 위한 일반적인 평가기준이다.
④ 평생학습과 독립적 학습은 정보문해능력과 관련된다.

17 ④ 콘텐츠 배포의 표준은 RSS이다.

18 다음 ㉠~㉢의 설명과 참고정보원의 연결이 옳지 않은 것은?

㉠ 영어판 참고자료의 평가와 선택을 위한 서평지이다.
㉡ 현존하는 주요 인물에 대한 정보를 탐색할 수 있다.
㉢ 회의나 세미나의 개최 정보와 회의록의 서명, 출판사, 가격정보 등을 탐색할 수 있다.
㉣ 미국의 특정 지역 및 도시에 대한 정보를 탐색할 수 있다.

① ㉠ – Book Review Digest
② ㉡ – World Who's Who
③ ㉢ – InterDok
④ ㉣ – U.S. Gazetteer

19 역문헌빈도(Inverse Document Frequency)에 대한 설명으로 옳은 것은?

① 기준치빈도를 정한 후 기준치빈도 이상 출현한 단어들을 색인어로 선정하는 것이다.
② 특정 단어가 각각의 문헌에 출현하는 빈도수이다.
③ 어떤 용어를 포함하고 있는 집합 내의 문헌의 수에 의거하여 가중치를 부여하는 것이다.
④ 단어가 색인어로 부여되기 이전과 부여된 이후의 문헌간의 평균유사도 차이를 측정하는 것이다.

20 통제어 색인에 대한 설명으로 옳은 것은?

① 용어에 대한 신뢰성이 높다.
② 정확률을 높이는데 유용하다.
③ 발췌색인(extraction index)이라고도 한다.
④ 새로운 개념에 대한 표현이 용이하다.

ANSWER 18.① 19.③ 20.①

18 ① Book Review Digest는 서평색인이다.

19 ① 단순빈도에 의한 가중치 기법에 대한 설명이다.
② 문헌빈도에 대한 설명이다.
④ 문헌분리값에 대한 설명이다.

20 ②③④ 자연어 색인과 관련된 설명이다.

1 참고면담 과정 중 사서가 질문자의 입장에서 질문의 발생 배경을 알아내기 위한 것으로 더빈(Brenda Dervin)의 의미형성이론(sense-making theory)에 근거한 질문 유형은?

① 개방형 질문
② 폐쇄형 질문
③ 부과형 질문
④ 중립형 질문

2 컴퓨터 공학 관련 학술지와 학술회의자료를 제공하는 전자정보원은?

① ACM Portal
② AGRICOLA
③ ERIC
④ MEDLINE

3 다음 설명에 해당하는 서비스는?

> 도서관 이용자와 외부 정보자원 사이를 연결시켜 주는 서비스로 취업, 문화행사, 건강, 취미, 자기계발 등의 실용정보 위주로 제공되는 서비스다.

① 정보중개(information broker) 서비스
② 맞춤정보(SDI) 서비스
③ 정보안내(information and referral) 서비스
④ 정보중재(information mediator) 서비스

ANSWER 1.④ 2.① 3.③

1 **중립형 질문** … 사서가 질문자의 입장에서 질문의 배경을 알아내기 위한 것으로 질문자의 질문에 대한 성급한 판단을 방지하며 개방형 질문에 대한 이용자의 답을 통제할 수 있다.

2 ① ACM Portal : 컴퓨터 공학
② AGRICOLA : 농업
③ ERIC : 교육
④ MEDLINE : 의학

3 제시된 내용은 정보안내 서비스에 대한 설명이다.

4 특정 영역의 객체에 대한 고유의 식별자(identifier)가 아닌 것은?

① KCI
② DOI
③ ISBN
④ ISMN

5 참고정보원의 평가 기준에 대한 설명으로 옳지 않은 것은?

① 목적 및 수록 범위는 참고정보원의 서문에서 대부분 확인할 수 있다.
② 배열은 기술의 정확성, 객관성, 표현 형식을 말한다.
③ 최신성은 타임 래그(time-lag), 개정 빈도와 관계 있다.
④ 권위는 출판사의 명성과 참고문헌 및 서명(署名)의 유무 관점에서 평가된다.

6 메타데이터 스키마(스킴)와 대상의 연결이 옳은 것은?

① EAD − 예술품
② ONIX − 전자책
③ VRA Core − 음성 레코드
④ CDWA − 지도자료

7 정보서비스의 평가 방법에 대한 설명으로 옳은 것은?

① 비밀조사법에서의 질문은 즉답형이나 서지형과 같은 일부 유형으로 제한된다.
② 공개조사법은 사서가 수립한 탐색 전략을 파악하기 어렵다.
③ 미시평가는 한 시스템이 얼마나 잘 운영되고 있는가를 측정하는 방식이다.
④ 자기평가는 절차가 간단하나 비용면에서는 비경제적인 방법이다.

ANSWER 4.① 5.② 6.② 7.①

4 ① KCI는 국내 학술지에 대한 서지정보 및 인용정보, 각종 통계정보를 제공한다.

5 ② 기술의 정확성, 객관성, 표현 형식은 취급에 대한 설명이다. 배열은 적절성, 유용성 등과 관련 있다.

6 ② ONIX(ONline Information eXchange) − 출판유통
① EAD(Encoded Archival Description) − 기록물
③ VRA(Visual Resource Association) Core − 박물관, 미술관
④ CDWA(Categories for the Description of Works of Art) − 박물관, 미술관

7 ② 공개조사법은 사서가 수립한 탐색 전략을 파악하기 쉽다.
③ 거시평가는 한 시스템이 얼마나 잘 운영되고 있는가를 측정하는 방식이다.
④ 자기평가는 절차가 간단하며, 비용면에서 경제적인 방법이다.

8 디지털 도서관 운영 체제의 구성 요소에 대한 설명으로 옳지 않은 것은?

① 디지털 장서관리는 디지털 장서의 개발 정책, 선정 및 수집, 평가 등을 포함한다.
② 정보서비스는 자원탐색 기능과 부가서비스 기능으로 구성되며, 이용자 중심의 접근이 중요하다.
③ 디지털 객체관리에는 검색엔진, 메타 변환기, 다국어 처리기가 포함된다.
④ 메타데이터 관리는 디지털 장서의 상호운용성 처리 등의 영역과 관련이 있다.

9 여러 개의 문헌이 공통 인용문헌을 하나 이상 갖고 있을 때 이 문헌들이 주제적으로 서로 관련 있다고 보는 기법은?

① 주제영향척도법
② 즉시인용지수법
③ 동시인용법
④ 서지결합법

10 다음 특징을 갖는 자동색인기법은?

• 언어학적 처리가 불필요하다.
• 다중 언어 처리를 필요로 하는 상황에 적합하다.
• 텍스트에 출현한 단어들의 철자 오류를 수용할 수 있다.
• 복합명사 띄어쓰기에 관한 문제를 완화시킨다.

---

① 형태소분석기법
② N-gram기법
③ 구문분석기법
④ 문헌구조적 기법

ANSWER 8.③ 9.④ 10.②

8 ③ 디지털 객체관리에는 모델링, 유형관리, 포맷관리, 워크플로우 관리, 평가 및 보존이 포함된다. 검색엔진, 메타 변환기, 다국어 처리기는 요소기술관리에 포함된다.

9 서지결합법…1963년 Kessler가 제시한 이론으로 여러 개의 문헌이 공통 인용문헌을 하나 이상 갖고 있을 때 이 문헌들이 주제적으로 서로 관련 있다고 보는 기법이다.

10 N-gram기법
ㄱ 형태소 분석이나 불용어 제거 등 언어학적 처리가 불필요하다.
ㄴ 특정 언어에 의존적이지 않은 특성이 있어 다중 언어 처리를 필요로 하는 상황에 적합하다.
ㄷ 텍스트에 출현한 단어들의 철자 오류를 수용할 수 있다.
ㄹ 복합명사 띄어쓰기에 관한 문제를 완화시킨다.

11 이용자교육의 유형 중 서비스 현장교육(point-of-use instruction)에 대한 설명으로 옳지 않은 것은?

① 정보서비스 형성 초기의 초보적인 교육 형태이다.
② 단체 교육으로 이루어지기 때문에 교육의 효과가 낮은 교육 형태이다.
③ 특정 문제의 해결에 필요한 지식과 기술이 구두로 이루어지는 교육 형태이다.
④ 이용자의 요청에 의해 참고사서가 일상적으로 수행하는 교육 형태이다.

12 이용자가 제시한 질문의 유형과 참고정보원의 연결이 옳지 않은 것은?

① 언어에 관한 질문 – 「Merriam-Webster's Collegiate Dictionary」, 「Roget's International Thesaurus」
② 최신의 정보에 관한 질문 – 「Familiar Quotations」, 「World Book of Encyclopedia」
③ 지리에 관한 질문 – 「Hammond Medallion World Atlas」, 「Columbia Gazetteer of the World」
④ 인물에 관한 질문 – 「Current Biography」, 「Biography Index」

13 정보공유공간(information commons)에 대한 설명으로 옳지 않은 것은?

① 정보리터러시와 정보레퍼런스 등 다양한 정보서비스를 정보전문가로부터 제공받을 수 있는 공간이다.
② 도서관, 기록관, 박물관의 기능이 통합된 공간이다.
③ 다양한 멀티미디어를 활용할 수 있는 미디어 공간이다.
④ 최첨단 시설이 완비된 디지털 러닝 공간이다.

ANSWER 11.② 12.② 13.②

11 ② 서비스 현장교육은 개별 교육으로 이루어지기 때문에 교육의 효과가 높은 교육형태이다.

12 ② Familiar Quotations – 인용서, World Book of Encyclopedia – 청소년용 백과사전
　　※ 최신의 정보에 관한 질문에 적절한 참고정보원은 Current Contents Connect, OCLC ArticleFirst 등이 있다.

13 ② 복합문화공간인 라키비움(Larchiveum)에 대한 설명이다.

14 원문의 가공 방법에 따라 정보원을 구분할 때 2차 자료로만 묶인 것은?

① 서지, 초록, 색인
② 학술회의자료, 편람, 비평기사
③ 특허, 목록, 해제
④ 표준과 규격, 학위논문, 문헌안내

15 주요 인용색인 중 과학기술 분야, 사회과학 분야, 인문학 분야의 인용색인이 순서대로 바르게 나열된 것은?

① SCI - SSCI - A&HCI
② KSCI - A&HCI - SSCI
③ KSCI - SCOPUS - SSCI
④ SCI - A&HCI - SCOPUS

16 디지털 도서관 운영을 위한 표준과 적용 영역의 연결이 옳지 않은 것은?

① HTTP, SOAP - 웹 프로토콜
② OWL, RDF - 시멘틱 웹
③ LDAP, Shibboleth - 이용자 인증
④ ASCII, UNICODE - 식별 체계

ANSWER 14.① 15.① 16.④

14 ② 학술회의자료 - 1차, 편람, 비평기사 - 2차
③ 특허-1차, 목록, 해제 - 2차
④ 표준과 규격, 학위논문 - 1차, 문헌안내 - 2차

15 Thomson Scientific/ISI 주요 인용색인
㉠ SCI(Science Citation Index expended) : 과학기술 분야
㉡ SSCI(Social Science Citation Index) : 사회과학 분야
㉢ A & HCI(Arts & Humanities Citation Index) : 인문, 예술 분야
㉣ IC(Index Chemicus) : 최신 화합물 정보
㉤ CCR(Current Chemical Reactions) : 최신 화학 반응 정보

16 ④ ASCII, UNICODE - 문자코드, DOI, OpenURL - 식별 체계

17 정보검색 방법 중 브라우징 검색에 대한 설명으로 옳지 않은 것은?

① 브라우징 검색은 특정한 용어로 검색하지 않으며, 검색시스템에서 제공하는 방식대로 따라가면서 정보를 검색한다.
② 검색시스템은 브라우징 검색을 위하여 문헌들을 디렉토리나 카테고리 등 특정한 분류체계로 분류한다.
③ 브라우징 검색은 정보검색의 환경이나 상황에 많이 의존하는 비공식적이고 발견적인 검색전략이다.
④ 브라우징 검색은 이용자가 무엇을 찾을지 명확하게 알고 있을 때 효과적인 방법이다.

18 SRW/SRU에 대한 설명으로 옳지 않은 것은?

① Z39.50에서 발전한 프로토콜이다.
② 웹 서비스와 URL 서비스를 위한 검색 프로토콜이다.
③ SRW/SRU 표준은 IFLA/UNESCO에서 공표되었다.
④ 인터넷탐색 질의 및 응답 구조의 표준 형식을 정의한다.

19 「대한민국 국가서지」에 대한 설명으로 옳은 것은?

① 국립중앙도서관에 납본된 자료만을 대상으로 한다.
② 국립중앙도서관 홈페이지에서 웹 브라우징 형태로 이용 가능하다.
③ 이전 명칭은 「납본주보」이다.
④ 점자자료와 비도서자료는 포함되지 않는다.

ANSWER 17.④ 18.③ 19.②

17 ④ 이용자가 무엇을 찾을지 명확하게 알고 있을 때 효과적인 방법은 탐색이다. 브라우징 검색은 주제가 명확히 정의되지 않았을 때 정보를 얻기 위하여 사용한다.

18 ③ SRW/SRU 표준은 Library of Congress에서 공표되었다.

19 ① 국립중앙도서관에 납본된 자료와 공공도서관, 대학도서관, 전문도서관 종합목록 등록자료 중 국립중앙도서관에 미납본된 자료를 대상으로 한다.
③ 대한민국 국가서지는 연간, 납본 주보는 주간으로 발행한다.
④ 매년 DVD로도 발간된다.

20 사용자와 웹 사이트를 연결해 주는 정보로 클라이언트가 나중에 해당 사이트에 접속하려고 할 때 클라이언트의 신분을 알 수 있게 해 주는 것은?

① RFID
② DAISY
③ TCP/IP
④ COOKIE

....

ANSWER 20.④

20 COOKIE … 사용자와 웹 사이트를 연결해 주는 정보로 클라이언트가 나중에 해당 사이트에 접속하려고 할 때 클라이언트의 신분을 알 수 있게 해 준다.

1 다음 〈보기〉에서 설명하는 새로운 형태의 도서관은?

─────────── 〈보기〉 ───────────

• 전통적 도서관의 프로그램과 공간구성을 탈피하여 새롭게 등장하였다.
• 도서관, 미술관, 극장, 교육시설 등 복합 프로그램을 수용하는 접근 중심의 시설을 일컫는다.
• 프랑스 캉브레(Cambrai)시의 시립도서관에서 공식적으로 그 명칭을 사용하기 시작하였다.

① 라키비움   ② 라이브러리파크
③ 미디어테크   ④ 스마트도서관

2 다음 중 조합색인을 창안하고 유니텀(uniterm)시스템에 불리언 논리를 결합시킨 인물은?

① Mortimer Taube   ② Hans Peter Luhn
③ Calvin N. Mooers   ④ Gerard Salton

ANSWER 1.③ 2.①

1 제시된 내용은 미디어테크에 대한 설명이다.
　① **라키비움(Larchiveum)**: 일반적인 도서관과는 달리, 도서관(Library), 기록관(Archives), 박물관(Museum)의 복합적인 정보 자원을 제공하는 통합형 정보 제공기관을 의미한다.
　② **라이브러리파크**: 도서관공원이 유기적으로 연결돼 도서관 근처를 산책하거나 도서관 안에서 책을 읽으며 공원경관을 즐길 수 있는 공간을 말한다.
　④ **스마트도서관**: 언제, 어디서나 독서생활을 즐길 수 있도록 유비쿼터스 모바일 서비스와 생활밀착형 무인도서관 시스템 등을 접목시킨 새로운 개념의 도서관 서비스를 말한다.

2 조합색인을 창안하고 유니텀시스템에 불리언 논리를 결합시킨 인물은 Mortimer Taube이다.
　② **Hans Peter Luhn**: 정보 검색의 아버지, 표제어가 문맥에 포함된 채 배열된 색인(KWIC) 개발, 정보 선택 제공(SDI), 완전 텍스트 프로세싱, 자동 발췌(요약), 단어 시소러스의 최초 현대식 사용
　③ **Calvin N. Mooers**: TRAC 프로그래밍 언어 및 상표법과 저작권의 고유한 호출을 사용하여 배포 및 개발
　④ **Gerard Salton**: SMART, 벡터공간모델, 용어가중치, 적합성피드백, 클러스터링, 확장불리언 검색, 용어문헌분리가, 자동텍스트처리 등

3 택소노미(taxonomy)와 폭소노미(folksonomy)의 특징을 설명한 것으로 가장 옳은 것은?

① 택소노미는 동위 계열 간에 배타적인 성격을 나타내지만 폭소노미는 배타적이지 않다.
② 택소노미는 비계층적인 구조이고 폭소노미는 위계적인 구조를 가진다.
③ 택소노미는 신생 주제의 삽입이 용이하나 폭소노미는 신생 주제의 삽입이 어렵다.
④ 택소노미는 검색의 재현율을 제고하고 폭소노미는 검색의 정확률을 제고한다.

4 다음 〈보기〉의 참고면담 기법 중 비언어적 면담기법 유형을 모두 고르면?

```
────────────── 〈보기〉 ──────────────
 ㉠ 감정이입                    ㉡ 신체언어
 ㉢ 의사언어                    ㉣ 경청
```

① ㉠, ㉡   ② ㉡, ㉢
③ ㉠, ㉡, ㉢   ④ ㉠, ㉢, ㉣

ANSWER 3.① 4.②

3 폭소노미(folksonomy)는 표준화되고 체계적으로 분류된 택소노미(taxonomy)와는 달리 무작위로 만들어져 있는 텍스트를 뜻한다.
② 폭소노미는 비계층적인 구조이고 택소노미는 위계적인 구조를 가진다.
③ 폭소노미는 신생 주제의 삽입이 용이하나 택소노미는 신생 주제의 삽입이 어렵다.
④ 폭소노미는 검색의 재현율을 제고하고 택소노미는 검색의 정확률을 제고한다.

4 참고면담 기법
　㉠ 언어적 기법
　　• 감정이입
　　• 경청
　　• 개방적 질문
　㉡ 비언어적 기법
　　• 신체언어 : 표정, 응시, 제스처와 자세
　　• 공간적 행위
　　• 의사언어

5 MIT 대학도서관과 HP가 공동으로 개발한 대표적인 기관형 디지털 레파지토리 시스템으로, 대학 구성원들이 생산한 연구 및 강의 콘텐츠를 관리할 수 있는 오픈소스 소프트웨어는?

① Fedora
② DCollection
③ ePrints
④ DSpace

6 영역별 표준 메타데이터 스키마와 대상 영역을 연결한 것으로 옳지 않은 것은?

① 교육 – LOM, SCORM
② 에이전트 – vCard, FOAF
③ 박물관, 미술관 – VRA, CDWA
④ 출판유통 – GILS, CSDGM

7 다음 〈보기〉 중 유일성을 지닌 특정 정보를 수많은 다른 정보로부터 구별할 수 있도록 하는 정보의 외적 특성만을 모두 고르면?

┌─────────────────────── 〈보기〉 ───────────────────────┐
│ ㉠ 저자   ㉡ 제목   │
│ ㉢ 출판자   ㉣ 본문   │
│ ㉤ 링크   ㉥ 앵커 텍스트   │
│ ㉦ 주제명   ㉧ 분류번호   │
└──┘

① ㉠, ㉡, ㉢
② ㉠, ㉡, ㉢, ㉣
③ ㉠, ㉡, ㉢, ㉣, ㉤, ㉥
④ ㉠, ㉡, ㉢, ㉣, ㉤, ㉥, ㉦, ㉧

ANSWER 5.④ 6.④ 7.③

5 DSpace … 2002년 매사추세츠 주 케임브리지의 MIT와 HP 연구소 개발자들의 협력에 의해 공동으로 개발한 무료공개 소프트웨어이다. MIT의 논문, 회의자료, 이미지, 동료 간의 리뷰 자료, 기술보고서, 연구 중인 자료 등에 대한 저장, 공유, 검색을 위해 만들어졌다.

6 • GILS(Government Information Locator Service) 정부자료
• CSDGM 지형공간자료

7 유일성을 지닌 특정 정보를 수많은 다른 정보로부터 구별할 수 있도록 정보의 외적 특성을 분석하고, 필요한 내적 특성을 추가하며, 특성들의 값을 지정한다.
③ 정보의 외적 특성으로는 저자, 제목, 출판자, 본문, 링크, 앵커 텍스트 등이 있다.

8 Lotka의 저자생산성법칙에 따를 때, 특정 학문분야에서 특정 기간 내에 1편의 논문을 발표한 사람이 100명일 경우 2편의 논문을 발표한 저자의 수는?

① 11명   ② 25명
③ 33명   ④ 50명

9 도서관에서의 이용자 교육은 주로 서비스현장교육, 오리엔테이션, 도서관교육, 서지교육, 정보관리교육 의 다섯 가지 유형으로 제시되고 있다. 다음 교육 형태 중 연구, 교육 등 특정 목적을 가진 이용자를 대상으로 이루어지고 문제 해결을 강조하는 것은?

① 서지교육   ② 도서관교육
③ 오리엔테이션   ④ 정보관리교육

10 MODS(Metadata Object Description Schema)에서는 "typeOfResource" 요소에서 유형값을 기술하도록 규정하고 있다. 이 요소에서는 텍스트, 지도, 악보 등 12가지의 유형값을 기술한다. 이 요소에서 구체적으로 표현하지 못하는 특정한 유형값은 어느 요소에서 기술할 수 있는가?

① genre   ② multimedia
③ mixed material   ④ three dimensional object

ANSWER 8.② 9.① 10.①

8 $\dfrac{100}{2^2} = \dfrac{100}{4} = 25$ 명

   ※ Lotka의 저자생산성법칙(역제곱의 법칙)
      n편의 논문을 생산한 저자 수 = 한 편의 논문을 생산한 저자 수 / n^2

9 도서관에서의 이용자 교육 중 서지교육은 연구, 교육 등 특정 목적을 가진 이용자를 대상으로 시행하며 문제 해결을 강조한다.

10 "typeOfResource" 요소에서 구체적으로 표현하지 못하는 특정한 유형값은 genre(장르)에서 기술할 수 있다.

11 명감(Directories)은 사람, 기관 등을 알파벳순 또는 주제별로 수록해놓아 개인이나 기관에 대한 간략한 정보, 즉 성명, 기관명, 주소, 전화번호, 기능 등을 쉽게 찾을 수 있도록 데이터를 조직해 놓은 자료이다. 다음 중 명감 자료의 평가 기준을 모두 고르면?

> ㉠ 권위(authority)　　　　㉡ 정확성(accuracy)
> ㉢ 최신성(currency)　　　　㉣ 수록범위(scope)
> ㉤ 참고문헌의 충실성(references)

① ㉠, ㉡, ㉢, ㉣　　　　　② ㉠, ㉡, ㉣, ㉤
③ ㉡, ㉢, ㉣, ㉤　　　　　④ ㉠, ㉡, ㉢, ㉣, ㉤

12 다음 중 전세계에서 출판되는 정기, 비정기 간행물에 대해 주제별로 구분하고 서명색인 및 출판사 정보를 제공하고 있는 참고정보원은?

① JCR　　　　　　　　　② DIALOG
③ SCOPUS　　　　　　　④ Ulrich's Directory

13 참고질문의 형성단계와 그에 대한 설명으로 옳은 것은?

① 의식적 요구 – 공식적으로 진술할 수 있도록 질문내용이 정리된 단계
② 표현된 요구 – 피상적 욕구의 단계
③ 내면적 요구 – 정보의 필요성을 뚜렷하게 의식하는 단계
④ 표현된 질문 – 질문을 재구성할 필요 없이 탐색에 착수하는 단계

ANSWER 11.① 12.④ 13.④

11　㉤ 참고문헌의 충실성은 명감 자료의 평가 기준에 해당하지 않는다.

12　Ulrich's Periodical Directory … 전 세계에서 출판되는 정기, 비정기 간행물에 대해 주제별로 구분하고 서명색인 및 출판사 정보를 제공하고 있는 참고정보원
① JCR(Journal Citation Report) : 각종 통계 정보원
② DIALOG : 상용 정보검색
③ SCOPUS : 과학기술, 의학, 생명과학, 사회과학 분야 학술지 초록 및 인용DB

13　① 의식적 요구 – 정보의 필요성을 뚜렷하게 의식하는 단계
② 표현된 요구 – 공식적으로 진술할 수 있도록 질문내용이 정리된 단계
③ 내면적 요구 – 피상적 단계

14 토픽맵(Topic Maps)은 정보자원을 주제별로 묶고 주제와 주제 간의 관계를 나타내어 정보자원에 대한 의미적 지식을 표현하는 색인어 지도이다. 토픽맵을 구성하는 주요 개념이 아닌 것은?

① 자원(resource)   ② 토픽(topic)
③ 관계(association)   ④ 속성값(value)

15 학술잡지의 가치 평가에 대한 설명으로 옳지 않은 것은?

① JCR에서 사용하고 있는 'Impact Factor'는 최근 2년간 학술지에 수록된 논문의 인용 수를 최근 2년간의 논문 편수로 나눈 값을 말한다.
② 'Eigenfactor'는 지난 2년 동안의 인용데이터와 논문 수를 기반으로 계산하며, 자체인용은 제외한다.
③ 'Article Influence Score'는 한 저널이 출판된 후 5년 동안 개개 논문들의 상대적인 영향력 값의 평균을 말하며, 전체 논문의 평균값은 1.00으로 나타낸다.
④ 'SJR Indicator'는 Google의 'PageRank'알고리즘을 사용하며, SCI에 등재되지 않은 Open Access 학술지의 평가에 유용하다.

....

ANSWER 14.④ 15.②

14 토픽맵의 구조
    ⊙ **지식층**: 기존의 정보 리소스 위에 구축하는 지식의 구조로서 특정 주제를 나타내는 Topic과 Topic들 간의 연관관계를 나타내는 Association으로 구성된다.
    ⊙ **정보층**: 정보 리소스를 나타내며, 지식층과 정보층은 Occurrence를 통해 상호 연결되어 지식의 위치정보를 표현한다.

15 아이겐팩터(Eigenfactor) … 워싱턴 대학교의 예빈 웨스트 교수와 칼 베르스트롬 교수에 의해 개발된 저널 영향력에 관한 평가 지표이다. 각 저널들을 서로 연결하는 것으로, 지난 5년 동안 저널에 요청된 총 인용 수를 계산하는 간접적 방식을 이용한다.

16 디지털 기술의 발전과 전자책의 출현으로 탄생하여 시각장애인과 독서장애인을 위한 매체의 역할을 하는 국제 디지털 음성 표준 포맷은?

① MPEG
② DAISY
③ AVI
④ MIDI

17 어느 시스템에서 문헌을 검색한 결과가 〈보기〉와 같을 때, 해당 시스템의 정확률과 재현율은? (단, 소수점 첫째 자리에서 반올림한다.)

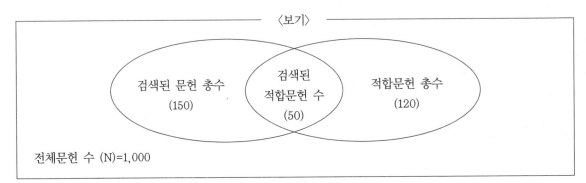

	정확률	재현율			정확률	재현율
①	5%	42%		②	33%	5%
③	33%	42%		④	42%	33%

....

ANSWER 16.② 17.③

16 DAISY … 시각장애인과 독서장애인을 위한 매체의 역할을 하는 국제 디지털 음성 표준 포맷
① MPEG : 비디오, 오디오 압축표준 기술
③ AVI : 마이크로소프트사에서 Windows 개발과 함께 만든 동영상 형식으로 Windows 표준 동영상 형식
④ MIDI : 신시사이저, 리듬 머신, 시퀀서, 컴퓨터 등의 연주 정보를 상호 전달하기 위해 정해진 데이터 전송 규격

17
• 정확률 : $\dfrac{\text{검색된 적합문헌 수}}{\text{검색된 문헌 총수}} \times 100 = \dfrac{50}{150} \times 100 = $ 약 33%

• 재현율 : $\dfrac{\text{검색된 적합문헌 수}}{\text{적합문헌 총수}} \times 100 = \dfrac{50}{120} \times 100 = $ 약 42%

18 〈보기〉에서 설명하고 있는 탐색전략은?

--- 〈보기〉 ---

- 이용자가 탐색확장을 위해 관련어를 식별코자할 때 특히 유용한 방법
- 고급검색 기법인 질의확장과 유사
- 탐색결과가 양적으로 증가
- 이용자가 탐색에 만족할 때까지 반복 가능

① 특정 패싯 우선탐색(the most specific facet first) 방법
② 블록만들기(building block) 방법
③ 눈덩이굴리기(snowballing) 방법
④ 신속/편의 지향법

19 정보검색시스템의 검색 성능을 평가하는 척도의 값을 구하였을 때, 이들의 합이 1이 될 가능성이 가장 낮은 조합은?

① 잡음률 + 정확률
② 부적합률 + 배제율
③ 재현율 + 잡음률
④ 누락률 + 재현율

ANSWER 18.③ 19.③

18 보기에 제시된 내용은 눈덩이굴리기 방법과 관련된 설명이다.
① 특정 패싯 우선탐색 : 주제에 내포된 세부개념을 분석한 뒤 패싯을 만든 후 탐색개념의 특정성이 가장 높은 패싯을 우선적으로 탐색한다.
② 블록만들기 : 온라인탐색에서 보편적으로 가장 많이 사용하는 방법으로, 탐색질문의 주제를 세부개념(블록/패싯)으로 구분한다.
④ 신속/편의 지향법 : 소수의 관련 자료 검색에 유용하며, 이미 알고 있는 문헌을 찾고자 할 때 주로 사용한다.

19 정보검색시스템 내 여러 정보 간의 관계

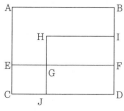

* ABCD : 시스템의 모든 정보
* EFDC : 시스템의 모든 적합 정보
* HIDJ : 검색된 모든 정보

- **잡음률**(noise ratio) : 검색된 모든 정보 중에서 부적합 정보가 차지하는 비율=HIFG/HIDJ
- **누락률**(omission ratio) : 시스템의 모든 적합 정보 중에서 검색되지 않은 적합 정보의 비율=EGJC/EFDC
- **재현률**(recall ratio) : 시스템의 모든 적합 정보 중에서 검색된 적합 정보가 차지하는 비율=GFDJ/EFDC
- **정확률**(precision ratio) : 검색된 모든 정보 중에서 적합 정보가 차지하는 비율=GFDJ/HIDJ

20 다음 검색 기법 중 재현율 향상 기법에 해당하는 것은?

① 인접연산자 WITH
② 필드탐색
③ 퍼지탐색
④ 대소문자가 구별된 탐색

20 ③ 퍼지탐색은 정확하게 원하는 정보에 대응하지 않는 경우에도 관련될 가능성이 있는 결과를 찾아 보여준다. 따라서 재현율
을 향상 시킬 수 있다.

1 정보서비스의 간접적인 기능으로만 묶은 것은?

① 정보안내서비스, 정보중재, 맞춤정보서비스
② 정보서비스 평가, 자원파일의 유지, 참고사서의 연수
③ 독자상담서비스, 논문작성 상담, 독서요법
④ 서지정보의 확인, 참고정보원의 개발, 연구협조와 자문

2 협력형 디지털정보서비스에 대한 설명으로 옳지 않은 것은?

① 시공간의 장애 없이 24/7 서비스가 가능하다.
② QuestionPoint는 OCLC와 ERIC이 공동 개발한 것이다.
③ 국립중앙도서관의 협력형 디지털정보서비스의 명칭은 '사서에게 물어보세요'이다.
④ 유용한 질의응답 내용은 데이터베이스나 FAQ 등으로 구축할 수 있다.

3 도서관 이용자교육의 오리엔테이션에 대한 설명으로 옳지 않은 것은?

① 도서관 및 사서의 서비스 내용을 이해시키려는 목적이 있다.
② 도서관을 처음 접하는 사람들을 대상으로 하는 초급단계의 이용자교육이다.
③ 도서관에는 이용자가 모르는 것을 가르쳐 주는 사서가 있다는 이미지를 심어 주는 것이 중요하다.
④ 주제 분야의 깊이 있는 정보탐색에 필요한 수단과 방법을 가르친다.

ANSWER 1.② 2.② 3.④

1 정보서비스의 간접적인 기능은 직접적인 기능의 보조적 성격을 가진다. 주로 경영·관리와 관련된 활동으로 정보서비스 평가, 자원파일의 유지, 참고사서의 연수, 참고정보원의 개발 등이 해당한다.
① 정보안내서비스, 정보중재, 맞춤정보서비스→정보제공
③ 독자상담서비스, 논문작성 상담, 독서요법→상담 및 지도/안내
④ 서지정보의 확인→정보제공, 연구협조와 자문→상담 및 지도/안내

2 ② QuestionPoint는 OCLC와 LC가 공동 개발한 것이다.

3 ④ 주제 분야의 깊이 있는 정보탐색에 필요한 수단과 방법을 가르치는 것은 서지교육이다.

4 학위논문 정보를 수록한 정보원에 해당하지 않는 것은?

① KIPRIS
② DDOD
③ dCollection
④ PQDT

5 대학도서관을 중심으로 학술정보공동활용체제를 구축하여 종합목록서비스 · 상호대차서비스 · 학술지 원문제공서비스 등의 포털서비스를 제공하는 것은?

① KCI
② NDSL
③ RISS
④ NTIS

6 목록에서 인명이나 단체명 · 통일표제 · 주제명 등 각종 명칭을 서지자료의 표목으로 정할 때, 일관성 있게 채택하기 위해 사용하는 것은?

① 시소러스
② 상관색인
③ 전거리스트
④ 분류표목

ANSWER 4.① 5.③ 6.③

4 KIPRIS(Korea Intellectual Property Rights Information Service) … 특허청이 보유한 국내 · 외 지식재산권 관련 모든 정보를 DB구축하여 이를 이용자가 인터넷을 통하여 검색 및 열람할 수 있도록 한국특허정보원이 운영하는 대국민 특허정보검색 서비스

5 ③ RISS(Research Information Sharing Service, 학술연구정보서비스) : 대한민국 교육부 출연기관 한국교육학술정보원에서 제공하는 학술연구정보화시스템
① KCI(Korea Citation Index, 한국학술지인용색인) : 국내 학술지 정보, 논문 정보 및 참고문헌을 DB화하여 논문 간 인용관계를 분석하는 시스템
② NDSL(National Digital Science Library, 국가과학기술정보센터) : 논문 · 특허 · 보고서 · 동향 · 저널/프로시딩 · 연구자 · 연구기관 등 약 1억 건 이상의 콘텐츠에 대한 검색 및 콘텐츠 유형별 전문검색 서비스를 제공하는 과학기술정보 서비스 플랫폼
④ NTIS(National Science & Technology Information Service, 국가과학기술지식정보서비스) : 사업, 과제, 인력, 연구시설장비, 성과 등 국가연구개발사업에 대한 정보를 한 곳에서 서비스하는 세계 최초의 국가R&D정보 지식포털

6 전거제어란 목록에서 표목이나 접근점으로 사용되는 인명이나 단체명 · 통일표제 · 주제명 등의 근거가 되는 모든 형식을 통일적이고 일관성 있게 유지할 수 있도록 하는 것이다.

7 다음 설명에 해당하는 것은?

> - 한 문헌에 포함된 내용의 질적, 양적 정보를 비교적 상세하게 축약하여 원문을 읽지 않아도 내용의 요점을 이해할 수 있다.
> - 원문헌에 있는 중요한 정보를 포함함으로써 원문헌의 대용물로 제공될 수 있다.

① 지시적 초록
② 비평적 초록
③ 통보적 초록
④ 주제지향적 초록

8 다음 제시문의 ㉠~㉢에 들어갈 용어를 바르게 연결한 것은?

> (㉠)은 특정 개념을 나타내는 어구가 항상 동일한 용어로 색인되므로 검색효율의 (㉡)이 높아진다. 반면 모든 용어를 수록하지 않기 때문에 용어의 (㉢)이 떨어진다.

	㉠	㉡	㉢
①	자연언어 색인	재현율	특정성
②	통제언어 색인	정확률	망라성
③	자연언어 색인	정확률	망라성
④	통제언어 색인	재현율	특정성

ANSWER 7.③ 8.④

7 제시된 내용은 통보적 초록(Informative Abstracts)에 대한 설명이다.

　※ 통보식 초록과 지시적 초록
　　㉠ 통보식 초록(Informative Abstracts) : 연구의 목적과 배경, 실험 방법, 연구결과의 요약과 결론을 순서대로 서술하는 형태로 논문의 내용을 직접적으로 기술해 본문을 대신할 수 있는 독립적 형태이다.
　　㉡ 지시적 초록(Indicative Abstracts) : 연구의 목적과 방법, 논문에 취급된 포괄적인 범위만을 서술하는 형태로 내용의 실체를 모두 설명하지 않아 본문을 대처하는 역할은 하지 못한다.

8 통제언어 색인은 특정 개념을 나타내는 어구가 항상 동일한 용어로 색인되므로 검색효율의 재현율이 높아진다. 반면 모든 용어를 수록하지 않기 때문에 용어의 특정성이 떨어진다.

9 디지털도서관 환경의 통합검색에 대한 설명으로 옳지 않은 것은?

① 웹 스케일 디스커버리 시스템은 수많은 메타데이터에 대한 단일 색인을 생성하기 위해 출판사, 중개 사업자, 통합도서관시스템, 기관레포지토리 등과 함께 업무를 수행한다.

② 통합DB를 구축하기 위한 방법 중의 하나로 OAI-PMH라는 메타데이터 수확 프로토콜 기법을 사용한다.

③ 메타데이터를 통합하지 않는 분산검색(distributed search) 방식은 불가능하다.

④ 탐색질의의 결과는 시스템에 따라 다양한 적합성 요인으로 배열되고 제시된다.

10 정보검색의 재현율 향상 방법으로 옳지 않은 것은?

① 어형통제 및 동등관계

② 가중치 부여 및 개념의 연결

③ 계층관계 및 연관관계

④ 탐색어 확장 및 용어의 절단

11 정보원에 대한 설명으로 옳지 않은 것은?

① 도서관의 정보원은 도서관 소장자료 외에 네트워크로 접근 가능한 자원도 포함한다.

② 디지털 환경에서는 2차 정보원을 이용하여 1차 정보원에 접근하는 것이 어렵다.

③ 명감자료 중 매년 출판되는 자료는 연감정보원으로 구분된다.

④ 규격은 1차 정보원에 해당한다.

ANSWER 9.③ 10.② 11.②

9 ③ 분산검색 방식은 메타데이터를 통합하지 않고 검색이 가능하다.

10 ② 가중치 부여 및 개념의 연결은 정보검색의 정확률 향상 방법이다.

11 ② 디지털 환경에서는 2차 정보원을 이용하여 1차 정보원에 접근하는 것이 용이하다.

12 색인을 주제색인과 비주제색인으로 구분할 경우, 다음 중 주제색인 작성에 사용하는 것으로만 묶은 것은?

> ㉠ 본문　　　　　　　　　　　㉡ 초록
> ㉢ 저자명　　　　　　　　　　㉣ 출판년도
> ㉤ 출판사

① ㉠, ㉡　　　　　　　　　　② ㉠, ㉡, ㉢
③ ㉠, ㉡, ㉢, ㉣　　　　　　④ ㉠, ㉡, ㉢, ㉣, ㉤

13 참고면담에서 고려해야 하는 언어적 커뮤니케이션 기법으로 옳지 않은 것은?

① 의사언어　　　　　　　　　② 감정이입
③ 재진술　　　　　　　　　　④ 경청

14 메타데이터의 인코딩 방식으로 옳지 않은 것은?

① HTML　　　　　　　　　　② XML
③ RDF　　　　　　　　　　　④ EPUB

ANSWER 12.① 13.① 14.④

12 주제색인요소와 비주제색인요소
　㉠ 주제색인요소(내적속성) : 분류기호, 주제명, 디스크립터, 키워드, 초록
　㉡ 비주제색인요소(외적속성) : 표제요소, 인명요소, 시간요소, 작성요소, 식별요소, 매체요소, 기타요소

13 ① 의사언어는 억양, 음색, 속도, 웃음, 울음 등으로 비언어적 커뮤니케이션 기법이다.

14 EPUB(Electronic Publication) … 국제디지털출판포럼(IDPF)에서 제정한 전자책의 기술 표준

15 다음 질의문으로 대량의 동일한 문헌집단에서 문헌을 검색하려고 한다. 검색결과가 많은 것부터 순서대로 바르게 나열한 것은?

> ㉠ Information AND Technology
> ㉡ Information OR Technology
> ㉢ Information ADJ Technology
> ㉣ Information NEAR Technology

① ㉡→㉠→㉣→㉢
② ㉡→㉢→㉠→㉣
③ ㉣→㉡→㉢→㉠
④ ㉣→㉢→㉡→㉠

16 정보검색에서 '가중치 탐색(weighted searching)'에 대한 설명으로 옳지 않은 것은?

① 가중치 탐색은 이용자가 질의에 포함된 각 용어의 중요도를 표시하는 데에 사용될 수 있다.
② 가중치는 각 정보검색시스템이 정의한 기호나 숫자로 표시될 수 있다.
③ 가중치 척도는 각 정보검색시스템에서 동일하게 규정된다.
④ 가중치 할당 기준으로는 용어위치, 용어근접성, 역문헌빈도 등이 사용된다.

ANSWER 15.① 16.③

15 ㉠ AND : 인접연산자(NEAR, ADJ)보다 재현율이 높고 OR보다 정확률이 높다.
㉡ OR : 재현율이 가장 높다.
㉢ ADJ : 단어의 순서대로 특정거리 내에 존재하는 문헌을 검색한다.
㉣ NEAR : 단어의 순서에 상관없이 특정거리 내에 존재하는 문헌을 검색한다.
따라서 검색결과가 많은 것부터 순서대로 나열하면 OR → AND → NEAR → ADJ

16 ③ 가중치 척도는 각 정보검색시스템에서 다르게 규정된다.

17 전자자원의 공동구매 사업(컨소시엄)에 대한 설명으로 옳지 않은 것은?

① KESLI(Korean Electronic Site License Initiative)는 국립중앙도서관에서 추진하는 전자자원의 공동구매 사업이다.
② NESLI(National Electronic Site License Initiative)는 영국의 전자자원 공동구매 사업이다.
③ 전자자원의 공동구매 사업은 참여기관의 구입/구독 비용을 줄이는 역할을 한다.
④ 참여기관은 기존 장서나 자원을 공유하여 자원 이용을 극대화 할 수 있다.

18 정보서비스를 위한 장서관리 활동을 계획·실행·평가단계로 구분할 경우, 계획단계에서 이루어지는 업무내용에 해당하지 않는 것은?

① 협력 장서개발
② 장서개발정책 수립과 유지
③ 자금 확보와 예산 관리
④ 지역사회분석

19 디지털 지적문화유산을 국가적 차원에서 수집·보존하여 활용하도록 국립중앙도서관이 추진하고 있는 온라인 디지털자원의 수집 및 보존 프로젝트는?

① Greenstone
② OASIS
③ KOASAS
④ DSpace

ANSWER 17.① 18.① 19.②

17 ① KESLI(Korean Electronic Site License Initiative)는 한국과학기술정보연구원(KISTI)에서 운영하고 있는 전자저널 국가 컨소시엄으로, 국가 디지털 과학 도서관 구축 사업의 일환이다.

18 ① 협력 장서개발은 실행단계에서 이루어지는 업무이다.
  ※ 장서관리
    ㉠ 계획: 수서정책, 기준제정, 예산계획, 평가계획, 보존정책 등
    ㉡ 실행: 수서, 서고관리, 장서폐기, 매체변형, 자원공용 등
    ㉢ 평가: 정책평가, 장서평가, 만족평가, 통계분석, 이용조사 등

19 OASIS(Online Archiving & Searching Internet Sources)는 디지털시대를 맞이하여 인류의 지적 활동의 결과물들이 종이에서 소멸성이 강한 디지털 형태로 급속히 이동함에 따라, 디지털 지적 문화유산을 국가적 차원에서 수집·보존하여 활용하도록 하는 동시에 후대에 교육 및 연구용 자료로 제공할 목적으로 2004년 1월 시범 수집을 통해 2005년부터 국립중앙도서관이 본격적으로 추진해오고 있는 온라인 디지털자원의 수집·보존 프로젝트이다.

20 정보활용과정 모형인 Big6 Skills 모형의 특징으로 옳지 않은 것은?

① 기본적인 프레임웍은 6단계로 나누어져 있으며, 각 단계에는 2개씩의 하위 단계가 있다.

② 다양한 계층의 정보문제 해결에 적용할 수 있는 처리과정 모형이다.

③ 통합정리 단계에서는 최적의 정보원을 선택하고 관련된 정보를 추출한다.

④ 교사와 미디어 전문 사서가 협동하여 학생들에게 정보와 정보기술 활용능력을 가르치는 방법론이기도 하다.

ANSWER 20.③

20 ③ 최적의 정보원을 선택하고 관련된 정보를 추출하는 것은 정보이용 단계에서이다. 통합정리 단계에서는 다양한 자료에서 얻은 정보를 과제의 목적에 맞게 재조직한다.

1 다음에서 설명하는 디지털 정보서비스 유형에 대한 사례로 가장 적합한 것은?

> 지리적으로 떨어져 있는 도서관끼리 참고질문의 해답에 대한 부담을 줄이고 각 도서관이 가지고 있는 전문지식과 인력을 최대한 활용하기 위해 도서관들은 지역, 국가, 세계적인 네트워크 형태로 협력하거나 주제 전문도서관 네트워크 등의 다양한 형태로 협력해서 디지털 정보서비스를 제공한다.

① IPL2
② SDI서비스
③ CISTI
④ QuestionPoint

ANSWER 1.④

1 QuestionPoint … 전 세계에서 협력체를 구성하고 있는 도서관들이 그들의 전문지식을 활용하여 참고질문을 하는 이용자를 돕기 위한 프로그램으로 가상참고서비스라고 할 수 있다. 협력망의 회원도서관에 의해 구축된 집중화된 지식자원을 소스로 하여 디지털 정보서비스를 제공한다.
※ QuestionPoint의 특징
  ㉠ 이용자들의 질문에 대한 파일링 · 추적 · 관리 가능
  ㉡ 웹기반 질의
  ㉢ 이메일과의 연동
  ㉣ 채팅서비스
  ㉤ request manager를 통해 자동 라우팅
  ㉥ 질의응답에 대한 세계적인 지식기반 구축 및 공유

2 1876년 미국도서관협회의 연차총회에서 다음과 같은 내용을 주장하면서 미국의 도서관계가 참고서비스 업무를 적극적으로 수용하도록 이끌었던 도서관 사서이자 도서관 학자는?

> 공공도서관을 찾는 지역 주민에게 사서가 개인적인 도움을 활발히 제공하게 되면 공공도서관의 사회적 유용성에 대한지역 주민의 신념은 더욱 강렬해질 것이며, 궁극적으로는 공공 도서관을 이용하는 지역 주민이 증가하면서 공공도서관에 대한 지역사회의 재정 지원이 증가할 것이다.

① Melvil Dewey
② Robert Harrison
③ Charles Cutter
④ Samuel Green

3 모기관과 그 구성원이 생산한 자료를 수집하여 데이터베이스를 구축하고 무료로 활용할 수 있도록 하는 정보서비스 전략과 가장 관련이 깊은 것은?

① 가상참고서가(Virtual Reference Shelves)
② 온라인참고자원(Online Reference Resources)
③ 자원파일(Resource File)
④ 기관 리포지터리(Institutional Repository)

ANSWER 2.④ 3.④

2 제시된 내용은 1876년 미국도서관협회의 연차총회에서 Samuel Green이 주장한 내용이다. Green은 인본주의 정보봉사를 주장하면서 정보봉사의 기능으로 정보제공, 교육, 상담, 도서관 홍보의 4가지를 주장하였다.

3 기관 리포지터리(Institutional Repository)는 대학, 연구소 등에서 생산된 논문, 보고서 등 지적생산물을 디지털 자원으로 관리 · 배포할 수 있도록 구축된 오픈액세스(Open Access) 기반의 지식정보 공유 및 선진화된 유통체제를 말한다.

4 참고과정이론은 질문에서 해답에 이르는 전체의 참고과정을 단계별로 분석하여 이용자와 사서 사이의 관계, 질문과 해답의 관계를 파악하고, 이들의 공통적인 양상을 분석함으로써 정보 서비스의 효율성을 도모하는 방법을 강구하고자 하는 이론이다. 번지(C.A. Bunge)는 이러한 과정을 9단계로 구분하였는데, 다음 중 이 9단계를 순서대로 바르게 나열한 것은?

① 정보요구 → 질문의 접수 → 질문의 해석 → 질문의 변환 → 탐색전략 → 탐색실시 → 연관성 판단 → 정보의 전달 → 적합성 판단

② 정보요구 → 질문의 접수 → 질문의 해석 → 질문의 변환 → 탐색전략 → 탐색실시 → 연관성 판단 → 적합성 판단 → 정보의 전달

③ 정보요구 → 질문의 접수 → 질문의 변환 → 질문의 해석 → 탐색전략 → 탐색실시 → 연관성 판단 → 정보의 전달 → 적합성 판단

④ 정보요구 → 질문의 접수 → 질문의 해석 → 질문의 변환 → 연관성 판단 → 탐색전략 → 탐색실시 → 정보의 전달 → 적합성 판단

5 인터넷 환경에서의 디지털 콘텐츠 식별자는 URI(Uniform Resource Identifier)라는 영역에서 다양한 식별자 형태로 만들어지고 있다. URI는 URL과 URN으로 구분된다. 〈보기〉에서 올바르게 설명된 것들만으로 짝지어진 것은?

〈보기〉

㉠ URL이 자원이 저장되는 위치에 대한 식별자라면 URN은 자원 그 자체에 부여된 독립적인 이름이다.

㉡ URL은 〈프로토콜/디렉토리/서버주소/파일〉의 형식으로 구성된다.

㉢ URL의 프로토콜은 대부분 'http'이며 경우에 따라서 ftp, gopher, telnet 등을 사용하기도 한다.

㉣ URL은 URN보다 영구적인 주소체계이다.

㉤ URN은 주로 〈urn : NID(Namespace Identifier) : NSS(Namespace Specific String)〉 형식으로 구성된다.

① ㉠, ㉡, ㉢

② ㉠, ㉢, ㉤

③ ㉡, ㉢, ㉣

④ ㉡, ㉣, ㉤

ANSWER 4.① 5.②

4 C.A. Bunge의 참고과정 9단계

  정보요구 → 질문의 접수 → 질문의 해석 → 질문의 변환 → 탐색전략 → 탐색실시 → 연관성 판단 → 정보의 전달 → 적합성 판단

5 ㉡ URL은 〈프로토콜://서버주소/디렉토리/파일〉의 형식으로 구성된다.

  ㉣ URL방식이 주소와 비슷한 개념이라면 URN은 영구불변의 주민등록번호와 유사하다. 따라서 URN이 URL보다 영구적인 주소체계이다.

6 정보서비스의 기능은 기본적으로 교육, 정보제공, 상담 및 지도의 세 가지 속성에서 비롯된다. 다음 중 그 속성이 가장 다른 하나는?

① 이용자 A는 학술정보원에서 실시하는 신입생 오리엔테이션을 신청하였다.
② 이용자 B는 최신 학술잡지의 목차를 e-mail로 제공받기 위하여 도서관 홈페이지에서 서비스를 신청하였다.
③ 이용자 C는 신규 도입 학술데이터베이스인 Westlaw 활용교육을 신청하였다.
④ 이용자 D는 사서교사에게 도서관 온라인목록 검색법에 대한 개별지도를 받았다.

7 이용자의 정보요구에 실효적으로 대처하려면 이용자가 처해 있는 상황에 대한 고려가 중요하다고 주장하면서 이용자의 정보요구를 정확하게 분석하기 위해 중립적 질문기법(Neutral Questioning)을 제안한 학자는?

① Robert Taylor
② Marcia Bates
③ Brenda Dervin
④ James Rettig

ANSWER 6.② 7.③

6 ②는 정보제공, ①③④는 교육에 해당한다.

7 Brenda Dervin는 그의 논문 「Neutral questioning : A new approach to the information interview」에서 이용자의 정보요구에 실효적으로 대처하려면 이용자가 처해있는 상황에 대한 고려가 중요하다고 주장하면서 이용자의 정보요구를 정확하게 분석하기 위해 중립적 질문기법(Neutral Questioning)을 제안하였다. 중립적 질문기법은 정보사서가 이용자의 질문에 대한 성급한 판단을 자제하도록 해주며 면담 초기 단계에서 개방형 질문에 대한 이용자의 답을 통제하는데 적합하다.

8 다음에서 설명하는 법칙은?

> • 비교적 소수의 핵심잡지들 속에 발표되는 논문기사들이 해당 주제와 관련된 전체 논문의 큰 비율을 차지한다.
> • 도서관은 이 법칙을 학술지의 구입결정이나 핵심잡지의 선택에 활용할 수 있다.

① Bradford 법칙　　　　　　　　　② Lotka 법칙
③ Zipf 법칙　　　　　　　　　　　④ 문헌이용률 감소법칙

9 이용자의 질의에 적합한 정보자료를 탐색하기 위해 사서가 선택할 수 있는 전략은 크게 '특정한 것으로부터 일반적인 것으로 접근(specific-to-general approach)'과 '일반적인 것으로부터 특정한 것으로 접근(general-to-specific approach)'으로 나눌 수 있다. 다음 중에서 '특정한 것으로부터 일반적인 것으로 접근'에 대한 설명으로 적합하지 않은 것은?

① 최신 정보를 탐색하는 데 매우 적합한 접근법이다.
② Citation Pearl Growing 기법과 관련이 있다.
③ 디스크립터를 포함하고 있는 정보시스템에서 효과적이다.
④ 이용자가 알고 있는 특정 문헌이 탐색의 출발점이 된다.

ANSWER 8.① 9.①

8 브래드포드의 법칙(Bradford's law) … 영국의 문헌정보학자인 Bradford는 여러 과학 잡지에 분산되어 있는 응용지리, 물리학, 윤활유 분야의 논문들이 공통적인 분포양상을 나타내고 있음을 최초로 관찰하고, 어떤 특정 주제 분야의 잡지를 전부 모아 유효한 논문수가 많은 잡지에서 적은 잡지 순으로 배열해 보면, 몇몇 잡지에 논문이 집중적으로 게재되어 있음을 발견할 수 있다고 주장하였다. 브래드포드 법칙에 의하면 전 세계적으로 100,000여 종의 학술지 중에서 2,000여 종의 학술지가 과학기술 분야의 핵심적인 근원(core journal)이 되는 것으로 알려져 있다. 즉 세계적으로 출판되는 전체 학술지 중에서 극히 적은 2,000여종의 학술지가 전 세계 지식정보 인용의 대부분을 차지하고 있다는 것이다. 이로써 보면 학술지를 선정하는 이유는 적은 숫자의 핵심 학술지가 확인되면 나머지 학술지들은 이에 부수되는 지식 종속관계의 학술지이므로 주종을 이루는 소수의 세계 주도적인 학술지만을 선정하는 것이다.

② Lotka 법칙: 계량서지학의 중요한 법칙 중의 하나로 확실하게 정의된 주제 분야에서 일정 기간 동안에 다수의 논문을 출판하는 저자의 수는 극히 소수이지만, 이들이 생산하는 논문의 수는 그 분야의 출판물 중 상대적으로 높은 비율을 차지하는 현상을 말한다.

③ Zipf 법칙: 긴 글에서 단어들이 나오는 빈도가 높은 순서대로 나열해 순위를 매기면, 그 빈도가 해당 단어의 순위에 반비례하는 법칙으로, 글에서 가장 많이 나오는 단어는 두 번째로 많이 나오는 단어보다 빈도가 약 2배 높으며, 세 번째로 많이 나오는 단어보다는 빈도가 3배 높다는 것이다.

④ Burton과 Kebler의 문헌이용률 감소법칙: 과학문헌의 이용 빈도를 발행된 연도부터 추적하면 발행 후의 시간적인 경과가 길면 길수록 이용 빈도가 떨어지게 된다. 즉, 오래된 문헌보다는 새로운 문헌이 이용 빈도가 높게 나타난다는 것으로, Burton과 Kebler는 어떤 과학 분야 문헌이 출판되어 그 이용가치가 정확히 반으로 감소되기까지 소요되는 시간을 반감기(half life)라 하였다.

9 특정한 것으로부터 일반적인 것으로 접근하는 전략은 귀납법적 접근법으로 최신 정보를 탐색하는 데 적합하지 않다.

10 〈보기〉는 도서관자동화의 역사적 사실에 관한 시대별 주요 특징이다. 시기 순(과거 → 현재)으로 올바르게 나열한 것은?

〈보기〉

ⓐ 펀치카드와 펀치카드 처리기를 이용한 이용자정보와 대출정보 관리
ⓑ 온라인열람목록(OPAC)의 도입과 확산
ⓒ MEDLINE, OCLC, RLIN 등의 온라인 서비스 시작
ⓓ 도서관자동화시스템의 데이터베이스가 서지정보뿐만 아니라 원문과 멀티미디어 정보를 포함한 통합적 데이터베이스로 전환
ⓔ 미의회도서관의 기계가독형목록(MARC) 개발과 보급

---

① ⓐ - ⓒ - ⓑ - ⓔ - ⓓ 　　　② ⓐ - ⓔ - ⓒ - ⓑ - ⓓ
③ ⓔ - ⓐ - ⓑ - ⓒ - ⓓ 　　　④ ⓔ - ⓐ - ⓒ - ⓑ - ⓓ

....

ANSWER 10.②

10 ⓐ 1936~1950년대 : 1936년 미국 텍사스 대학의 도서관에서 컴퓨터를 도입하여 대출업무 자동화를 시도했던 것이 도서관 전산화의 시초이다.)
ⓔ 1960년대
ⓒ 1970년대 초반
ⓑ 1970년대 후반
ⓓ 1980년대 이후
※ 도서관 전산화의 발전과정
ⓐ 제1기(1936~1950년대)
• punch card system
• 주로 대출업무 자동화
ⓑ 제2기(1960년대)
• off-line batch system
• 미의회도서관의 MARC(Machine Readable Cataloging)의 개발
ⓒ 제3기(1970년대)
• on-line realtime system
• 뱃치방식에 의해 전산화된 도서관들도 온라인 시스템으로 전환
• 토털시스템의 개발, 데이터베이스 개념의 도입 및 범용 데이터베이스 관리시스템의 이용이 보편화
ⓓ 제4기(1980년대)
• 네트워크 시대
• 70년대의 중앙집중형 네트워크에서 분산형 네트워크로 변화
• 도서관에서 비디오텍스 시스템의 이용
• 미니컴퓨터나 마이크로컴퓨터를 이용한 독자적인 시스템 개발
• 온라인열람목록(OPAC)의 증가
• CD-ROM의 도서관 도입
ⓔ 제5기(1990년대)
• 네트워크의 확산
• 정보기술의 발전으로 인한 멀티미디어자료 생산, 이용
• 인터넷(Internet)을 통한 도서관 정보제공
• 전자도서관(Electronic Library, Digital Library)의 출현

11 다음에서 설명하고 있는 통합검색 요소기술은?

- 1988년 국가정보표준기구(NISO)에서 승인되었다.
- 인터넷의 성장에 따라 정보시스템마다 서로 다른 구문 규칙을 사용하고 이용자 인터페이스가 동일하지 못하다는 단점을 해결하기 위해서 개발되었다.
- 두 대의 컴퓨터가 정보검색을 위해 서로 통신을 하는 표준화된 방법을 정의하고 있다.
- 정보검색 절차와 방법이 표준화되어 있기 때문에 대규모 정보데이터베이스를 이용하는 데 훨씬 쉬워진다.

① SRU
② ZING
③ Z39.50
④ OAI 프로토콜

12 이용자 교육방법 가운데 다음에서 설명하고 있는 것은?

- 대체로 이용자가 참고사서의 도움 없이 원하는 정보를 찾을 수 있는 방법에 교육의 목표를 둔다.
- 사서와 이용자가 1 대 1로 대면하면서 이루어지는 교육이기 때문에 교육 효과가 높다.
- 참고사서가 가장 일상적으로 수행하고 있는 교육 형태이며 가장 오래된 교육 방법이다.
- 참고사서가 개별 이용자들에게 특정 문제의 해결에 필요한 지식과 기술을 구두로 교육시키는 형식으로 이루어지고 있다.
- 정보서비스 형성 초기의 가장 초보적인 교육 형태이면서 지금까지도 교육적 신념이 강한 참고사서들이 즐겨 채용하고 있는 방법이다.

① 오리엔테이션
② 도서관교육
③ 서지교육
④ 서비스현장교육

· ·

ANSWER 11.③ 12.④

11 제시된 내용은 Z39.50에 대한 설명이다. 세계 각국의 디지털 도서관들이 서로 다른 기종의 컴퓨터를 사용하고 있는 환경에서 서로 호환이 가능하게 하는 표준화된 정보검색 프로토콜로, 정식 명칭은 ANSI/NISO Z39.50이다.
　　※ Z39.50의 특징
　　　㉠ 이질적 정보 자원들에 대한 단일하고 손쉬운 접근
　　　㉡ 세션 중심의 안정된 프로토콜
　　　㉢ 클라이언트·서버 모형에 기초한 프로토콜로 이기종 컴퓨터 사이의 원활한 커뮤니케이션
　　　㉣ 이용자의 요구에 맞는 다양한 프레젠테이션 구문의 명세화
　　　㉤ SR에 비해 다양한 국제적 합의와 지원

12 제시된 내용은 서비스현장교육에 대한 설명이다.

13 다음에 제시된 벤다이어그램과 같은 검색결과를 도출하기 위한 불리언 연산자 식으로 옳은 것은?

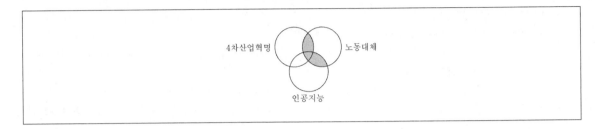

① (4차산업혁명 and 인공지능) or 노동대체
② 4차산업혁명 and (인공지능 or 노동대체)
③ 4차산업혁명 or (인공지능 and 노동대체)
④ (4차산업혁명 or 인공지능) and 노동대체

14 정보서비스의 핵심적인 요소로 이용자의 질문에 대해 직접 정보를 제공해주는 서비스 가운데 지역정보 자원파일의 구축을 필요로 하는 것은?

① 정보안내서비스
② 최신정보주지서비스
③ 정보중개서비스
④ 즉답형 참고질문

ANSWER 13.④ 14.①

13 4차산업혁명 또는 인공지능 관련 정보 중 반드시 노동대체에 포함되는 것이어야 하므로 '(4차산업혁명 or 인공지능) and 노동대체'로 식을 표현해야 한다.

14 정보안내서비스(I & R : Information & Referral Service)는 지역사회의 모든 주민들을 대상으로 그들의 일상생활과 관련이 있는 사회, 경제, 문화, 여가 등 실용 정보를 제공하거나 이러한 정보를 제공해 줄 수 있는 도서관, 외부의 기관, 전문가에게 안내 또는 연결해 주는 서비스이다. 따라서 지역정보자원파일의 구축을 필요로 한다.

15 도서관자동화프로그램 개발방법 중 턴키 방식(Turn Key)에 대한 설명으로 가장 옳은 것은?

① 도서관 직원, 전산 담당자, 보조 직원 등이 개발팀을 구성하여 자체개발한다.

② 도서관이 도서관자동화프로그램의 개발을 시스템 개발업체에 용역으로 의뢰하여 추진한다.

③ 도서관이 자관의 업무를 분석한 후 자관에 적절한 도서관자동화 S/W를 선정하고, 선정된 S/W 개발 업체가 적절한 H/W를 선정하여 구매한 후 S/W와 H/W를 일괄 납품한다.

④ 도서관이 시장에서 판매되고 있는 도서관자동화 S/W패키지 중에서 자관에 가장 적합한 패키지를 구입하여 자동화를 추진한다.

16 〈보기〉는 정보서비스 이론에 관한 설명이다. 이 중 교육 이론에 관한 설명만으로 묶은 것은?

―――――――――― 〈보기〉 ――――――――――

㉠ 도서관은 이용자의 모든 요구를 만족시키는 방법과 수단을 제공할 의무를 지니고 있다.

㉡ 도서관 및 자료 이용의 주체와 책임을 이용자에게 두고, 사서는 그들이 잘 이용할 수 있도록 지도 해주면 된다.

㉢ 이용자는 스스로 정보를 탐색함으로써 그가 본래 목적으로 했던 정보 이외에 관련된 많은 정보를 조사과정에서 부수적으로 얻을 수 있다.

㉣ 효율적인 정보서비스는 이용자, 사서, 정보원 등 세 요소의 상호작용이 이상적으로 이루어질 때 가능하다.

㉤ 이 이론의 정당성은 도서관교육이 생애교육으로 이어질 수 있다는 데서 찾을 수 있다.

① ㉠, ㉡, ㉢

② ㉡, ㉢, ㉣

③ ㉡, ㉢, ㉤

④ ㉢, ㉣, ㉤

---

15 턴키 방식(Turn Key)은 키(열쇠)만 돌리면 설비나 공장을 가동시킬 수 있는 상태로 인도한다는 데서 유래한 용어이다. 도서관 자동화프로그램 개발에서는 도서관이 자관의 업무를 분석한 후 자관에 적절한 도서관자동화 S/W를 선정하면, 선정된 S/W 개발업체가 그에 적절한 H/W를 선정·구매한 후 S/W와 H/W를 일괄 납품하는 방식을 말한다.

16 ㉠ 자유이론 ㉣ 참고과정이론

2017. 6. 24. 제2회 서울특별시 시행 | **63**

17 참고면담의 특징과 가장 거리가 먼 것은?

① 이용자의 도서관(또는 사서)에 대한 이해의 증진과 계속적인 협조관계의 유지를 위해 행해진다.

② 면담의 전체 과정이 특수한 경우를 제외하고는 대부분 비공개되어 있다.

③ 많은 조사를 요하는 연구형 질문을 제외하면 대부분 즉각적인 해답이 요구된다.

④ 해답의 형태가 구두에 의해서가 아니라 자료에 의해 제시된다.

18 정보검색 효율성의 측정 척도에 대한 설명으로 가장 옳지 않은 것은?

① 재현율이란 시스템이 소장하고 있는 적합문헌 가운데 검색된 적합문헌의 비율로서 시스템이 적합문헌을 검색하는 능력을 말한다.

② 정확률이란 검색된 문헌 가운데 검색된 적합문헌의 비율로서 시스템이 부적합문헌을 검색하지 않는 능력을 말한다.

③ 누락률이란 검색되지 않은 적합문헌의 비율로서 누락된 정보량을 나타내며 누락률과 정확률을 더하면 1이 된다.

④ 부적합률이란 전체 부적합문헌 가운데 검색된 부적합문 헌의 비율을 나타내며 부적합률과 배제율을 더하면 1이 된다.

ANSWER 17.② 18.③

17 ② 면담의 전체 과정이 특수한 경우를 제외하고는 대부분 공개되어 있다.

18 ③ 누락률이란 모든 적합 정보 중에서 검색되지 않은 적합 정보의 비율로, 누락률과 재현율을 더하면 1이 된다.

19 현행 법규에 따르면 도서관이 소장하고 있는 저작물을 디지털화하려면 저작권자의 허락을 받아야 한다. 그러나 예외도 있는데 〈보기〉의 항목 중에서 저작권자의 허락이 필요하지 않은 경우를 모두 고른 것은?

〈보기〉

- ㉠ 저작권법에 정해진 비보호 저작물
- ㉡ 저작자 사후 70년이 지나 보호기간이 만료된 저작물
- ㉢ 창작성이 없는 단순 수치정보나 서지정보
- ㉣ 저작자가 도서관에 기증한 저작물

① ㉠, ㉣
② ㉠, ㉡, ㉢
③ ㉠, ㉢, ㉣
④ ㉠, ㉡, ㉢, ㉣

20 다음에서 설명하고 있는 정보서비스 관리의 유형은?

- 목적설정, 장기계획수립, 의사결정에 전문직 참고사서 모두가 참여하도록 한다.
- 민주적 의사결정에 있어서 최상의 방법이다.
- 관리자는 직원들에게 특별한 의사결정을 할 수 있는 권한을 부여하므로 의사결정의 권한과 책임이 그 부서 전체에 있게 된다.
- 1985년 오벌린 대학도서관의 참고부서가 채택한 바 있다.

① 순환관리(rotating management)
② 참여관리(participatory management)
③ 집단관리(collective management)
④ 계층관리(hierarchical management)

ANSWER 19.② 20.③

19 ㉣ 저작자가 도서관에 기증한 저작물이라 하여도 저작권 자체를 기증한 것이 아니므로 디지털화하기 위해서는 저작권자의 허락이 필요하다.

20 제시된 내용은 집단관리에 대한 설명이다.

1 정보 공유 공간(information commons)에 대한 설명으로 옳은 것은?

① 디지털 도서관의 가상 참고서가이다.

② 인쇄 매체뿐만 아니라 디지털 정보자원이 공존하며 시설, 장비가 이용자 중심으로 개방된 공간이다.

③ 개방, 참여를 기반으로 콘텐츠를 생산, 재창조, 공유하기 위한 웹상의 공간이다.

④ 링크드 데이터(linked data)에 의해 전 세계의 도서관 자원을 공유하고 장기적으로 보존하기 위한 가상 공간이다.

ANSWER 1.②

1 정보 공유 공간(Information Commons)는 외국에서는 Information Arcade, Media Union, Virtual Village, Electronic Resources Center, Knowledge Commons, Information Hub 등의 명칭으로, 국내에서는 정보 공유 공간, 정보통합센터 등의 명칭으로 사용되고 있다. IC가 이처럼 다양한 용어와 의미로 사용되는 것은 '정보 공유 공간'이라는 용어가 단순한 어휘자체의 의미 이상의 의미를 내포하고 있기 때문이다. 즉, IC는 정보공유 측면에서 단순히 장소나 물리적 공간만을 의미하는 것이 아니라 "이용자 모두가 인쇄 매체뿐만 아니라 디지털 정보자원을 포함한 다양한 유형의 정보에 최대한 접근하도록 하기 위한 사고와 정보, 정책과 법, 관례와 규칙, 조직과 구조의 총체로서, 이용자의 정보요구 충족을 위한 개방 공간"이라고 볼 수 있다.

2 테일러(Robert S. Taylor)의 질문형성 단계 중 '의식적 요구' 단계에 대한 설명으로 옳은 것은?

① 정보의 필요성을 대뇌 속에서 뚜렷하게 인지하는 단계이다.
② 실제로 정보를 탐색할 수 있도록 이용자 스스로 내용을 수정하는 단계이다.
③ 참고사서에게 자신의 정보요구를 명시적으로 진술할 수 있도록 질문의 내용이 정리된 단계이다.
④ 정리되지 않은 피상적 요구의 단계로 상황에 따라 변화될 가능성이 많은 단계이다.

3 오픈 액세스(open access) 저널의 기본 개념으로 옳지 않은 것은?

① 전통적인 구독기반 출판의 대안으로 등장하였다.
② 독자에게 무료로 개방한다.
③ 연구의 성과물에 대하여 누구나 장벽 없이 접근할 수 있다.
④ 전문가에 의한 논문 심사(peer review)를 면제한다.

ANSWER 2.① 3.④

2 테일러의 질문형성 단계

단계	내용
잠재적 요구	• 실제로 가지고 있으나 표현되지 않은 내재된 요구 • 언어나 문장으로 표현할 수 없는 상태 • 자신의 기억 내에 존재하지 않는 정보에 대해서 의식적/무의식적으로 알고자 하는 요구를 느끼는 단계
의식적 요구	• 머릿속에 의식된 정보요구 • 의식적으로 서술하지만 정확하게 전달하지 못하는 상태
명시적 요구	• 정보요구를 구체적인 문장으로 표현할 수 있는 명시화·형식화된 정보요구 • 질문을 적절하고 합당한 문장으로 표현할 수 있는 단계 • 구체적인 언어로 기술하고 원하는 정보를 시스템 범위 안에서 생각해 냄
협의적 요구	• 정보시스템에 적당한 질문으로 만들어 내는 과정 • 명시적 정보요구가 정보검색 시스템에 적용할 수 있는 질문의 형태로 가공된 상태

3 ④ 전문가에 의한 논문 심사를 받는다.

4 비주제 색인의 대상으로만 묶은 것은?

① 발행처, 보고서 번호, 저자명, 표제
② 디스크립터, 발행 연도, 총 페이지, ISBN
③ 기관명, 발행지, 주제명, ISSN
④ 발행 연도, 분류 기호, 초록, 표제

5 도서관의 RFID 시스템에 대한 설명으로 옳지 않은 것은?

① RFID는 장서관리, 대출, 반납 등 도서관 서비스에서 활용된다.
② RFID 태그는 데이터 변경 및 추가가 자유롭고 일시에 다량의 판독이 가능하다.
③ RFID 리더는 태그와 통신이 가능한 주파수를 가져야 한다.
④ RFID 시스템은 온라인을 통한 소장자료의 검색을 제공한다.

6 A학술지에 수록된 논문의 수는 2016년에 총 100개, 2015년에 총 50개이다. 그리고 A학술지에 수록된 논문의 당해 연도 인용 횟수는 2016년에 총 50회, 2015년에 총 40회이다. 2016년 A학술지의 즉시성 지수(immediacy index)는?

① 0.1
② 0.4
③ 0.5
④ 2.0

ANSWER 4.① 5.④ 6.③

4 주제 색인은 정보주제의 주제를 나타내는 요소를 색인어로 선택한 색인이고, 비주제 색인은 저자명, 표제, 기관명, 발행처 등 주제와 직접적인 관계가 없는 요소를 색인어로 선택한 색인이다.

5 ④ RFID 시스템은 온라인을 통한 소장자료의 검색을 제공하지는 않는다.

6 즉시성 지수(Immediacy Index)는 학술지 논문이 출판되고 얼마만큼 빨리 인용되는지를 알려주는 지표로, 발표된 논문이 당해 연도에 인용된 비율을 나타낸다. 따라서 2016년 A학술지의 즉시성 지수는 $\frac{50}{100} = 0.5$이다.

7 다음 표에서 부적합률(fallout ratio)에 대한 공식으로 옳은 것은?

구분	적합	부적합
검색된 문헌	a	b
검색되지 않은 문헌	c	d

① a / (a + b)

② a / (a + c)

③ b / (b + d)

④ (a + c) / (a + b + c + d)

8 회색 문헌(grey literature)에 대한 설명으로 옳지 않은 것은?

① 연구보고서와 학술회의 자료를 포함한다.

② 대외비 자료(black literature)와 백색 문헌(white literature)의 중간에 위치한 문헌을 의미한다.

③ 상업적인 유통경로를 통해서는 입수하기 어려운 문헌을 의미한다.

④ 최근 1년간 Scopus에 등재된 논문을 포함한다.

ANSWER 7.③ 8.④

7 부적합률은 부적합한 전체 문헌 중 검색된 부적합 문헌의 비율이다. 따라서 $\frac{b}{b+d}$ 이다.

8 회색문헌(Gray Literature) … 통상 서적 판매 루트를 통해서 입수하기 어려운 문헌을 말한다. 보통 출판물의 유통 경로를 경유하지 않는 자료로 쉽게 입수하기 어렵고 그 존재조차 확인하기 어렵다. 백서와 같이 정상적으로 출판되는 것을 제외하면 정부 문서와 정부 관계 기관 비영리단체 등에서 발행하는 연구조사보고서가 있다. 이외에도 사회에 제언하기 위해 민간단체가 작성한 보고서·의견서 등의 자료, 세미나 혹은 집회 모임 등에서 배포하는 자료, 학회 등 학술단체의 회의록, 시장동향조사보고서, 기업 내 출판물 기술보고서, 학위논문 등과 같이 이용자에게 극히 한정적으로 배포되는 문헌을 가리킨다.

9 참고면담에서 비언어 커뮤니케이션에 대한 설명으로 옳지 않은 것은?

① 메라비언(Albert Mehrabian)에 의하면 언어적 요소보다 비언어적 요소에 의한 의사전달의 비중이 더 크다.
② 가공 행위는 첫 대면의 신뢰성에 영향을 준다.
③ 비언어 커뮤니케이션은 언어 커뮤니케이션에 비해 신뢰도가 낮다.
④ 참고사서는 의사언어를 통해 이용자의 자유로운 질문표현을 유도할 수 있다.

10 문헌정보학 분야의 이론과 주창자의 연결이 옳지 않은 것은?

① 최소 노력의 법칙(Principle of Least Effort) – Zipf
② 서지 결합 법칙(Bibliographic Coupling) – Luhn
③ 분산 법칙(Law of Scattering) – Bradford
④ 역제곱의 법칙(Inverse Square Law of Scientific Productivity) – Lotka

11 이차자료로만 묶은 것은?

① 리뷰논문, 색인지, 출판전 배포기사, 학위논문
② 기술보고서, 연감, 초록지, 학술잡지
③ 특허정보, 표준과 규격자료, 핸드북, 회의자료
④ 백과사전, 색인지, 연감, 초록지

ANSWER 9.③ 10.② 11.④

9 ③ 비언어 커뮤니케이션은 언어 커뮤니케이션에 비해 신뢰도가 높다.

10 ② 서지 결합 법칙은 두 문헌 속에 공통으로 인용된 인용문헌들의 수에 기초하여 유사한 주제를 다루는 문헌들끼리 모아주는 방법으로 1963년 Kessler가 제안하였다.

11 ① 출판전 배포기사, 학위논문은 1차자료이다.
② 기술보고서, 학술잡지는 1차자료이다.
③ 특허정보, 표준과 규격자료, 회의자료는 1차자료이다.

12 이용자가 하나 이상의 공공도서관에서 서비스를 제공 받고자 할 경우, 하나의 회원증으로 전국 참여도서관 어디서든 도서대출 서비스를 제공 받을 수 있는 서비스는?

① 책바다 서비스

② 책나래 서비스

③ 책이음 서비스

④ 책다모아 서비스

13 국립중앙도서관을 중심으로 구성된 전국 공공도서관의 소장 자료에 대한 통합 서지 데이터베이스로, 도서관 간 정보공유 및 상호협력을 위한 네트워크는?

① KESLI

② KSLA-NET

③ KMLA

④ KOLIS-NET

14 구글의 페이지랭크(PageRank) 알고리즘에 대한 설명으로 옳지 않은 것은?

① 웹 페이지의 상대적 중요성을 측정하기 위해 웹 그래프를 기반으로 웹 페이지의 우선순위를 측정하는 방식이다.

② 중요한 페이지일수록 실제 PageRank 값은 낮다.

③ 여러 페이지가 어떤 페이지에 링크되는 것은 링크된 페이지가 그만큼 중요하다는 의미를 담고 있다.

④ 각각의 웹 페이지는 전진 링크와 후진 링크로 나누어진다.

ANSWER 12.③ 13.④ 14.②

12 책이음 서비스 … 이용자가 하나 이상의 공공도서관에서 서비스를 제공받고자 할 경우, 공공도서관 책이음의 회원으로 가입한 후, 책이음에 참여하고 있는 공공도서관을 별도의 회원가입 절차 없이 이용할 수 있다. 책이음 회원이면 누구나 참여 공공도서관에서 도서를 대출하고 반납할 수 있고, 책이음 서비스 홈페이지를 통해 이용자 본인이 가입한 도서관 현황과 대출 및 반납한 모든 자료를 일괄로 조회할 수 있다.

① 책바다 서비스 : 국가상호대차서비스

② 책나래 서비스 : 도서관 방문 이용이 어려운 장애인 등을 위하여 이용자가 필요로 하는 도서관 자료를 우체국 택배를 이용하여 무료로 집까지 제공해 주는 서비스

④ 책다모아 서비스 : 개인의 서재에서 잠자고 있는 책들을 기증 받아 국립중앙도서관에 소장 되어 있지 않은 자료는 소장하여 영구히 보존하고, 이미 소장된 자료는 작은도서관, 문고, 병영도서관 등 필요로 하는 소외지역 도서관에 나누어 주는 범국민을 대상으로 하는 도서기증나눔운동

13 KOLIS-NET … 국가자료종합목록은 국립중앙도서관을 비롯한 전국 1,400여 개 공공·전문도서관과 정부부처 자료실이 공동으로 구축하는 통합 목록 데이터베이스다. 국립중앙도서관은 2001년부터 국내 도서관과의 상호협력 네트워크를 기반으로 국가자료종합목록을 운영하고 있다.

① KESLI : 한국과학기술정보연구원(KISTI)에서 운영하고 있는 전자저널 국가 컨소시엄

② KSLA-NET : 한국학교도서관협의회

14 ② 중요한 페이지일수록 실제 PageRank 값은 높다.

15 정보검색에서 색인을 통제어 색인과 자연어 색인으로 구분할 경우, 통제어 색인의 장점으로 옳지 않은 것은?

① 용어의 의미상 모호함을 해결할 수 있다.
② 관련 개념에 대한 검색이 가능하다.
③ 새로운 개념에 대한 표현이 용이하다.
④ 관련 문헌의 검색이 누락되는 것을 최소화 할 수 있다.

16 Science Direct에 대한 설명으로 옳은 것은?

① 과학기술, 사회과학, 인문학 및 예술 영역의 핵심적인 학술저널을 대상으로 한 인용 색인을 포함한다.
② Elsevier에서 제공하는 전자저널 데이터베이스이다.
③ 온라인 종합목록인 WorldCat을 포함한다.
④ 미의회도서관과 OCLC가 합동으로 개발한 글로벌 협력형 디지털정보 서비스이다.

ANSWER 15.③ 16.②

15 ③ 새로운 개념에 대한 표현이 용이한 것은 자연어 색인의 장점이다.

16 Science Direct … 세계 최대의 온라인 저널 원문 데이터베이스로 Elsevier에서 발행하는 약 2,500여 종의 저널과 26,000여 권 이상의 도서를 수록 중인 전자자원이다.
① Web of Science
③ OCLC FirstSearch
④ QuestionPoint

17 국내 도서관이 보유하고 있지 않은 해외 학술지 원문을 입수하려고 할 때, 원문 신청이 가능한 서비스는?

① 누리미디어의 DBpia
② 한국학술정보의 KISS
③ 국가전자도서관(www.dlibrary.go.kr)
④ 한국과학기술정보연구원의 NDSL

18 디지털 도서관 환경에서 SDI(Selective Dissemination of Information) 서비스의 설명에 해당하는 것만을 모두 고른 것은?

> ㉠ 이용자의 정보요구를 담은 이용자 프로파일(profile)을 생성해야 한다.
> ㉡ 전자메일이나 다양한 개인 모바일 매체를 이용한다.
> ㉢ 알림 서비스(alert service)로도 볼 수 있다.
> ㉣ 소급탐색 중심의 서비스이다.

① ㉠, ㉡   ② ㉢, ㉣
③ ㉠, ㉡, ㉢   ④ ㉡, ㉢, ㉣

ANSWER 17.④ 18.③

17 한국과학기술정보연구원의 NDSL
  ㉠ NDSL의 최대 장점은 정보의 다양성 : 다양한 유형의 정보를 통합적으로 제공함으로써, 이용자들은 여러 사이트를 찾아다닐 필요 없이 NDSL을 통해 원스톱으로 여러 형태의 정보 검색이 가능
  ㉡ 품질이 검증된 신뢰성 있는 정보를 신속하게 제공 : 국내외에 산재해 있는 정보 중에서 신뢰성 있는 정보를 선별하여 제공하며, 다양한 정보기관들과의 긴밀한 협력을 통해 최신 정보를 적기에 입수·제공하는 체제를 구축
  ㉢ 전 세계 정보자원과 연계되는 게이트웨이 : 국내외 400개 가까운 기관의 협력망을 구축해, 이용자들이 KISTI뿐만 아니라 해당 기관에서 소장하고 있는 정보자원까지 공동으로 활용이 가능
  ㉣ 개인 맞춤형 정보 제공 : 개인별 최신정보 알리미서비스, 이용자 검색 이력을 활용한 콘텐츠 추천서비스 등 개인 맞춤형 서비스를 제공
  ㉤ Open KISTI, Open Service : NDSL 사이트에 들어오지 않고도, NOS(NDSL Open Service)를 통해 이용자 소속기관 사이트에 직접 NDSL 콘텐츠 이용이 가능

18 ㉣ 소급탐색(retrospective search : RS)은 특정 주제와 관련된 정보 자료를 소급하여 탐색하는 것으로 데이터베이스에 수록되어 있는 관련 정보 자료를 모두 탐색하거나 특정 연도 이후에 출판된 정보만을 탐색하도록 할 수 있다. SDI는 정보의 선택적 제공으로 소급탐색 중심의 서비스가 아니다.

19 서지 탐색 시 포괄적 정보원에서 구체적 정보원으로 탐색하는 방법(general-to-specific approach)은?

① 점진 분할 전략(successive fractions strategy)
② 인용문헌 확대탐색(citation pearl growing)
③ 특정패싯 우선전략(most-specific-facet-first)
④ 인용 색인(citation index)의 활용

20 참고서비스의 성공에 영향을 미치는 주요 과정을 '투입, 과정, 산출/결과'로 구분할 때, '산출/결과'에 해당하는 요인은?

① 참고 사서의 역량
② 참고 집서
③ 이용자 정보역량의 강화
④ 이용자와 사서의 상호작용

ANSWER 19.① 20.③

19 점진 분할 전략 … 탐색질문의 주제 중에서 광범위한 주제를 먼저 탐색한 후, 그 결과를 원하는 정도의 검색결과에 이를 때까지 초기 검색결과의 크기를 축소시켜 나가는 방법
  ② 인용문헌 확대탐색 : 찾고자 하는 검색주제에 가장 적합한 레코드 몇 건을 찾아내어 그 레코드에 인용된 문헌이나 혹은 그 레코드에 부여된 디스크립터, 키워드 등을 색인어를 이용해 다시 검색함으로써 점점 검색결과를 늘려 원하는 정보에 접근하는 방법
  ③ 특정패싯 우선전략 : 검색질문의 주제에 내포된 다수의 세부주제를 분석한 뒤 각 세부주제별로 패싯을 만든 후, 각 패싯별로 검색어를 선정하고 검색문을 작성 → 세부주제별로 여러 개의 패싯 중에서 검색개념의 특정성이 가장 높은 패싯을 가장 먼저 검색하는 방법

20 ①② 투입 ④ 과정
  ※ Richard Bopp의 정보서비스 평가요소 설정
    ㉠ 참고자원 평가
    ㉡ 참고조사업무 평가
    ㉢ 정보서비스 평가

1 데이터베이스명과 정보제공 분야의 연결이 옳지 않은 것은?

① LexisNexis – 뉴스, 인물, 산업, 법률 분야
② WestLaw – 법률 및 비즈니스 분야
③ ERIC – 교육 분야
④ PubMed – 음악 및 예술 분야

2 참고면담의 비언어적 행위와 기법의 연결이 옳지 않은 것은?

① 의복이나 향수 – 가공행위
② 억양이나 음색 – 의사언어
③ 감정적으로 공감 – 신체언어
④ 대화자 상호 간의 물리적 거리 – 공간행위

3 정보서비스 중 간접서비스 기능이 아닌 것은?

① 참고정보원의 개발과 구성　　　② 서지정보원의 구비
③ 정보서비스 평가　　　　　　　④ 연구 협조와 자문

ANSWER 1.④　2.③　3.④

1　④ PubMed – 생명과학 및 생물의학

2　③ 감정적으로 공감 – 감정이입(언어적 기법)
　　※ 참고면담 커뮤니케이션 기법
　　　㉠ 언어적 기법 : 감정이입, 경청, 개방적 질문, 재진술
　　　㉡ 비언어적 기법 : 신체언어, 의사언어, 공간적 행위, 가공적 행위

3　정보서비스의 간접적인 기능은 직접적인 기능의 보조적 성격을 가진다. 주로 경영·관리와 관련된 활동으로 참고정보원의 개발과 구성, 서지정보원의 구비, 정보서비스 평가, 자원파일의 유지, 참고사서의 연수 등이 해당한다.
　　④ 연구 협조와 자문→상담 및 지도/안내

4 시소러스의 용어관계 기호에 대한 설명으로 옳지 않은 것은?

① BT - 상위 개념의 용어
② SN - 개념에 대한 설명
③ UF - 다음에 오는 용어가 우선어임을 지시
④ NT - 하위 개념의 용어

5 다음 설명에 해당하는 것은?

- 전국의 교육기관, 연구기관 및 기업체 도서관을 대상으로 해외 학술 전자저널의 공동구매를 추진한다.
- 사업의 주관기관은 과학기술정보통합서비스인 NDSL(National Digital Science Library)을 기반으로 통합 전자저널 서비스를 제공한다.
- 국내 전자저널 도입과 활용의 범위 확대에 기여한다.

① KORSA   ② KESLI
③ KERIS   ④ KOLIS-NET

4   ③ UF(Use For) - 다음에 오는 용어가 비우선어임을 지시(역참조) ↔ USE
   ① Broader Term
   ② Scope Note
   ④ Narrow Term

5   제시된 내용은 KESLI에 대한 설명이다. KESLI는 한국과학기술정보연구원(KISTI)에서 운영하고 있는 전자저널 국가 컨소시엄으로, 국가 디지털 과학 도서관 구축 사업의 일환이다.
   ① 학술정보공동활용협의회(KOREA RESOURCES SHARING ALLIANCE)
   ③ 한국교육학술정보원
   ④ 국가자료공동목록시스템

6 JCR(Journal Citation Reports)에서 제시하는 정보가 아닌 것은?

① 즉시색인지수(immediacy index)
② 영향력지수(impact factor)
③ 피인용반감기(cited half-life)
④ 문헌전달능력지수(capability index)

7 정보원과 제공되는 정보 유형을 옳게 짝지은 것은?

정보원	정보 유형
㉠ KOSIS	A. 석·박사학위논문
㉡ CAS	B. 인물 정보
㉢ BGMI	C. 화학 분야 정보
㉣ PQDT	D. 특허 정보
㉤ KIPRIS	E. 통계 정보
㉥ The Columbia Gazetteer of the World	F. 지리 정보

① ㉠ - F, ㉡ - C, ㉢ - B
② ㉠ - E, ㉣ - A, ㉤ - D
③ ㉡ - C, ㉢ - E, ㉥ - F
④ ㉣ - A, ㉤ - D, ㉥ - B

....

ANSWER 6.④ 7.②

6 Journal Citation Reports는 인용 자료를 바탕으로 정량화할 수 있는 통계 정보를 활용해 세계 주요 학술지를 비판적으로 평가할 수 있는 체계적이고 객관적인 수단을 제공한다. 논문의 인용 참고 문헌을 바탕으로 학술지와 범주별로 연구 영향력을 측정하도록 돕고, 인용하는 학술지와 인용되는 학술지의 상관관계를 보여준다.

7 ㉠ KOSIS – 국가통계포털 – E
㉡ CAS – Chemical Abstract Service – C
㉢ BGMI – Biography and Genealogy Master Index – B
㉣ PQDT – ProQuest Dissertations and Thesis – A
㉤ KIPRIS – 특허정보검색서비스 – D
㉥ The Columbia Gazetteer of the World – 지리적 색인 – F

8　쿨타우(C. Kuhlthau)의 정보탐색과정 모델에서 ㉠, ㉡에 들어갈 말로 옳은 것은?

> 시작 － (㉠) － 탐색 － (㉡) － 수집 － 제시

	㉠	㉡
①	연결	검증
②	분석	추출
③	주지	여과
④	선택	형성

9　정보서비스를 정보제공과 교육으로 구분할 때, 정보제공에 포함되는 활동만을 모두 고르면?

> ㉠ 레퍼럴 서비스(referral service)
> ㉡ 상호대차
> ㉢ 서지정보의 확인
> ㉣ 오리엔테이션
> ㉤ 서지교육

① ㉠, ㉡　　　　　　　　　　　② ㉠, ㉡, ㉢
③ ㉡, ㉢, ㉣　　　　　　　　　④ ㉢, ㉣, ㉤

....

ANSWER　8.④　9.②

8　쿨타우의 정보탐색과정 모형

단계	행동	감정
시작	연구 주제 결정 준비	불확실
선택	연구 주제 결정	낙관
탐색	주제 일반에 관한 정보 탐색	혼돈 / 불확실 / 의심
형성	발견된 정보로부터 집중 분야 초점 형성	명료
수집	초점의 정의 확대 지원을 위한 정보 수집	방향감 / 자신감
제시	정보탐색 완료 및 결과물 작성 준비	안도 / 만족 / 불만족

9　㉣㉤은 정보교육에 포함되는 활동이다.

10 미국의 정부간행물과 법률을 집중적으로 다루고 있는 정보원은?

① Inspec Direct
② GPO monthly catalog
③ ABI/INFORM
④ PsycINFO

11 시소러스에 대한 설명으로 옳지 않은 것은?

① 개념을 나타내는 단어나 구 및 이들 간의 관계로 구성되는 일종의 사전이다.
② 등가관계는 우선어와 비우선어의 관계이다.
③ 적절한 색인어 선택 및 효과적인 검색어의 선택에 사용된다.
④ 연관관계는 계층관계를 나타내는 용어들의 관계이다.

12 베이츠(M. Bates)가 제시한 '딸기 따기(Berrypicking)' 모델에 대한 설명으로 옳지 않은 것은?

① 질의는 검색과정에서 불변의 개념이 아니라 계속 변화하는 개념이다.
② 한 번에 최상의 검색 결과를 도출하는 것을 목표로 한다.
③ 검색 과정 동안에 다양한 검색 전략이 사용된다.
④ 검색에 사용되는 정보원도 형태나 내용 측면에서 계속하여 변한다.

ANSWER 10.② 11.④ 12.②

10 ② GPO Monthly Catalog : 미국의 월간 정부간행물
① Inspec Direct : 전기전자, 물리학을 넘어 전 공학 분야를 커버
③ ABI/INFORM : 글로벌, Trade & Industry, Dateline으로 구성
④ PsycINFO : 심리학 학술지의 초록

11 ④ 연관관계는 연상관계, 친근관계를 나타내는 용어들의 관계이다.

12 ② 적합한 정보나 자료들은 마치 딸기처럼 뿔뿔이 흩어져 있으므로 한 번에 최상의 검색 결과를 도출하는 것을 목표로 하지 않고, 다양한 검색 전략을 사용하여 최적의 결과를 도출한다.

13 정보검색에서 정확률을 높이기 위한 방법으로 옳지 않은 것은?

① 가중치를 부여하여 검색한다.
② 용어절단기법을 많이 사용한다.
③ 구검색(phrase searching)을 위주로 한다.
④ 서명 필드로 제한 검색을 한다.

14 CCL(Creative Commons License) 표기와 의미의 연결이 옳은 것은?

① SA : 저작자표시
② NC : 동일조건변경허락
③ ND : 변경금지
④ BY : 비영리

15 도서관에서 정기간행물 구독을 위해 참고할 수 있는 서지만을 모두 고르면?

> ㉠ Information Please Almanac
> ㉡ The Serials Directory
> ㉢ Books In Print
> ㉣ Ulrichsweb

① ㉠, ㉡   ② ㉠, ㉢
③ ㉡, ㉣   ④ ㉢, ㉣

ANSWER 13.② 14.③ 15.③

13 ② 용어절단기법은 재현율을 높이기 위한 방법이다.

14 ③ ND(No Derivative Works) : 변경금지
① SA(Share-alike) : 동일조건변경허락
② NC(Noncommercial) : 비영리
④ BY(Attribution) : 저작자표시

15 ㉡ 세계 각국의 정기·비정기 유료·무료 잡지, 신문 등 순차 간행물에 관한 종합적인 서지 정보 데이터베이스
㉣ 전 세계에서 출판되는 인기 연재물에 대한 최신 정보 및 가격에 대한 정보
㉠ 미국에서 발행하는 정보 연감
㉢ 단행본과 전집 대상의 상업 서지 정보

16 다음은 버너스리(T. Berners-Lee)가 제안한 시맨틱 웹의 계층구조이다. ㉠~㉢에 들어갈 말로 옳은 것은?

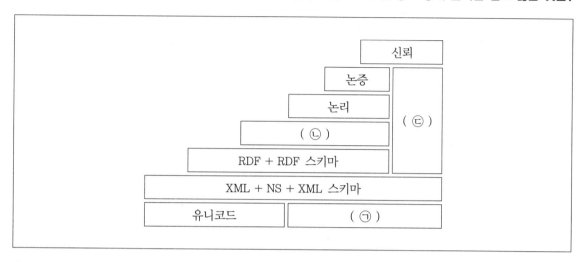

	㉠	㉡	㉢
①	URI	온톨로지 어휘	전자서명
②	온톨로지 어휘	URI	전자서명
③	전자서명	온톨로지 어휘	URI
④	URI	전자서명	온톨로지 어휘

ANSWER 16.①

16 시맨틱 웹 … 기존 웹을 확장해 컴퓨터가 이해할 수 있는 의미를 기반으로 의미적 상호운용성(semantic inter-operability)을 실현함으로써 컴퓨터 스스로 정보자원 처리, 데이터 통합 및 재사용 등을 수행하여 인간과 컴퓨터 간의 효과적인 협력체계를 구축하기 위한 것이다. 즉 컴퓨터가 사용자를 대신해 웹에 존재하는 정보자원의 의미를 이해하고, 정보를 검색·추출·해석·가공하는 등 제반 처리를 수행토록 하는 컴퓨터 중심의 기술이다.

※ 시맨틱 웹의 계층구조

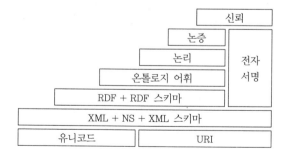

17 다음 글에서 설명하고 있는 색인 작성과 관련된 용어는?

> • 색인될 개념이 고유명사이거나, 통제어휘에서 찾을 수 없을 경우에 할당되는 용어
> • 통제어휘로부터 선택된 것은 아니지만 색인 작성자에 의해 할당되는 용어

① 식별어(identifier)
② 불용어(stopword)
③ 디스크립터(descriptor)
④ 우선어(preferred term)

18 한국과학기술정보연구원(KISTI)에서 제공하는 서비스는?

① KSCI 서비스
② UNICAT 서비스
③ DDOD/PQDT 서비스
④ dCollection 서비스

ANSWER 17.① 18.①

17 제시된 내용은 식별어에 대한 설명이다.

18 ① KSCI 서비스는 한국과학기술정보연구원에서 제공하는 한국과학기술인용색인 서비스이다.
②③ RISS ④ KERIS

19 문헌표제 'Indexing and Abstracting for Information Retrieval'에서 키워드 'Abstracting', 'Indexing', 'Information', 'Retrieval'이 추출되는 색인 기법은?

문헌표제 : Indexing and Abstracting for Information Retrieval		
Indexing and	Abstracting	for Information Retrieval.
Information Retrieval.	Indexing	and Abstracting for
Abstracting for	Information	Retrieval. Indexing and
for Information	Retrieval.	Indexing and Abstracting

① 용어열 색인 ② KWIC 색인

③ 유니텀 색인 ④ 패싯 분류

20 도서관 협력활동과 그 사례의 연결이 옳지 않은 것은?

① 협동 편목 — WorldCat

② 협력형 참고서비스 — QuestionPoint

③ 협동 수서 — Farmington Plan

④ 협동 보존 — DOCLINE

1 〈보기〉에 제시된 설명에 해당하는 정보서비스의 개념으로 가장 옳은 것은?

─────────── 〈보기〉 ───────────

참고봉사의 원형이라고 말할 수 있을 만큼 도서관봉사의 출발과 궤를 같이하며, 형성 초기에는 '이용자협조(aids to the readers)'라고 칭하였다. 어린이든 성인이든 이용자에게 최적의 자료들을 선정해주고 향후의 독서계획을 설정해 주며, 이를 장서개발 정책에 반영하는 역할이다.

① Reader's Advisory Service
② Bibliotherapy
③ Selective Dissemination of Information
④ Term Paper Counseling

....

ANSWER 1.①

1 제시된 내용은 정보서비스의 독서상담서비스 역할에 대한 설명이다.
  ① Reader's Advisory Service : 독자상담서비스, 독서상담
  ② Bibliotherapy : 독서치료
  ③ Selective Dissemination of Information : 정보의 선택적 배포
  ④ Term Paper Counseling : 논문작성 상담, 보고서 작성

2 〈보기〉의 문헌집단 분할표를 참고하여 구한 '누락률'은?

─────────── 〈보기〉 ───────────

	검색된 문헌	검색되지 않은 문헌
적합 문헌	30	10
부적합 문헌	30	20

① 25% ② 75%

③ 50% ④ 40%

3 〈보기〉는 참고서비스의 평가방법에 대한 설명을 나열한 것이다. ㉠~㉢에 해당하는 평가방법으로 가장 옳은 것은?

─────────── 〈보기〉 ───────────

㉠ 이용자의 행동을 연구하고자 할 때 가장 유용한 방법이다.
㉡ 설문지를 설계하는 초기 단계에서 유용한 방법이다.
㉢ 잘 정의된 주제에 대한 사람들의 태도를 연구할 때 적절한 방법이다.

	㉠	㉡	㉢
①	관찰	서베이	사례연구
②	관찰	면접	서베이
③	관찰	사례연구	면접
④	면접	관찰	서베이

ANSWER 2.① 3.②

2 $누락률 = \dfrac{검색되지 않은 적합 문헌 수}{전체 적합 문헌 수} \times 100 = \dfrac{10}{40} \times 100 = 25\%$

3 ㉠ 관찰 : 조사대상의 행동패턴을 관찰하고 기록함으로써 자료를 수집하는 방법
㉡ 면접 : 조사자와 피조사자가 얼굴을 맞대고 상호작용하면서 필요한 자료를 얻어 내는 방법
㉢ 서베이 : 다수의 응답자들을 대상으로 설문조사에 의하여 자료를 수집하는 방법

4 〈보기〉는 검색언어에 대한 설명이다. (가)~(마)에 들어갈 내용으로 가장 옳은 것은?

〈보기〉

- 동형이의어는 (가) 표현과 검색에서, 전후관계의 결핍으로 다의성 문제가 야기된다.
- (나)에서는 용어 간 구문관계를 나타내는 역할기호나 숫자와 같은 장치로 (다)에서는 불가능한 구문 문제를 처리할 수 있다.
- (라)는 갱신(updating)이 필요 없는 반면에 (마)는 갱신이 필요하다.

	(가)	(나)	(다)	(라)	(마)
①	통제어	자연어	자연어	자연어	통제어
②	자연어	자연어	통제어	통제어	자연어
③	자연어	통제어	자연어	자연어	통제어
④	통제어	통제어	자연어	통제어	자연어

....

ANSWER 4.③

4 (가)(다)(라) 자연어 : 문헌의 포함된 용어 가운데 주요 용어들을 그대로 색인어로 사용

　(나)(마) 통제어 : 문헌을 분석하여 대표적인 개념을 추출하되 추출된 개념들은 통제어휘집으로부터 색인어를 선택하여 채택

※ 자연어 색인과 통제어 색인의 장단점

구분	자연어	통제어
장점	• 비용이 저렴하다. • 다양한 접근점을 제공한다. • 신축성과 특정성이 높다. • 새로운 개념이나 복잡한 개념의 표현이 용이하다. • 융통성과 표현력이 좋다. • 정확률을 높일 수 있다. • 주제 전문가에게 유리하다.	• 동의어와 동음이의어가 통제된다. • 부적합 문헌의 통제를 위한 전조합이 가능하다. • 용어의 계층관계를 나타낸다. • 관련 개념의 용어를 제시한다. • 재현율을 높일 수 있다. • 지식의 영역 파악이 가능하다. • 검색 전문가에게 유리하다.
단점	• 탐색자에게 부담을 준다. • 동의어와 동음이의어 문제가 발생한다. • 동일한 개념이 저자에 따라 다양하게 분산될 수 있다. • 재현율이 낮다. • 표준화가 불가능하다. • 해당분야의 어휘를 알아야 한다. • 개념 간의 관계정립이 불가능하다.	• 색인자의 오류가 있을 수 있다. • 소수의 접근점 만을 제공한다. • 신축성 낮다. • 새로운 개념이나 복잡한 개념의 표현이 어렵다. • 특정성이 낮다. • 표현이 자유롭지 못하다.

5 〈보기〉는 더블린 코어(Dublin Core) 메타데이터의 요소와 정의를 설명한 것이다. 옳지 않은 것을 〈보기〉에서 모두 고른 것은?

〈보기〉

⊙ Identifier : 특정 맥락 내에서의 자원에 대한 명백한 참조
ⓛ Type : 자원의 물리적 구현 형식 또는 디지털 구현 형식
ⓔ Relation : 현재 자원이 파생된 자원에 대한 참조
ⓡ Contributor : 자원의 내용물에 기여한 책임을 가지는 개체

---

① ㉠, ㉡   ② ㉠, ㉢

③ ㉡, ㉢   ④ ㉢, ㉣

· ·

ANSWER 5.③

5   ㉡ Type : 해당 자원의 내용에 관한 성격이나 장르
       ㉢ Relation : 관련된 자원에 대한 참조
       ※ 더블린 코어 메타데이터 요소와 정의

요소명	정의
Titles	자원에 부여한 명칭
Creator	자원의 내용을 작성하는데 주된 책임을 진 개체
Subject	자원의 내용이 지닌 주제
Description	자원의 내용에 대한 설명
Publisher	해당 자원을 이용할 수 있도록 책임을 진 개체
Contributor	자원의 내용에 기여한 개체
Date	해당 자원의 일생에서 발생한 이벤트 날짜
Type	해당 자원의 내용에 관한 성격이나 장르
Format	자원의 물리적, 디지털 구현형
Identifier	특정한 상황에서 자원에 대한 분명한 참조
Source	현재의 자원이 유래한 자원에 대한 참조
Language	자원의 지적 내용의 언어
Relation	관련된 자원에 대한 참조
Coverage	자원의 내용 범위
Rights	자원에 관한 권리에 관한 정보

6 〈보기〉는 SCONUL(Society of College, National and University Libraries)에서 제시한 '7 정보이용 능력모형'이다. 능력 2의 'A'에 해당하는 것은?

〈보기〉

능력 1	정보요구의 인지(Recognize information need)
능력 2	A
능력 3	정보탐색 전략의 수립(Construct strategies for locating)
능력 4	B
능력 5	비교 및 평가(Compare and evaluate)
능력 6	정보의 조직과 전달(Organize, apply and communicate)
능력 7	종합과 창조(Synthesise and create)

① 정보의 식별과 접근(Locate and access)

② 정보의 활용(Use of information)

③ 정보격차의 구분(Distinguish ways to addressing gap)

④ 정보문제의 정의(Task Definition)

7 '상업서지'에 대한 설명으로 가장 옳은 것은?

① 형태가 양장본이나 페이퍼백으로 된 단행본 및 전집과 비도서, 연속간행물 등도 포함한다.

② 구입 가능한 자료에 중점을 두며, 국가서지로도 불린다.

③ 정보는 출판사에 의해 수집되며 개개의 항목은 서지의 편집자에 의해 검사되지 않고 수록된다.

④ 시간의 관점에서 이전에 출판되었거나 지금 출판되고 있는 자료를 주된 대상으로 하며 출판예정자료는 제외된다.

....

ANSWER 6.③ 7.③

6 SCONUL의 정보문해 7주 모형
  ㉠ 정보 요구의 인지
  ㉡ 정보의 갭(gap) 해결방법 식별
  ㉢ 검색전략 구축
  ㉣ 검색 및 접근
  ㉤ 비교 및 평가
  ㉥ 조직과 적용 및 전달
  ㉦ 종합 및 생성

7 상업서지는 출판된 자료를 선정하는 데 필요한 정보를 제공하는 서지로, 출판사나 서점이 도서판매를 위하여 출판한 목록이다.

8 RDF(Resource Description Framework)의 응용분야에 해당하지 않는 것은?

① 자원의 검색과 편목
② 자원의 내용 순위부여 및 평가
③ 디지털 서명 및 지적 재산권 보호
④ 정보자원을 주제별로 묶고 주제와 주제 간의 관계를 나타내어 정보자원에 대한 의미적 지식을 표현

9 링크정보를 이용한 순위화기법인 PageRank 알고리즘에 대한 설명으로 옳은 것을 〈보기〉에서 모두 고른 것은?

────────── 〈보기〉 ──────────

㉠ 전진링크와 후진링크를 활용하여 Authority 페이지들과 Hub 페이지들을 찾는 것이다.
㉡ 셀프링크, 중복링크, 그리고 상호 링크된 데이터베이스와 미러사이트로부터의 링크는 모두 제외된다.
㉢ 특정한 페이지의 순위가 높다면, 해당 페이지로 링크되는 페이지들의 순위가 높다는 것을 의미한다.
㉣ 웹페이지의 인기도에 따른 검색결과 순위화 기법이다.

① ㉠, ㉡
② ㉢, ㉣
③ ㉡, ㉢, ㉣
④ ㉠, ㉡, ㉢, ㉣

···

ANSWER 8.④ 9.②

8 RDF(Resource Description Framework)는 상이한 메타데이터 간의 효율적인 교환 및 상호호환을 위하여 명확하고 구조화된 의미표현을 제공하기 위한 것으로, ④는 RDF의 응용분야에 해당하지 않는다.

9 ㉠ HITS 알고리즘에 대한 설명이다.
㉡ 셀프링크, 중복링크, 상호 링크된 데이터베이스와 미러사이트로부터의 링크는 모두 정상적인 링크로 포함한다.

10 정보서비스 평가 요소에 대한 학자의 주장이나 제안으로 가장 옳은 것은?

① 짜이찌(Zweizig)는 사실형 질문의 답변에 대한 평가에 한정하여 평가요소를 6가지 영역에서 제시하였다.

② 휘틀래치(Whitlatch)는 사서의 개인적인 성과 등을 포함하여 정보서비스의 다양한 요소에 대해 평가할 것을 주장하였다.

③ 봅(Bopp)은 정보서비스의 평가에 특수 이용자 집단을 위한 평가를 포함시켰다.

④ 카츠(Katz)는 이용자의 참고질문 등 질문과 해답의 관점에서 평가요소를 제시하였다.

11 〈보기〉에서 설명하는 새로운 형태의 도서관 공간 개념으로 가장 옳은 것은?

〈보기〉

- 사람들이 함께 모여 3D 프린터 등 특정 기술과 장비를 가지고 상상 및 창의 활동을 지원하며, 새로운 것을 창조하고 협업하는 곳이다.
- 이용자들이 스스로 창의적으로 생각하며, 스스로의 해결책을 모색할 수 있도록 가르친다.
- 무한상상실, 아이디어팩토리, 핵커스페이스 등의 용어들과 유사한 개념이다.

---

① 메이커스페이스   ② 라키비움
③ 미디어테크   ④ 라이브러리파크

ANSWER 10.③ 11.①

10 ① 짜이찌(Zweizig)는 정보서비스에 대한 이용자의 인식, 직접서비스, 참고집서, 타 기관과의 협력, 정보서비스의 운영체제, 재정적 측면 등 6개 영역의 평가를 주장하였다.
② 카츠(Katz)는 사서의 개인적인 성과 등을 포함하여 정보서비스의 다양한 요소에 대해 평가할 것을 주장하였다.
④ 휘틀래치(Whitlatch)는 이용자의 참고질문 등 질문과 해답의 관점에서 평가요소를 제시하였다.

11 제시된 내용은 도서관의 '메이커스페이스'로써의 공간 개념에 대한 설명이다.
② 2008년 미국 텍사스대학의 메건 윈젯(Megan Winget)이 복합문화기관의 유형으로 제시한 라키비움은 도서관(Library), 기록관(Archives), 박물관(Museum)의 기능을 복합적으로 이행하는 통합형 수집 기관(Multidisciplinary Collecting Institution)으로 세 기관의 수집 대상인 다양한 매체의 정보물을 한꺼번에 집약적으로 수용할 수 있는 단일기관을 지칭하는 개념이다.
③ 미디어테크는 아날로그 정보매체뿐만 아니라 디지털 정보매체를 수용·저장하고 이용자에게 각종 정보이용의 기회를 제공하는 시설로 인쇄물, 사진, 비디오, 영화, 텔레비전 등 각종 정보미디어를 모아 놓고 제공하는 미디어 도서관을 의미한다.
④ 라이브러리파크는 디지털도서관 기능과 함께 복합문화정보커뮤니티(Library+Archive+Community+Art experience) 공간이다.

12 시멘틱 웹 아키텍처에 대한 설명 중 가장 옳지 않은 것은?

① XML은 구문 수준을 넘어 웹 자원을 위한 메타데이터의 생성을 가능하게 한다.
② RDF와 RDF스키마는 HTML 코드 간의 관계를 RDF 그래프로 나타내기 위해 사용된다.
③ Namespace(NS)와 XML스키마는 XML 메타데이터의 사용과 상호운용성을 용이하게 한다.
④ 온톨로지는 시멘틱 웹의 필수적 요소로서 웹 자원들을 표현하는 보편적 통제어휘로 간주할 수 있다.

13 텍스트 요약을 위한 연구에서 에드먼슨(Edmundson)은 중요 문장을 인지하는 방법으로 4가지 다른 기법을 사용하였다. 에드먼슨이 사용한 4가지 기법을 가장 옳게 나열한 것은?

① 어휘사슬 기법, 클러스터링 기법, 단서어 기법, 주요어 기법
② 어휘사슬 기법, 표제어 기법, 연결 기법, 문장위치 기법
③ 문장위치 기법, 연결 기법, 클러스터링 기법, 어휘사슬 기법
④ 문장위치 기법, 단서어 기법, 주요어 기법, 표제어 기법

ANSWER 12.② 13.④

12 ② RDF와 RDF스키마는 XML 코드 간의 관계를 RDF 그래프로 나타내기 위해 사용된다.

13 에드먼슨이 제시한 단어의 중요도 측정방법을 달리한 네 가지 초록기법
  ㉠ 단서어 기법(단서어 사전 기법)
  ㉡ 주요어 기법
  ㉢ 표제어 기법
  ㉣ 문장위치 기법(소재지 기법)

14 봅(Richard E. Bopp)과 스미스(Linda C. Smith)가 제시한 특정 연령집단에 대한 참고서비스에 대해 옳게 설명한 것을 〈보기〉에서 모두 고른 것은?

─────── 〈보기〉 ───────

ㄱ 초등학교 3학년 아동은 범주화가 가능하므로 기본 분류법을 이용할 수 있다.
ㄴ 아동 참고서비스는 아동, 부모, 교사, 보호자 등 모든 연령의 이용자들을 포함한다.
ㄷ 아동 대상의 공식적인 도서관 자료교육은 아동 참고 서비스의 한 부분이다.
ㄹ 청소년은 아동 대상 자료와 더불어서 성인 대상 자료에도 접근을 필요로 한다.

① ㄱ, ㄴ, ㄷ
② ㄱ, ㄷ, ㄹ
③ ㄴ, ㄷ, ㄹ
④ ㄱ, ㄴ, ㄷ, ㄹ

15 〈보기〉는 연계검색 모델에 대한 설명이다. (가)와 (나)에 들어갈 내용으로 가장 옳은 것은?

─────── 〈보기〉 ───────

연계검색 모델은 콘텐츠의 외형과 내용에서 관계 정보를 추출, 이를 두 콘텐츠 간 연계 정보로 활용하도록 설계된 모델이다. 이 모델은 크게 콘텐츠 연계 기법과 독자적 검색 모델 등의 두 가지 유형이 있다. 이 중 독자적 검색 모델에는 (가)과 콘텐츠의 각종 관계적 속성을 활용하여 검색하는 경우인 (나)(예: FRBR)이 있다.

	(가)	(나)
①	브라우징 연계검색	의미기반 연계검색
②	매칭 연계검색	개체관계형 연계검색
③	매칭 연계검색	의미기반 연계검색
④	브라우징 연계검색	개체관계형 연계검색

···

ANSWER 14.④ 15.④

14 ㄱ~ㄹ 모두 옳은 설명이다.

15 (가) 브라우징 연계검색 : 카테고리의 분류가 중요함
(나) 개체관계형 연계검색 : 콘텐츠의 각종 관계적(서지적, 사회적, 의미적 등) 속성을 활용

16 킹(G. B. King)이 제시한 참고면담과정에서 사서가 밝혀야 할 사항 중 첫 번째 단계에서 밝혀야 할 내용으로 가장 옳지 않은 것은?

① 이용자가 알고 싶은 것은 무엇인가?
② 이용자가 원하는 정보의 형태는 무엇인가?
③ 이용자는 그것을 어디에 사용할 것인가?
④ 그 주제에 관한 이용자의 지식 정도는 어떠한가?

17 보존처리 기술은 보존활동에서 가장 중요한 요소기술로서, 계획된 보존전략을 수행하는 일련의 기술적 접근방식이다. 보존처리 방식 중 기술적 접근방식이 가장 다른 것은?

① 파일재생
② 에뮬레이션
③ 아날로그 백업
④ 포맷전환

---

16 ② 원하는 정보의 형태나 양은 첫 번째 단계에서 밝혀야 할 내용은 아니다.
  ※ 참고사서가 면담과정에서 첫 번째로 확인해야 할 사항(킹의 질문분석 방법)
    ㉠ 이용자가 알고 싶은 것은 무엇인가?
    ㉡ 이용자가 알고 싶어 하는 이유는 무엇인가?
    ㉢ 이용자가 그것을 어디에 사용할 것인가?
    ㉣ 그 주제에 대한 이용자의 지식 정도는 어떠한가?

17 에뮬레이션(emulation) … 과거의 환경을 재현하는 것으로 보존된 디지털 자원이 생성되고 이용되었던 응용프로그램과 그 응용프로그램을 사용할 수 있는 운영체제 환경을 생성 당시와 같이 재현하여 당대의 기술에서도 디지털 자원의 변형 없이 사용할 수 있도록 하는 기술이다.
  ※ 보존처리 기술 방식

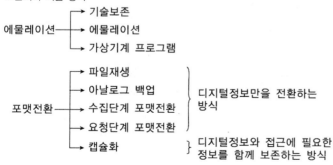

18 〈보기〉에 제시한 검색식으로 예상되는 검색량을 순서대로 연결한 것으로 가장 옳은 것은?

〈보기〉

ㄱ 정보 AND 검색   ㄴ 정보 OR 검색

ㄷ 정보 NEAR 검색   ㄹ 정보 WITH 검색

① ㄱ ≥ ㄴ ≥ ㄷ ≥ ㄹ   ② ㄴ ≥ ㄱ ≥ ㄷ ≥ ㄹ

③ ㄴ ≥ ㄹ ≥ ㄱ ≥ ㄷ   ④ ㄴ ≥ ㄱ ≥ ㄹ ≥ ㄷ

19 정보서비스 평가방법에 대한 설명으로 옳은 것을 〈보기〉에서 모두 고른 것은?

〈보기〉

ㄱ 사례연구 : 특정 환경이나 제한된 상황 속에서 나타나는 패턴과 전형적인 상태를 분석할 수 있는 기법이다.

ㄴ PPBS법 : 계획한 프로그램 달성에 들어간 비용에 중점을 둔 평가기법이다.

ㄷ 직접관찰법 : 즉각적이고 솔직한 해답을 기대할 수도 있고, 통제된 상황 하에서 수행되는 질문에 대한 해답 제시의 속도나 정확성의 정도를 검토하고 참고사서의 운영 능력을 측정, 평가하는 데 유용하다.

ㄹ 목표관리법(MBO) : 기대된 서비스에 대한 실제적 서비스 결과를 측정하는 기법이다.

① ㄱ, ㄷ   ② ㄱ, ㄴ, ㄷ

③ ㄱ, ㄷ, ㄹ   ④ ㄴ, ㄷ, ㄹ

ANSWER 18.②   19.②

18 검색 연산자

ㄱ 부울 연산자
- AND : 연산자 앞과 뒤에 있는 모든 단어가 포함된 결과를 검색
- OR : 연산자 앞이나 뒤에 있는 단어(또는 모두)를 포함하는 결과를 검색
- NOT : 연산자 다음에 있는 단어가 포함되지 않은 결과를 검색

ㄴ 인접 연산자
- NEAR : 연산자 앞과 뒤에 위치한 두 단어가 순서에 상관없이 서로 가깝게 위치한 결과를 검색
- ADJ : NEAR와 같으나 ADJ의 앞에 놓인 단어가 뒤에 놓인 단어보다 앞에 나오는 결과만 검색
- WITH : 연산자가 순서대로 인접하여 2단어 내에 있는 결과를 검색

19 ㄹ 목표관리법은 목표에 따라 인적 평가를 통한 효과를 점검한다. 기대된 서비스에 대한 실제적 서비스 결과를 측정하는 것은 DVT(Derived Value Test)법이다.

20 〈보기〉에 제시된 CCL 조건에 대한 설명으로 가장 옳은 것은?

〈보기〉

① 저작자와 출처를 표시하면 영리목적 이용도 허락한다.
② 저작자 및 출처를 표시하더라도 저작물 변경은 불가능하다.
③ 저작자와 출처를 표시하지 않더라도 자유로운 이용이 가능하다.
④ 2차적 저작물에는 원저작물에 적용된 라이선스와 동일한 라이선스를 적용해야 한다.

ANSWER 20.④

20 〈보기〉에 제시된 CCL 조건은 저작자표시 – 비영리 – 동일조건변경허락(BY – NC – SA)이다. 이 경우 저작자와 출처 등을 표시하면 저작물의 변경, 2차적 저작물의 작성을 포함한 자유이용을 허락한다. 단 영리적 이용은 허용되지 않고 2차적 저작물에는 원저작물에 적용된 라이선스와 동일한 라이선스를 적용해야 한다.

1 의학 관련 분야 데이터베이스로 미국 국립의학도서관에서 제작한 정보원은?

① BIOSIS
② MEDLINE
③ SCOPUS
④ SSCI

2 다음 설명에 해당하는 것은?

> • 첨단 기술과 장비 사용 방법을 배우고 추상적인 아이디어를 3D 스캐너와 프린터 등을 이용해 실제 결과물로 만들어내는 창의 공간
> • 사람들이 도구나 자원을 활용하는 방법을 배우고 창조적인 프로젝트를 개발할 수 있는 학습 공간
> • 자원을 공유하는 협력적 학습 환경이며, 지역사회 협력관계를 유지하는 협업 공간

① 라키비움
② 가상도서관
③ 메이커 스페이스
④ 인포메이션 코먼스

ANSWER 1.② 2.③

1 ① BIOSIS : 생물학 분야
③ SCOPUS : 과학기술, 의학, 생명과학, 사회과학 분야 학술지 초록 및 인용DB
④ SSCI : 사회과학 분야

2 제시된 내용은 메이커 스페이스에 대한 설명이다. 메이커 스페이스는 사람들이 함께 모여 3D 프린터 등 특정 기술과 장비를 가지고 상상 및 창의 활동을 지원하며, 새로운 것을 창조하고 협업하는 곳이다. 이용자들이 스스로 창의적으로 생각하며, 스스로의 해결책을 모색할 수 있도록 가르친다. 무한상상실, 아이디어팩토리, 해커스페이스 등의 용어들과 유사한 개념이다.

3 정보원을 생성과 가공의 방법에 따라 구분할 때, 3차 정보원에 해당하는 것은?

① 백과사전
② 명감
③ 초록
④ 서지의 서지

4 정보서비스 평가기법에 대한 설명 중 방법이 다른 기법은?

① 광범위한 범위에 걸쳐 짧은 시간 내에 객관적인 조사가 가능하다.
② 특정 표본 또는 무작위 표출집단을 대상으로 설문지를 배포하여 의견을 수렴하는 방법이다.
③ 모든 해답자에게 동일한 내용을 동일한 방식으로 질문함으로써 측정도구 변화에 따른 오류를 최소화할 수 있다.
④ 해답자를 대면하여 구두질문을 함으로써 원하는 정보나 의견, 태도, 경험 등과 같은 필요한 사실을 알아내는 방법이다.

5 참고면담과정에서 사용하는 폐쇄형 질문에 해당하는 것만을 모두 고르면?

> ㉠ 질문의 유형은 "도서나 학술논문이 필요한가요?"이다.
> ㉡ 고정된 답변이 없이 이용자가 자신의 용어를 사용해서 정보요구를 이야기하도록 격려한다.
> ㉢ 특정한 주제나 자료에 대한 이용자 의견을 좁혀서 명확하게 초점을 맞추려는 경향이 있다.
> ㉣ 사서의 경험이나 편견에 기초하여 이용자의 요구에 대해 너무 일찍 부정확한 결론에 도달하는 것을 피하도록 돕는다.

① ㉠, ㉡
② ㉠, ㉢
③ ㉡, ㉣
④ ㉢, ㉣

ANSWER 3.④ 4.④ 5.②

3 ①②③은 2차 정보원이다.
  ※ 정보원의 생성과 가공에 따른 분류
   ㉠ 1차 정보원 : 원작물, 원문의 내용을 전혀 가공하지 않은 것 → 단행본, 정기간행물, 학술잡지 등
   ㉡ 2차 정보원 : 1차 정보를 일정한 원칙에 의해 정리한 것 → 백과사전, 연감, 색인, 초록 등
   ㉢ 3차 정보원 : 2차 정보를 탐색하기 위해 2차 자료를 재가공한 것 → 서지의 서지

4 ①②③ 설문지법 ④ 면담기법

5 ㉡은 개방형 질문, ㉣은 중립형 질문에 해당한다.

6 자동색인에 사용되는 방법은?

① 클러스터링 기법   ② 형태소 분석 기법

③ 신경망 분류기   ④ K-means 기법

7 전통적인 불리언논리 모델에 대한 설명으로 옳은 것은?

① 질의어와 문헌 간 유사성을 계산하여 결과물을 유사성의 크기에 따라 순위화하는 모델이다.

② 각 용어에 대한 가중치는 질의 혹은 문헌에 있는 용어의 상대적 중요성에 해당된다.

③ OR 연산자는 탐색문에 있는 둘 이상의 동의어나 관련어를 연결시키는 데 사용한다.

④ 질의와 문헌 간 적합성 확률을 0%에서 100%까지 구분하여 적용하여 검색한다.

8 참고면담 기법에 대한 설명으로 옳지 않은 것은?

① 의사언어는 표정, 동작, 자세 등을 포함한다.

② 가공적 행위(artifacts)는 사회적 기능을 갖고 있고 이용자의 선입견에 영향을 미친다.

③ 감정이입은 이용자가 정서적으로 안정되어 질문표현을 정확하게 할 수 있도록 도와준다.

④ 이용자 질문이 있을 만한 서비스 구역 주위를 걷는 것은 긍정적인 신체언어이다.

ANSWER 6.②   7.③   8.①

6 자동색인에 사용되는 형태소 분석 기법은 문서에 포함되어 있는 단어들을 형태소 단위로 분석하여 색인어로서 가치가 있는 단어들을 추출한다.
①③④는 문헌 범주화와 관련 있다.

7 전통적인 불리언논리 모델은 불 논리 및 전통적인 집합론을 기반으로 하여 검색 대상이 되는 문서들과 사용자의 질의를 모두 단어들의 집합으로 간주한다. 전통적인 불리언논리 모델은 유사성, 용어 가중치 등을 사용하지 않는다.

8 ① 표정, 동작, 자세 등은 비언어적 기법 중 신체언어이다.

9 〈보기 1〉의 ㉠~㉢에 들어갈 말을 〈보기 2〉의 ⓐ~ⓕ에서 바르게 연결한 것은?

───────── 〈보기 1〉 ─────────

(㉠)는(은) 시스템 안에 있는 적합문헌 수에서 검색된 적합문헌 수의 비율이다.

(㉡)는(은) 시스템으로부터 검색된 문헌 수에서 적합문헌 수의 비율이다.

(㉢)는(은) 시스템 안에 있는 모든 부적합문헌 수에서 검색된 부적합문헌 수의 비율이다.

───────── 〈보기 2〉 ─────────

ⓐ 정확률   ⓑ 재현율

ⓒ 보편율   ⓓ 부적합률

ⓔ 배재율   ⓕ 누락률

	㉠	㉡	㉢
①	ⓐ	ⓑ	ⓒ
②	ⓑ	ⓐ	ⓓ
③	ⓐ	ⓑ	ⓔ
④	ⓑ	ⓐ	ⓕ

10 온라인 정보자원의 이용 통계에 대한 기록과 교환을 용이하게 하여 사서와 출판업자, 정보중개자를 지원하는 기관은?

① DOI   ② COUNTER

③ OAI-PMH   ④ SSO

....

ANSWER 9.② 10.②

9 ㉠ 재현율 : 시스템 안에 있는 적합문헌 수에서 검색된 적합문헌 수의 비율

㉡ 정확률 : 시스템으로부터 검색된 문헌 수에서 적합문헌 수의 비율

㉢ 부적합률 : 시스템 안에 있는 모든 부적합문헌 수에서 검색된 부적합문헌 수의 비율

10 COUNTER … 온라인 정보자원의 이용 통계에 대한 기록과 교환을 용이하게 하여 사서와 출판업자, 정보중개자를 지원하는 기관

① DOI(Digital Object Identifier) : 디지털 콘텐츠에 부여하는 식별자로 디지털 환경에서 콘텐츠 생산 및 유통, 이용을 활성화하기 위한 기술

③ OAI-PMH(Open Archives Initiative Protocol for Metadata Harvesting) : 승인된 이용자를 대상으로 기관이 보유한 메타데이터를 배포하는 서비스

④ SSO(Single Sign On) : 한 번의 로그인으로 여러 개의 서비스들을 이용할 수 있게 해주는 시스템

11 도서관 학술정보 탐색기능을 향상시키기 위한 웹 스케일 디스커버리 서비스(시스템)의 특징에 대한 설명으로 옳은 것은?

① 메타데이터를 통합하지 않은 분산검색 방식을 사용한다.
② 도서관 소장목록 검색과 학술자원 검색을 분리하여 실시간으로 검색하는 메타탐색 방법을 사용한다.
③ 이용자가 요청한 질의어를 디지털장서를 소유하고 있는 내외부의 장서 시스템에 전달하여 해당 시스템에서 수행된 검색결과를 조합하여 제공한다.
④ 도서관 장서, 기관 리포지토리, 구독하는 저널 기사, 공개 아카이브 자료 등을 포함하는 통합 색인을 구축하여 단일 인터페이스에서 탐색 결과를 제공한다.

12 시각장애인을 위한 특수자료 유형만을 모두 고르면?

㉠ 촉각도서	㉡ 녹음도서	㉢ 데이지(DAISY)자료

① ㉠   ② ㉠, ㉡
③ ㉡, ㉢   ④ ㉠, ㉡, ㉢

13 뉴스나 블로그와 같이 자주 갱신되는 정보를 이용자에게 쉽게 제공해 주기 위한 XML 기반의 서비스는?

① RFID   ② RSS
③ Topic Maps   ④ Z39.50

ANSWER 11.④ 12.④ 13.②

11 웹 스케일 디스커버리 시스템은 수많은 메타데이터에 대한 단일 색인을 생성하기 위해 출판사, 중개사업자, 통합도서관시스템, 기관레포지토리 등과 함께 업무를 수행한다.
① 메타데이터를 통합한 검색 방식을 사용한다.
② 도서관 소장목록 검색과 학술자원 검색을 분리하여 실시간으로 검색하는 메타탐색 방법은 분산검색 방식이다.
③ 단일 인터페이스에서 탐색 결과를 제공하는 것으로 각 시스템에서 수행된 검색결과를 조합하여 제공하는 것은 아니다.

12 제시된 특수자료 모두 시각장애인을 위한 특수자료 유형이다.
※ DAISY … 시각장애인과 독서장애인을 위한 매체의 역할을 하는 국제 디지털 음성 표준 포맷

13 RSS … Rich Site Summary 또는 Really Simple Syndication 등의 머리글자를 딴 용어로, 인터넷상의 수많은 정보 가운데 이용자가 원하는 것만 골라 서비스해주는 '맞춤형 정보 서비스'이다. 웹사이트 간에 자료를 교환하거나 배급하기 위한 XML 기반의 포맷으로, 뉴스·날씨·쇼핑 등 업데이트가 빈번히 이루어지는 웹사이트에서 사용자들에게 업데이트된 정보를 자동적으로 간편하게 제공하기 위해 사용된다. RSS는 원래 넷스케이프(Netscape)에서 신문기사를 손쉽게 제공하기 위하여 시작한 것으로, 1995년 MCF로 시작하여 RDF와 CDF를 거쳐 RSS로 정착하였다.

14 지프의 제1법칙(Zipf's Law)을 적용할 때, ㉠~㉢에 들어갈 숫자를 바르게 연결한 것은? (단, 상수는 120이다)

> 한 문헌에서 단어의 사용 빈도를 계산한 결과 'the'의 빈도가 가장 높은 것으로 나타났고, 그 다음으로 'of', 'and', 'to'의 순으로 높았다. 'the'라는 단어가 120번 사용되었다면, 같은 문헌에서 'of'는 (㉠)번, 'and'는 (㉡)번, 'to'는 (㉢)번의 사용 빈도를 나타낸다고 볼 수 있다.

	㉠	㉡	㉢
①	100	80	60
②	90	60	30
③	80	40	20
④	60	40	30

15 참고사서와 이용자의 의사소통에 대한 설명으로 옳은 것만을 모두 고르면?

> ㉠ 참고사서는 분노하거나 당황하는 이용자와 직면했을 때 일반적인 의사소통 능력뿐만 아니라 공감적 경청 기법을 사용한다.
> ㉡ 참고사서와 이용자의 개인적 상호작용은 올바른 정답을 주는 것만큼 이용자 만족과 재방문 의지에 중요한 요소이다.
> ㉢ 이용자가 표현하는 다양한 정보요구를 파악하는 의사소통기술에 대한 교육과 훈련이 필요하다.
> ㉣ 이용자와의 갈등을 최소화하기 위하여 이용자와 직원이 이용할 수 있는 성문화된 정책이 필요하다.

① ㉠

② ㉠, ㉡

③ ㉡, ㉢, ㉣

④ ㉠, ㉡, ㉢, ㉣

ANSWER 14.④ 15.④

14 지프의 제1법칙에 따르면 단어빈도와 단어순위는 반비례 관계가 나타난다(단어빈도 $\propto \frac{1}{\text{단어순위}}$). 즉, 빈도가 순위에 따라 정렬되어 주어졌을 때, 2위에 해당하는 빈도는 1위의 빈도의 1/2이 된다. 3위의 빈도는 1위 빈도의 1/3이 된다. 이러한 방식으로, n위의 빈도는 1의 1/n이 된다.

따라서 1위인 'the'가 120번 사용되었다면 2위는 그 1/2인 60, 3위는 그 1/3인 40, 4위는 그 1/4인 30번의 사용빈도를 나타낸다고 볼 수 있다.

15 제시된 내용 모두 옳은 설명이다.

16 도서관 정보리터러시에 대한 설명으로 옳은 것은?

① 이용자가 언제 정보가 필요한지를 알고, 필요한 정보를 식별하고, 평가하고, 효율적으로 사용하는 능력이다.
② 이용자에게 건물의 물리적 시설을 소개하고 이용자가 재방문하여 자원을 이용하도록 동기를 부여하는 데 목적이 있다.
③ 도서관 이용에 대한 교육으로, 도서관에서 소장하고 있는 정보자료를 상세하게 설명하는 것에 초점을 둔다.
④ 정보리터러시 교육 이론이 처음 발표되었을 때, 공공도서관 사서들이 다른 관종의 사서들에 비해 정보리터러시 교육프로그램 개발에 더욱 적극적이었다.

17 서지결합(bibliographic coupling)에 대한 설명으로 옳지 않은 것은?

① 두 문헌의 서지결합 빈도가 높을수록 두 문헌은 주제적으로 밀접한 관계를 가질 가능성이 높다.
② 특정한 두 문헌의 서지결합 빈도는 시간이 지나면서 계속 증가한다.
③ 두 문헌이 특정한 문헌을 동시에 인용하는 경우의 관계이다.
④ 초기 문헌들을 인용하는 나중 문헌들을 연결하는 것이다.

18 19세기 후반 미국에서 도서관 이용 교육의 필요성을 주장하여 오늘날 도서관 이용 교육에 커다란 영향을 준 인물로만 묶은 것은?

① Samuel Green, Otis Robinson
② Robert Taylor, Charles Bunge
③ Samuel Green, Michael Eisenberg
④ Charles Bunge, Otis Robinson

ANSWER 16.① 17.② 18.①

16 ② 오리엔테이션에 대한 설명이다.
③ 도서관 이용교육에 대한 설명이다.
④ 공공도서관 사서들보다는 대학도서관 등 학교도서관 사서들이 정보리터러시 교육프로그램 개발에 더욱 적극적이었다.

17 서지결합 ··· 1963년 Kessler가 제시한 이론으로 여러 개의 문헌이 공통 인용문헌을 하나 이상 갖고 있을 때 이 문헌들이 주제적으로 서로 관련 있다고 보는 기법이다.
② 동시인용법에 대한 설명이다.

18 Samuel Green은 1876년 미국도서관협회의 연차총회에서 공공도서관을 찾는 지역 주민에게 사서가 개인적인 도움을 활발히 제공하게 되면 궁극적으로는 공공 도서관을 이용하는 지역 주민이 증가하면서 공공도서관에 대한 지역사회의 재정 지원이 증가할 것이라고 주장하면서 미국의 도서관계가 참고서비스 업무를 적극적으로 수용하도록 이끌었던 도서관 사서이자 도서관 학자이다. Otis Robinson은 Green의 주장에 적극적으로 동조하였다.

19 Big6 Skills 모델의 기본 6단계 중 ㉠과 ㉡단계의 활동으로 옳은 것은?

| 과제 정의 → (   ) → (㉠) → (㉡) → (   ) → 평가 |

	㉠	㉡
①	소재 파악과 접근	통합정리
②	정보검색전략	소재 파악과 접근
③	소재 파악과 접근	정보활용
④	정보활용	통합정리

20 Karen Spärck Jones의 역문헌 빈도(inverse document frequency)에 대한 설명으로 옳은 것은?

① 특정 단어가 출현한 문헌의 수이다.

② 한 문헌에 특정 단어가 출현한 횟수이다.

③ 두 단어가 같은 문맥에 출현하면 이 단어들은 서로 관련이 있으며, 두 단어가 같은 문맥에 함께 출현하는 횟수가 많을수록 더 깊이 관련되어 있다.

④ 문헌 빈도가 낮은 단어에 높은 중요도를 부여하는 것으로, 많은 문헌에 출현한 단어는 문헌들을 식별하는 능력이 낮다는 가설에 기초한다.

ANSWER 19.③   20.④

19 Big6 모형은 정보문제 해결을 위한 처리과정 모형으로서 실제 학습상황에서 학생들의 연령에 따라 정보활용능력을 가르치는 방법이다. 기본적인 프레임웍은 6단계로 나누어져 있으며, 각 단계에는 2개씩의 하위 단계가 있다.

※ Big6 Skills 모델의 기본 6단계
   ㉠ 과제 정의
   ㉡ 정보검색 전략
   ㉢ 소재 파악과 접근
   ㉣ 정보활용
   ㉤ 통합정리
   ㉥ 평가

20 역문헌 빈도는 문헌 집단에서 출현빈도가 낮을수록 색인어의 중요도가 높다는 가정하에 가중치를 부여하는 기법이다.
① 문헌빈도에 대한 설명이다.
② 단어빈도에 대한 설명이다.

1 참고정보서비스에서 행하는 간접서비스 기능에 해당 하지 않는 것은?

① 서지데이터베이스의 구비
② 서지정보의 확인
③ 참고집서의 평가
④ 자원파일의 구축

2 〈보기 1〉에 제시된 질문의 유형에 대한 설명으로 옳은 것을 〈보기 2〉에서 모두 고른 것은?

─────── 〈보기 1〉 ───────

법령을 찾습니까? 아니면 통계를 찾습니까?

─────── 〈보기 2〉 ───────

㉠ 참고면담 과정에서 가장 먼저 활용할 수 있는 질문의 유형이다.
㉡ 면담 초기에 정보요구 상황과 갭(gab), 질문 목적을 알아내려는 방법으로 활용된다.
㉢ 질문자가 제시한 것 외에 해답의 다른 선택이 없는 질문이다.
㉣ 특정한 주제나 자료에 대해서 명확하게 초점을 맞추는 경향이 있다.

① ㉠, ㉡
② ㉡, ㉢
③ ㉢, ㉣
④ ㉠, ㉡, ㉢

ANSWER 1.② 2.③

1 참고정보서비스에서 행하는 간접서비스 기능으로는 ①③④ 이외에 참고사서의 연수, 평가 등이 있다.
② 서지정보의 확인은 직접서비스 기능에 해당한다.

2 〈보기 1〉의 질문은 법령 또는 통계로 대답이 정해져 있는 질문으로 폐쇄형 질문에 해당한다. 폐쇄형 질문은 특정한 주제나 자료에 대해서 명확하게 초점을 맞추는 경향이 있다.
㉠ 개방형 질문 ㉡ 중립형 질문

3 브레이빅(Breivik)의 정보 리터러시 우산(Information Literacy Umbrella)에 해당하지 않는 것은?

① 도서관 리터러시(Library Literacy)
② 컴퓨터 리터러시(Computer Literacy)
③ 네트워크 리터러시(Network Literacy)
④ 데이터 리터러시(Data Literacy)

4 엘리스(Ellis)의 정보탐색 모형에서 정보행위가 일어나는 순서대로 가장 바르게 나열한 것은?

① 시작-브라우징-추출-검증-차별화-종결
② 시작-연결-차별화-추출-검증-종결
③ 시작-브라우징-차별화-검증-추출-종결
④ 시작-연결-추출-차별화-검증-종결

5 협력형 디지털 참고 봉사 서비스의 모델인 'Question Point'에 대한 설명으로 가장 옳지 않은 것은?

① LC와 OCLC가 함께 개발한 글로벌 협력형 디지털참고정보서비스의 대표적인 예이다.
② 최소의 비용으로 24시간, 7일 동안 지속적으로 서비스를 제공할 수 있다.
③ 국제 협력을 통하여 대내외적으로 조직 및 기관 위상을 정립할 수 있다.
④ 수서업무 프로세스 개선과 자료구입 예산 집행의 효율성이 향상된다.

ANSWER 3.④ 4.② 5.④

3 브이레빅은 정보 리터러시에 대하여 우산을 예시로 설명하였다. 우산 손잡이에 해당하는 basic lyteracy를 통해 우산살(computer, library, media, network, visual literacy)이 완성되면 비로소 정보 리터러시가 획득된다고 보았다. 즉, 정보 리터러시를 손잡이와 우산살을 모두 포함하는 포괄적 개념으로 정의하였다.

4 엘리스는 정보의 수집과 접근과정에서 나타날 수 있는 핵심적인 행위를 8가지 범주로 설명하였다.
ㄱ **시작**(starting) : 정보추구를 시작하려고 이용자가 채택한 수단
ㄴ **연결**(chaining) : 이미 알고 있는 자료의 각주와 인용색인을 확인하거나, 인용색인을 통해 알고 있는 자료부터 시작하여 계속 찾아서 연결
ㄷ **브라우징**(browsing) : 반지시적 또는 반조직적 탐색
ㄹ **차별화**(differentiating) : 입수한 정보 양을 여과하기 위한 방법으로 정보원에서 이미 알고 있는 차이점을 이용
ㅁ **모니터**(monitoring) : 지속적 갱신 또는 현황주지 탐색
ㅂ **추출**(extracring) : 정보원에서 적합한 자료를 선별적으로 식별
ㅅ **검증**(verifying) : 정보의 정확석 조사
ㅇ **종결**(ending) : 최종 탐색을 통한 마무리

5 ④ 도서관의 네트워크 기능에 대한 설명이다.

6 학술 데이터베이스와 주제 분야를 짝지은 것으로 옳은 것은?

① MLA International Bibliography–법률 분야
② ABI/INFORM Complete –경제·경영 분야
③ PAIS International –화학 분야
④ WestLaw–문학 분야

7 〈보기〉는 자동색인의 색인어 추출과 선정 과정을 나타낸 것이다. 과정에 대한 설명으로 가장 옳지 않은 것은?

① ㈎ : 문장 단위의 용어 추출 기법   ② ㈏ : 불용어 제거
③ ㈐ : 통계적 기법과 비통계적 기법으로 선정   ④ ㈑ : 색인어 리스트

8 〈보기〉는 색인작업 시 미리 조합하여 만들어 놓은 색인어를 이용하여 정보를 검색하는 방법 가운데 하나를 설명한 글이다. ㉠에 가장 알맞은 단어는?

┌──────────────────〈보기〉──────────────────┐

(㉠)은/는 문헌들의 주제를 그 기본적인 범주 마다에 몇 개의 구성요소로 분석 후, 일정한 공식으로 범주를 합성하여 그 주제를 표현한 방법이다.

└──┘

① 용어열 색인   ② 유니텀 색인
③ 주제명 색인   ④ 패싯분류

ANSWER 6.② 7.① 8.④

6 ① MLA International Bibliography – 어문학 분야
③ PAIS International – 사회과학 분야
④ WestLaw – 법률 분야

7 ① ㈎ : 어절 단위의 용어 추출 기법

8 제시된 내용은 패싯분류에 대한 설명이다.

9 인용색인은 정보자료에 수록되어 있는 인용된 자료와 인용한 자료를 체계적으로 편성한 색인이다. 이에 대한 설명으로 가장 옳지 않은 것은?

① 인용된 문헌과 인용한 문헌들은 지적인 상관관계가 있다고 할 수 있다.
② 색인작성 과정에 색인자의 개입이 불필요하다.
③ 해외의 대표적인 인용색인 서비스인 SCOPUS는 Social Sciences Citation Index와 Science Citation Index를 제공한다.
④ 국내에서는 한국연구재단이 운영하는 Korea Citation Index 등이 있다.

10 정보검색 모형 중 질의와 문헌의 매칭 원리가 가장 다른 하나는?

① 불리언 모형
② 잠재의미색인 모형
③ 신경망 모형
④ 추론망 모형

11 학술지 『A』에는 2014년에 10편, 2015년에 10편, 2016년에 20편의 논문이 수록되어 있다. 그리고 2016년 한 해 동안 전 주제 분야에서 학술지 『A』의 2014년 발행된 논문을 30회, 2015년 발행된 논문을 30회, 2016년 발행된 논문을 40회 인용하였다. 학술지 『A』의 2016년 기준 영향력 지수(Impact Factor)는?

① 1.5
② 2
③ 2.5
④ 3

ANSWER 9.③ 10.① 11.④

9 ③ Social Sciences Citation Index와 Science Citation Index를 제공하는 것은 Web of Science이다. Web of Science는 과학기술, 사회과학, 인문학 및 예술 영역의 핵심적인 학술저널을 대상으로 한 인용 색인을 포함한다. SCOPUS는 과학기술, 의학, 생명과학, 사회과학 분야 학술지 초록 및 인용DB이다.

10 ①은 용어 매칭, ②③④는 유사도, 매칭 원리이다.

11 KCI 영향력 지수 $= \dfrac{\text{학술지의 논문이 인용된 총 횟수}}{\text{학술지에 수록된 논문의 수}}$

2016년 기준 영향력 지수이므로 2016년을 제외한 2014~2015년 수치를 기준으로 계산하면

$\dfrac{2014년\ 30회 + 2015년\ 30회}{2014년\ 10편 + 2015년\ 10편} = \dfrac{60}{20} = 3$

12 정보자료는 가공 여부에 따라 1차자료와 2차자료로 구분할 수 있다. 2차자료에 해당하는 것을 〈보기〉에서 모두 고른 것은?

〈보기〉

ㄱ 학술잡지   ㄴ 연감

ㄷ 서지   ㄹ 백과사전

① ㄱ, ㄴ   ② ㄱ, ㄷ

③ ㄱ, ㄴ, ㄷ   ④ ㄴ, ㄷ, ㄹ

13 〈보기〉에서 설명하는 자료유형의 영문 명칭은?

〈보기〉

• 학술잡지에 투고하기 위해 쓴 원고로 투고 전에 혹은 투고 후에 연구기관이나 연구자에게 비공식적으로 배포되는 자료
• 다른 연구자에게 피드백을 얻는 것과 선취권의 확보, 신속한 전달 등의 목적을 가짐

① Patent   ② Preprint

③ White paper   ④ Proceedings

14 MODS(Metadata Object Description Schema)의 장점으로 가장 옳지 않은 것은?

① 데이터요소가 더블린코어보다 풍부하다.
② 디지털자원의 여러 측면에 대한 데이터 표현이 가능하다.
③ MARC21레코드를 MODS로 변환하고 이 데이터를 다시 MARC로 완벽하게 변환 가능하다.
④ 다양한 장르의 디지털자원에 대한 서지정보 기술이 가능하다.

ANSWER 12.④   13.②   14.③

12 ㄱ 학술지, 신문, 잡지 등의 연속간행물은 1차자료에 해당한다.

13 〈보기〉는 출판 전 배포기사인 'Preprint'에 대한 설명이다.
① 특허문헌 ③ 백서 ④ 회의록

14 ③ MARC레코드와 상호호환이 가능하지만 완벽하게 변환이 가능한 것은 아니다.

15 〈보기〉가 설명하고 있는 용어로 가장 적합한 것은?

─────────── 〈보기〉 ───────────

• 누구나 자유롭게 사용하고 재사용하고 재배포할 수 있는 데이터
• 사람의 이해와 활용을 전제한 문서 중심의 웹을 기계 또한 사람처럼 이해하고 자동으로 처리할 수 있도록 데이터 중심의 웹으로 구축하는 것

① LOD   ② MOOC
③ Open API   ④ Virtual International Authority File

16 참고사서의 '학자로서의 자질'을 강조함으로써 사서의 전문성을 재정의한 사람은?

① Jesse Shera   ② William A. Katz
③ James I. Wyer   ④ Armstrong

17 브라우징(Browsing) 검색의 특징에 대한 〈보기〉의 설명 중 옳은 것을 모두 고르면?

─────────── 〈보기〉 ───────────

㉠ 예상치 못한 가치 있는 정보를 우연히 발견하기에 유리하다.
㉡ 이용자는 브라우징을 위해 특별한 검색 기법을 습득할 필요가 없다.
㉢ 정보검색시스템이 제공하는 정보의 개요를 파악하는 데 적합하다.
㉣ 정보검색 요구를 특정한 용어로 표현할 수 있을 때 적합하다.

① ㉠, ㉡   ② ㉡, ㉢
③ ㉢, ㉣   ④ ㉠, ㉡, ㉢

───

ANSWER 15.① 16.① 17.④

15 제시된 내용은 링크드오픈데이터(Linked Open Data)에 대한 설명이다. LOD는 '링크드데이터(Linked Data)'와 '오픈데이터(Open Data)' 성격을 모두 갖는 데이터로, 링크드데이터 구축 원칙에 맞게 만든 개방형데이터라고 할 수 있다.

16 Jesse Shera는 참고사서에 대해 이용자와 동등한 입장에서 대화할 수 있도록 지적깊이와 창조력을 갖춘 학자일 것을 강조하며 사서의 전문성을 재정의하였다.

17 ㉣ 탐색에 대한 설명이다.

18 〈보기〉가 설명하고 있는 학술지 평가지수는?

───────────── 〈보기〉 ─────────────

- Google에서 사용하는 PageRank 알고리즘을 사용하여 분석한다.
- 동일한 1회의 인용이라 하더라도 학술지의 명성에 따라 영향력을 달리 계산한다.
- 지난 3년간의 데이터를 분석한다.
- 특히 국가별 자료를 제공한다.
- SCI에 등재되지 않은 Open Access 학술지의 평가에 유용하다.

① Impact Factor   ② Journal Cited Half-Life

③ SJR Indicator   ④ Article Influence Score

19 〈보기〉에서 설명하는 디지털 장서관리 방법은?

───────────── 〈보기〉 ─────────────

장서에 포함되는 자원의 범위, 접근방식, 개발전략, 보존처리 등의 영역에 대해 수준별로 현재 장서의 현황을 기술하거나 장서를 평가할 수 있도록 하는 방법

① 컨스펙터스(Conspectus)   ② 서지기술법(Bibliographic Description)

③ 판도라(PANDORA)   ④ 디콜렉션(dCollection)

....

ANSWER 18.③ 19.①

18 'SJR Indicator'는 스페인 Consejo Superior de Investigaciones Cintificas의 Felix de Moya 교수에 의해 개발된 것으로, '모든 인용은 동등하지 않다.'는 전제를 기반으로 둔 학술지의 영향력 지수이다. Google의 PageRank 알고리즘을 사용하며, SCI에 등재되지 않은 Open Access 학술지의 평가에 유용하다.

　① JCR에서 사용하고 있는 'Impact Factor'는 최근 2년간 학술지에 수록된 논문의 인용 수를 최근 2년간의 논문 편수로 나눈 값을 말한다.

　② 'Journal Cited Half-Life'는 가장 최근 년도로부터 과거로 소급하여 인용문헌의 누적 합계가 전체 인용비율의 50%가 되는 시점을 나타낸다.

　④ 'Article Influence Score'는 한 저널이 출판된 후 5년 동안 개개 논문들의 상대적인 영향력 값의 평균을 말하며, 전체 논문의 평균값은 1.00으로 나타낸다.

19 컨스펙터스(Conspectus) … 도서관 장서를 개발하기 위해 장서에 관한 정보를 수집, 기록, 제공하는 장서기술 방법인 동시에 이를 기반으로 장서를 평가할 수 있는 평가도구이다. 컨스펙터스의 사전적 의미는 '일반적이고 포괄적인 개설, 개요, 요약으로 문헌정보학에서는 주로 '장서에 관한 개요, 요약으로 정의하고 있다. 즉 도서관장서를 주류, 강목, 요목 별로 구분하고, 각 주제별로 장서에 대한 개요나 요약을 제시한 것이다. 장서에 대한 개요요 요약이란 컨스펙터스주제번호별로 장서의 현재장서수준, 수집의지수준, 목표장서수준을 표준화된 장서수준기호로 명시하는 것을 의미한다. 장서수준기호로는 등간척도로 구성된 0에서 5까지의 기호가 사용된다.

20 대상 객체가 지니고 있는 여러 자질을 이용하여 유사성 등을 계산하고 유사성 거리가 가까운 객체들끼리 그룹이 되는 군집화 과정에서 사용되는 측정 도구에 대한 설명으로 가장 올바르게 연결된 것은?

① 거리계수 : 두 대상의 속성이 일치하는 정도를 측정하는 방법
② 상관계수 : 두 대상을 표현하는 분류자질들의 벡터 쌍에 대한 독립성을 측정하는 방법
③ 연관계수 : 두 사건 확률변수 간의 의존적인 관계를 수량화하여 나타내는 방법
④ 확률적 유사계수 : 벡터 공간상 대상 간의 상이성을 측정하는 방법

ANSWER 20.②

20 ① 연관계수에 대한 설명이다.
③ 확률적 유사계수에 대한 설명이다.
④ 거리계수에 대한 설명이다.

1 정보서비스 이론(또는 철학)에 대한 설명으로 옳은 것만을 모두 고르면?

> ㉠ 교육이론은 이용자교육에 기반을 두고 있으며, 보수적 이론 또는 최소 이론이라고도 한다.
> ㉡ 자유이론은 이용자의 모든 요구를 만족시키는 것을 전제로 하며, 진보적 이론 또는 최대 이론이라고도 한다.
> ㉢ 중도(중용)이론은 과도기적 이론으로 사서는 이용자가 정보를 찾도록 돕지만, 그 결과까지 책임질 필요가 없다는 것이다.

① ㉠   ② ㉠, ㉡
③ ㉡, ㉢   ④ ㉠, ㉡, ㉢

2 전자우편을 활용한 디지털 참고정보서비스에 대한 설명으로 옳지 않은 것은?

① 시간과 공간의 제약 없이 커뮤니케이션을 할 수 있다.
② 동시성으로 인해 즉시 답변을 해야 한다.
③ 비언어적 의사소통 수단의 이용이 어렵다.
④ 사서와 이용자 간 상호작용의 내용을 기록보존할 수 있다.

ANSWER 1.④ 2.②

1   ㉠, ㉡, ㉢ 모두 옳은 설명이다.
     ㉢에서 중도이론은 결과까지 책임질 의무는 없으며, 결과에 대한 평가와 책임까지 담당하는 것은 진보이론에 해당한다.

2   ② 전자우편은 비동시성을 가진다.

3 델로스 선언(The DELOS Manifesto)에서 제시한 디지털도서관 운영체제를 구성하는 여섯 가지 개념에 해당하지 않는 것은?

① 개방(openness)
② 이용자(user)
③ 품질(quality)
④ 정책(policy)

4 다음 설명에 해당하는 온톨로지 언어(ontology language)의 구성요소는?

> • 개념이나 개체의 특정한 성질 및 성향
> • (예시) "홍길동은 <u>키가 175 cm, 나이는 25세이다.</u>"에서 밑줄을 표현하기 위한 적절한 구성요소

① 클래스(class)
② 인스턴스(instance)
③ 관계(relation)
④ 속성(property)

ANSWER 3.① 4.④

3 델로스 선언에서 제시한 디지털도서관 운영체제를 구성하는 여섯 가지 개념
ⓐ 콘텐트(Content) : 디지털도서관을 구성하는 정보객체
ⓑ 이용자(User) : 디지털도서관과 상호작용하는 다양한 행위자
ⓒ 기능(Functionality) : 디지털도서관이 제공하는 다양한 서비스
ⓓ 품질(Quality) : 디지털도서관을 평가하는 기준
ⓔ 정책(Policy) : 디지털도서관과 이용자들 간의 상호작용을 통제하는 규정
ⓕ 아키텍처(Architecture) : 디지털도서관의 시스템

4 온톨로지 언어의 구성요소
ⓐ 클래스(class) : 일반적으로 우리가 사물이나 개념 등에 붙이는 이름
ⓑ 인스턴스(instance) : 개념의 구체물이나 사건 등의 실질적인 형태
ⓒ 관계(relation) : 클래스, 인스턴스 간에 존재하는 관계
ⓓ 속성(property) : 클래스나 인스턴스의 특정한 성질 및 성향

5 정보서비스 제공기관과 해당 정보서비스를 바르게 연결한 것은?

정보서비스 제공기관	정보서비스
㉠ Clarivate Analytics(이전 Thomson Reuters)	A. PQDT
㉡ Elsevier	B. NDSL
㉢ ProQuest	C. Web of Science
㉣ KERIS	D. ScienceDirect
㉤ KISTI	E. RISS

① ㉠ − D, ㉡ − C, ㉢ − A
② ㉠ − C, ㉣ − B, ㉤ − A
③ ㉡ − C, ㉢ − A, ㉣ − D
④ ㉢ − A, ㉣ − E, ㉤ − B

6 다음 내용이 설명하는 자동색인 작성 기법은?

〈작업 전〉		〈작업 후〉
connect, connected, connecting	→	connect
engineer, engineering, engineered	→	engineer

① 어근 처리(stemming)
② 불용어(stop words) 제거
③ 가중치(weighting) 부여
④ N−그램(N-gram)

ANSWER 5.④ 6.①

5 ㉠ Clarivate Analytics − C. Web of Science
　　㉡ Elsevier − D. ScienceDirect
　　㉢ ProQuest − A. PQDT
　　㉣ KERIS − E. RISS
　　㉤ KISTI − B. NDSL

6 제시된 내용은 단어의 어근을 기준으로 색인을 작성하는 어근 처리(stemming)에 해당한다.

7 LibQUAL+에 대한 설명으로 옳지 않은 것은?

① SERVQUAL 모형을 도서관 환경에 맞게 수정하여 만든 모형이다.
② 도서관 서비스 품질에 대한 이용자의 최저(minimum), 인식(perceived), 기대(desired) 서비스 수준을 조사하여 평가한다.
③ 인식(perceived) 서비스 수준은 도서관이 현재 제공하는 서비스 수준을 나타낸다.
④ 특정 서비스에 대한 이용자의 인식 이유를 설명할 수 있는 모형이다.

8 장애인 참고정보서비스에 대한 설명으로 옳지 않은 것은?

① 이동장애인에 대한 참고정보서비스를 위해서는 장애 상태 정보, 현행 법률, 의학 정보 등이 필요하다.
② 청각장애인에 대한 참고정보서비스를 위해서는 참고사서의 감성과 기술이 필요하다.
③ 시각장애인을 위한 특수자료에는 점자도서, 수화·자막영상물 등이 있다.
④ 발달장애인을 위한 자료에는 큰 활자, 간단한 내용, 그리고 혼란스럽지 않은 그림이 포함되는 것이 바람직하다.

ANSWER 7.④ 8.③

7 LibQUAL+는 웹 기반 이용자 조사를 통해 도서관 서비스 품질에 대한 이용자의 인식을 측정하는 것이 목적이다.
④ LibQUAL+는 특정 서비스에 대한 이용자의 인식 이유를 설명할 수 없다는 단점이 있다.

8 ③ 수화·자막영상물은 청각장애인을 위한 특수자료이다.

9 다음 시소러스 사례에서 ⑦~㉣에 들어갈 용어 간 관계기호를 바르게 연결한 것은?

경제사회이사회	국제연합
BT 국제연합	(⑦) UN
	(ⓛ) 국제연합해상물건운송협약
국제기구	(ⓒ) 경제사회이사회
UF 국제기관	(㉣) 국제기구
국제단체	
국제조직	국제연합해상물건운송협약
NT 제노동기구	RT 국제연합
국제연합	해상물건운송
	UN
	USE 국제연합

	⑦	ⓛ	ⓒ	㉣
①	UF	RT	BT	NT
②	USE	BT	NT	RT
③	UF	RT	NT	BT
④	USE	RT	NT	BT

10 청소년을 위한 참고정보서비스에 대한 설명으로 옳지 않은 것은?

① 패스파인더(pathfinder)는 부끄러워서 도움을 요청할 수 없거나, 독자적으로 작업하는 것을 선호하는 청소년들에게 효과적이다.

② 청소년은 어린이 자료뿐만 아니라 성인 대상 자료에 대한 접근도 필요하다.

③ 청소년은 공공도서관과 학교도서관의 서비스를 받으며, 경우에 따라 대학도서관의 서비스도 받는다.

④ 청소년은 자료의 이용을 도와주는 부모 또는 기타 어른에 대한 의존도가 매우 높다.

ANSWER 9.③ 10.④

9 ⑦ UF(Use For) : 다음에 오는 용어가 비우선어임을 지시(역참조) ↔ USE
  ⓛ RT(Related Term) : 관계어
  ⓒ NT(Narrow Term) : 하위어
  ㉣ BT(Broader Term) : 상위어

10 ④ 청소년은 자료의 이용을 도와주는 부모 또는 기타 어른에 대한 의존도가 낮다.

11 전 세계에서 출판되는 정기·비정기 연속간행물의 서지정보를 알 수 있는 참고정보원은?

① Books in Print
② Ulrich's
③ Infoplease
④ NTIS

12 정보리터러시 교육에 대한 설명으로 옳지 않은 것은?

① 사서가 무엇을 어떻게 가르치는지에 초점을 둔다.
② 평생학습자로서의 기반지식을 습득한 정보지식인을 양성하기 위한 것이다.
③ 이용자 스스로 정보가 필요한 시점을 인식하도록 하는 교육이 중요하다.
④ 이용자가 정보를 통해 스스로 학습하는 능력을 기르는 것을 추구한다.

13 RFID 기술에 대한 설명으로 옳지 않은 것은?

① 무선주파수를 활용한 자동인식 기술로 도서관의 장서관리, 대출·반납 등 다양한 서비스에 활용되고 있다.
② 복수의 RFID 태그를 일괄 인식하고 동시에 처리할 수 있다.
③ 메모리를 탑재하고 있어 데이터를 영구히 저장할 수 있지만 한번 저장한 정보는 추가 또는 수정이 불가능하다.
④ 리더(reader)는 태그에서 발생하는 신호정보를 생성 및 해독하는 도구로 이동식과 고정식이 있다.

ANSWER 11.② 12.① 13.③

11 ② Ulrich's는 전 세계에서 출판되는 정기, 비정기 간행물에 대해 주제별로 구분하고 서명색인 및 출판사 정보를 제공하고 있는 참고정보원이다.
① Books in Print : 단행본과 전집 대상의 상업 서지 정보
③ Infoplease : 이용자들이 직접 탐색할 수 있도록 하는 참고정보원(역사적 사실, 사전, 백과사전, 인명사전, 스포츠, 세계정보, 비즈니스 등)
④ NTIS(National Science&Technology Information Service) : 국가과학기술지식정보서비스

12 정보리터러시 … 정보의 필요성을 인식하고, 유용한 정보원을 탐색하고, 정보에 접근하고, 비판적으로 판단하며, 필요한 정보를 이용해 문제 해결을 수행할 수 있는 광범위한 능력
① 정보리터러시 교육은 이용자에 초점을 둔다.

13 ③ RFID는 메모리를 탑재하고 있어 저장한 정보의 추가 또는 수정이 가능하다.

14 인접검색(proximity searching)에 대한 설명으로 옳지 않은 것은?

① 용어의 일부분을 생략하고 나머지 부분만을 검색어로 사용하는 방법이다.
② 두 용어의 인접 정도와 순서 적용 여부를 선택할 수 있다.
③ 특정한 단어구를 포함한 문헌을 찾는 경우에도 유용하다.
④ 검색의 정확률을 높이는 효과가 있다.

15 다음 도구를 활용하기에 적절한 이용자교육 설계 단계는?

> • 여섯 가지 수준의 인지적 영역으로 학습의 계층적 조직을 제공하는 블룸(Benjamin Bloom)의 택소노미
> • 심리 · 운동적 영역을 상세히 분류한 심슨(Elizabeth Simpson)의 택소노미
> • 중요성 인식 및 태도 형성과 관련된 정의적 영역을 구분한 크래스홀(David Krathwohl)의 택소노미

① 요구 평가   ② 목표 설정
③ 교수 자료 개발   ④ 결과 평가

ANSWER 14.① 15.②

14 인접연산자 WITH에 대한 문제이다.
　　① 어휘절단 연산자에 대한 설명이다.

15 제시된 내용은 목표 설정 단계에서 활용이 가능하다.
　　• 블룸은 교육목표를 크게 인지적 영역, 정의적 영역, 심리 · 운동적 영역으로 구분하였으며, 인지적 영역을 다시 지식, 이해력, 적용력, 분석력, 종합력, 평가력의 여섯 가지 수준으로 구분하였다.
　　• 심슨은 블룸의 교육목표 중 심리 · 운동적 영역을 상세화하였다.
　　• 크래스홀은 정의적 영역을 중요성 인식 및 태도 형성과 관련하여 구분하였다.

16 다음 단어가중기법에 대한 설명으로 옳은 것은?

> 단어빈도(term frequency) × 역문헌빈도(inverse document frequency)

① 특정한 문헌 내에 출현한 단어의 총 빈도에서 특정한 단어의 출현빈도를 고려한 상대빈도이다.

② 전체 문헌의 수에서 특정한 단어가 출현하는 문헌의 수를 활용하여 단어빈도의 상대적인 중요성을 고려한 기법이다.

③ 단순한 단어빈도에 의한 가중치 계산의 문제점을 보완하기 위해 문헌의 길이를 고려한 기법이다.

④ 특정한 문헌에서는 낮은 출현빈도를 가지지만 전체 문헌에서는 높은 빈도를 가지는 단어를 색인어로 선정하고자 하는 기법이다.

17 도서관 이용자교육에 대한 설명으로 옳지 않은 것은?

① 서비스 현장교육(point-of-use instruction)은 참고사서가 이용자의 질문에 해답하는 과정에서 이용자의 요청에 의해 이루어지는 개별교육이다.

② 서지교육은 이용자가 연구 과제를 위해 전문적인 정보원에서 필요한 정보를 효과적으로 찾을 수 있도록 교육하는 것으로, '전문탐색지도'라고도 불린다.

③ 정보관리교육은 공공도서관에서 각종 문헌정보 탐색과 자료 정리 방법 등을 교육하는 것에서 시작되었다.

④ 도서관 오리엔테이션은 도서관 시설, 조직 및 서비스 등 도서관 시스템 전반을 간단히 소개하는 초급 단계의 이용자 교육이다.

ANSWER 16.② 17.③

16 문헌빈도를 바탕으로 한 역문헌빈도기법에 대한 문제이다.
- 전체 문헌의 수에서 특정한 단어가 출현하는 문헌의 수→문헌빈도
- 단어빈도의 상대적인 중요성→단어빈도

17 ③ 정보관리교육은 이용자들이 정보를 확인·검색하고 평가하여 이를 이용할 수 있도록 교육하는 것으로, 1980년대에 의학도서관에서 의사들에게 의학정보를 탐색하는 방법과 수집된 자료를 관리하는 방법을 가르친 것에서 시작되었다.

18 디지털 환경에서 저작권 보호와 관리를 위한 개념 및 방법만을 모두 고르면?

⊙ Digital Watermarking

ⓒ Digital Fingerprinting

ⓒ Creative Commons License

ⓔ Migration

---

① ⊙, ⓒ

③ ⓒ, ⓒ, ⓔ

② ⊙, ⓒ, ⓒ

④ ⊙, ⓒ, ⓒ, ⓔ

19 정보검색의 역사에서 ⊙∼ⓒ에 들어갈 내용을 바르게 연결한 것은?

• 1940년대 부쉬(Vannevar Bush)는 기계를 사용한 정보검색 시스템의 초기 원형이 되는 (⊙)(이)라 불리는 가상도구를 제안하였다.

• 1950년대 토오브(Mortimer Taube)는 통제되지 않은 단일어를 사용하여 색인한 (ⓒ)시스템을 개발하였다.

• 1970년대에는 배치(batch) 방식 시스템인 MEDLARS가 온라인 검색서비스인 (ⓒ)(으)로 변환되어 서비스되었다.

	⊙	ⓒ	ⓒ
①	MEMEX	Uniterm	MEDLINE
②	Uniterm	MEMEX	DIALOG
③	Zatocoding	Uniterm	MEDLINE
④	MEMEX	Zatocoding	DIALOG

ANSWER 18.② 19.①

18 ⊙ Digital Watermarking : 콘텐츠 내부에 소유권자나 판매권자의 정보가 삽입

ⓒ Digital Fingerprinting : 콘텐츠 내부에 구매자의 정보가 삽입(불법 복사 및 배포 방지)

ⓒ Creative Commons License(CCL) : 저작물 이용 허락 라이선스

※ Migration(마이그레이션) … IFLA의 「디지털 정보보존 보고서」에서는 Migration을 '하나의 하드웨어/소프트웨어 환경으로부터 다른 것으로, 혹은 하나의 컴퓨터 기술로부터 이어지는 기술로 주기적으로 이전하는 것'으로 정의한다.

19 ⊙ MEMEX, ⓒ Uniterm, ⓒ MEDLINE에 대한 설명이다.

20 검색용 통제어휘에 대한 설명으로 옳지 않은 것은?

① 동일한 의미의 용어들은 용어간의 관계를 미리 설정하여 사용한다.

② 시소러스, 주제명표 목표, 분류표 등을 사용하여 선정할 수 있다.

③ 검색어휘로 특별하게 정의된 용어이다.

④ 일상에서 사용하는 명사, 형용사, 동사, 부사 등을 모두 사용할 수 있다.

ANSWER 20.④

20 ④ 자연어에 대한 설명이다. 검색용 통제어휘에서는 형용사, 동사, 부사 등의 사용이 제한된다.

1 다음 설명에 해당하는 정보서비스는?

> • 참고서비스의 원형이라고 말할 수 있으며 참고서비스의 출발과 함께 성장해 왔다.
> • 이용자의 과거 독서 선호도에 기초하여 특정 도서나 작가를 추천하거나 추천리스트를 제공해 주는 서비스이다.

① 최신정보주지 서비스   ② 독서치료
③ 연구협조와 자문   ④ 독자상담서비스

2 이용자와의 참고면담 과정에서 사서가 행한 행위로 옳은 것만을 모두 고르면?

> ㉠ 사서는 이용자의 관점에서 질문을 이해하기 위해 중립적 질문을 하였다.
> ㉡ 소급 정보를 요구하는 이용자에게 2차 자료를 제시하였다.
> ㉢ 탐색의 범위를 넓히기 위하여 점진분할전략을 채택하였다.
> ㉣ 정확률을 높이기 위하여 절단 검색을 실시하였다.

① ㉠, ㉡   ② ㉠, ㉣
③ ㉡, ㉢   ④ ㉢, ㉣

ANSWER 1.④ 2.①

1 참고서비스의 원형은 독자 상담을 바탕으로 하는 독자상담서비스이다. 독자상담서비스는 이용자의 고거 독서 선호도에 기초하여 그에 맞는 특정 도서나 작가를 추천하거나 추천리스트를 제공해 주는 서비스이다.

2 ㉢ 점진분할전략은 탐색 질문 주제 중에서 가장 광범위한 일반적인 개념을 검색하여 얻은 결과에 다른 필요한 개념들을 결합하여 탐색의 폭을 좁혀나가는 방법이다. 즉, 탐색의 범위를 좁혀야 할 때 채택하는 전략이다.
㉣ 정확률을 높이기 위해서는 검색식에 입력된 문자열과 정확히 일치하는 단어를 찾아내는 완전 검색을 실시해야 한다.

3 도서관 이용자 교육의 적합한 평가방법과 그에 따른 수행 내용으로 옳지 않게 짝지은 것은?

① 관찰법 – 도서관 이용 행태와 정보 탐색 행태를 관찰하였다.
② 면접법 – 학습자, 교수, 사서의 견해를 구했다.
③ 설문조사법 – 조사할 사항을 문항별로 작성하여 학습자의 의견을 쓰게 하였다.
④ 다면평가법 – 표준화된 정보리터러시 평가 도구 SAILS로 성과를 측정하였다.

4 사회과학 분야와 법학 분야 정보원으로 옳게 짝지은 것은?

㉠ IEEE Xplore	㉡ AGRICOLA
㉢ PAIS International	㉣ LEXIS

① ㉠, ㉡
② ㉠, ㉣
③ ㉡, ㉢
④ ㉢, ㉣

5 도서관 이용자 교육에 대한 설명으로 옳지 않은 것은?

① 견학은 도서관에 대한 세부적인 설명이 가능하여 이용자의 이해를 증진시킨다.
② 컴퓨터 보조 교육은 학습자의 필요에 따라 교육의 진도를 자유롭게 조절할 수 있다.
③ 정보리터러시 교육은 사서가 무엇을 가르치는지 보다는 이용자가 무엇을 배우는지에 초점을 둔다.
④ 참고면담을 통한 일대일 교육은 이용자의 문제해결에 필요한 교육을 적시에 제공할 수 있다.

ANSWER 3.④ 4.④ 5.①

3 도서관 이용자 교육의 평가방법으로는 관찰법, 면접법, 설문조사법이 있다. 다면평가란 단일의 대상에 대해 다양한 원천으로부터 정보를 수집하고 결과를 결합하여 평가하는 것을 말한다.

4 ㉠ IEEE(Institute of Electrical and Electronics Engineers) Xplore 전기전자공학 분야
㉡ AGRICOLA 농업 분야
㉢ PAIS International 사회과학 분야
㉣ LEXIS 법학 분야

5 ① 견학은 도서관에 대한 세부적인 설명이 불가능하여 이용자에게 도서관에 대한 잘못된 인식을 심어줄 우려가 있다.

6 도서관 이용자 교육의 방법 중 하나인 강의 방식에서 직접 교수법에 대한 설명으로 옳지 않은 것은?

① 학습자가 수업을 주관한다.
② 수업 규모가 클 경우 학습자와 교육자 간에 피드백이 어렵다.
③ 짧은 시간에 많은 정보를 전달할 수 있는 이점이 있다.
④ 배운 지식을 직접 적용해 볼 실습 기회가 적은 단점이 있다.

7 밑줄 친 내용과 같은 정보안내서비스에 해당하지 않는 것은?

> ○○시 발표에 따르면 청년 인구 비율이 전국 1위인 △△구에는 지상 4층 규모의 '창업·비즈니스 도서관'이 건립된다. 구 관계자는 "책을 읽고 공부하는 도서관 본연의 목적을 넘어 향후 청년의 취업 및 창업을 돕는 무료상담과 직업정보 등을 제공하는 복합 문화 시설로서의 역할도 기대된다."라고 밝혔다.

① 일상생활과 관련된 정보를 중심으로 서비스를 제공한다.
② 책자형 참고자료를 활용하여 전문 학술정보 서비스를 제공한다.
③ 지역사회 이용자의 정보요구를 파악하여 능동적인 서비스를 제공한다.
④ 지역사회 정보서비스의 일환으로 지역사회와 도서관을 연결하는 서비스를 제공한다.

ANSWER 6.① 7.②

6 ① 직접 교수법은 교수자가 수업을 주관한다. 학습자가 수업을 주관하는 것은 간접 교수법에 대한 설명이다.

7 ② 밑줄 친 '청년의 취업 및 창업을 돕는 무료상담과 직업정보 등을 제공'하는 것은 비책자형 참고자료를 활용하여 일상생활과 관련된 정보를 중심으로 서비스를 제공하는 것이다.

8 도서관 이용자의 질문 유형과 해당하는 참고정보원으로 옳게 짝지은 것만을 모두 고르면?

> ㉠ 인물 및 전기에 관한 질문 – 알마넥(Almanac)
> ㉡ 지리 정보에 관한 질문 – 여행안내서
> ㉢ 언어에 관한 질문 – 정기간행물 데이터베이스
> ㉣ 주제의 일반적 개념이나 사건 배경에 관한 질문 – 백과사전

① ㉠, ㉢
② ㉠, ㉣
③ ㉡, ㉢
④ ㉡, ㉣

9 다음 정보서비스의 평가 방법에 대한 설명으로 옳은 것은?

> • 질적 연구 방법의 하나이다.
> • 특정한 주제와 관련 있는 선택된 소규모 그룹을 대상으로 진행된다.
> • 규제나 감독 없이 자유로운 분위기에서 토의하는 방법이다.

① 지역분석법(CIPP)
② 사례조사법(Case Study)
③ 표적 집단 면담(Focus Group Interview)
④ 비밀조사법(Unobtrusive Observation)

ANSWER 8.④ 9.③

8 ㉠ Almanac, Yearbook, Annual 등은 1년간의 추이를 중심으로 발생한 각종 사건을 기록·해설하는 연속간행물 즉, 연감으로 특정 주제 분야의 현황과 추이, 전망 또는 단체, 기관 등의 동향을 포착할 때 유용하게 사용할 수 있다.
㉢ 언어에 관한 질문 유형에 활용할 수 있는 참고정보원으로는 어학사전 등이 있다.

9 제시된 내용은 표적 집단 면담에 대한 설명이다. 표적 집단 면담은 특정한 주제와 관련 있는 선택된 소규모 그룹, 즉 표적 집단을 대상으로 규제나 감독 없이 자유로운 분위기에서 토의를 진행한다.

10 다음은 미국도서관협회(ALA)가 발표한 '정보서비스 제공자의 행동 지침'에서 제시한 참고면담의 단계이다. 이를 순서대로 바르게 나열한 것은?

> ㈎ 경청과 질문(Listening/Inquiring)
> ㈏ 탐색(Searching)
> ㈐ 흥미(Interest)
> ㈑ 접근용이성(Visibility/Approachability)
> ㈒ 후속 조치(Follow-up)

① ㈎→㈏→㈐→㈑→㈒
② ㈐→㈎→㈏→㈑→㈒
③ ㈑→㈎→㈐→㈏→㈒
④ ㈑→㈐→㈎→㈏→㈒

11 다음 후조합색인에 관한 설명으로 옳은 것만을 모두 고르면?

> ㉠ 문헌의 주제를 구성하는 각각의 개념마다 색인어를 부여한다.
> ㉡ 탐색자가 색인어를 조합하여 문헌을 검색할 수 있다.
> ㉢ 유니팀(Uniterm) 개념이 적용된 색인은 후조합색인에 해당한다.
> ㉣ 열거식 분류표에 제시된 분류기호는 후조합색인에 해당한다.

① ㉠, ㉡
② ㉢, ㉣
③ ㉠, ㉡, ㉢
④ ㉡, ㉢, ㉣

....

ANSWER 10.④ 11.③

10 ALA 참고면담 가이드라인 5단계
㉠ 접근용이성(Visibility/Approachability) : 참고사서가 이용자에게 도움을 주려고 함을 나타내야 함
㉡ 흥미(Interest) : 이용자가 찾아오면 이용자에게 집중하여 관심 있음을 보여줌
㉢ 경청과 질문(Listening/Inquiring) : 이용자의 말을 경청하고 이용자의 질문과 요청에 대하여 들은 내용을 다시 반복해서 재진술
㉣ 탐색(Searching) : 참고정보원 활용기술을 통해서 습득한 자료, 그 밖에 여러 가지 폭넓은 자료를 대상으로 탐색을 수행
㉤ 후속 조치(Follow-up) : 탐색결과, 관내에서 자료를 찾을 수 있다면 사서가 함께 자료가 있는 곳까지 가서 이용할 수 있도록 도와줌

11 ㉣ 열거식 분류표에 제시된 분류기호는 전조합색인에 해당한다.

12 정보검색 방법에 대한 설명으로 옳은 것만을 모두 고르면?

> ㉠ 탐색은 알고 있는 특정한 정보 요구에 적합하다.
> ㉡ 브라우징은 시간 소모적이며 산만하여 이용자가 혼란스러울 수 있다.
> ㉢ 브라우징은 탐색에 비해 '우연한 발견'의 기회가 적다.
> ㉣ 브라우징은 탐색에 비해 이용자의 인지적 부하가 적다.

① ㉠, ㉡ ② ㉠, ㉣

③ ㉡, ㉢ ④ ㉢, ㉣

13 정보검색의 효율성 측정을 위한 척도 중에서 두개의 합이 1이 되는 것을 고르면?

① 재현율 + 배제율
② 정확률 + 잡음률
③ 재현율 + 부적합률
④ 정확률 + 누락률

14 인용색인에 대한 설명으로 옳지 않은 것은?

① 한 문헌의 인용사항을 색인표목으로 사용한다.
② 색인자의 주제 배경이 부족하여 생기는 문제를 해결하기 위하여 출현하게 되었다.
③ 연구 분야가 미성숙한 분야보다는 성숙한 분야일 때 효과적인 검색도구가 된다.
④ 자기인용(self-citation)은 인용색인 시스템의 잡음을 초래한다.

ANSWER 12.① 13.② 14.③

12 ㉢ 브라우징은 탐색에 비해 '우연한 발견'의 기회가 많다.
　　㉣ 브라우징은 탐색에 비해 이용자의 인지적 부하가 많다.

13 ② 정확률은 검색된 모든 정보 중에서 적합 정보가 차지하는 비율이고, 잡음률은 검색된 모든 정보 중에서 부적합한 정보가 차지하는 비율이므로 그 합은 1이 된다.
　　※ 재현율은 시스템의 모든 적합 정보 중에서 검색된 적합 정보가 차지하는 비율로, 시스템의 모든 적합 정보 중에서 검색되지 않은 적합 정보의 비율인 누락률과의 합이 1이 된다.

14 ③ 인용색인은 연구 분야가 미성숙한 분야일 때 효과적인 검색도구가 된다.

15 다음 문헌집단(D_1, D_2, D_3, D_4)에 나타난 용어들(t_2, t_2, t_3, t_3, t_5)의 단어빈도를 제시한 '문헌-용어' 행렬에 대한 설명으로 옳지 않은 것은?

	t_1	t_2	t_3	t_4	t_5
D_1	0	2	2	2	2
D_2	2	2	1	3	2
D_3	3	2	0	2	1
D_4	1	0	3	0	2

① 문헌 D_1에는 용어 t_1이 한번도 출현하지 않는다.

② 용어 t_2의 장서빈도는 6이다.

③ 용어 t_3의 문헌빈도는 3이다.

④ 문헌 D_2에서 용어 t_4의 역문헌빈도는 3/5이다.

16 N-gram에 대한 설명으로 옳지 않은 것은?

① 어형이 다르더라도 동일한 색인어가 부여될 수 있도록 처리하는 방법이다.

② 음절 단위에 기반하여 색인어를 선정하며, N-gram은 인접한 N개의 음절을 말한다.

③ 퍼지 탐색을 구현하기 위한 특수기술이다.

④ 복합명사의 띄어쓰기에 관한 문제를 완화시킨다.

ANSWER 15.④ 16.①

15 ④ 역문헌빈도는 한 단어가 문헌집단 전체에서 얼마나 공통적으로 나타나는지를 나타내는 값이다. 특정 문헌 내에서 단어빈도가 높을수록, 그리고 문헌집단 중 그 단어를 포함한 문헌이 적을수록 역문헌빈도가 높아진다. 문헌 D_2에서 용어 t_4의 역문헌빈도는 3/3이다.

① 문헌 D_1에서 용어 t_1이 0이므로 한 번도 출현하지 않는다.

② 장서빈도는 해당 용어가 검색되어 나오는 결과의 건수이다. 따라서 t_2의 장서빈도는 2 + 2 + 2 = 6이다.

③ 문헌빈도는 해당 용어가 검색되어 나오는 문헌의 수이다. 따라서 t_3의 문헌빈도는 D_1, D_2, D_4에서 나오고 있으므로 3이다.

16 ① N-gram은 입력한 문자열을 n개의 기준 단위로 절단하여 분석하는 방법이다. 어형이 다르면 다른 색인어가 부여된다. 예를 들어 n = 2라고 할 때, 'man'은 'ma', 'an'이, 어형이 다른 'men'은 'me', 'en'로 처리된다.

17 벡터공간 모형(vector space model)에 대한 설명으로 옳지 않은 것은?

① SMART 정보검색 시스템에서 적용되었다.
② 문헌 벡터와 질의 벡터 간의 유사도를 산출하여 검색한다.
③ 검색 시 용어 간에 존재하는 의미관계를 나타낼 수 있다.
④ 질의에 대해서 검색 결과를 순위화할 수 있다.

18 MODS(Metadata Object Description Schema)에 대한 설명으로 옳지 않은 것은?

① 언어 형식의 태그를 사용하지만 MARC21 포맷과 호환이 가능하다.
② 미국의 OCLC에서 발표하였으며 7개의 섹션으로 구성된다.
③ XML 스키마 기반의 인코딩 구조를 채택하고 있다.
④ 디지털도서관에서 범용 서지정보 표준 메타데이터로 사용할 수 있다.

19 디지털도서관에서 활용하는 표준 및 프로토콜에 대한 설명으로 옳지 않은 것은?

① Z39.50은 분산형 클라이언트/서버 환경에서 웹 기반 기술을 이용하여 정보검색을 지원하는 표준이다.
② Unicode는 전 세계의 문자를 코드 체계로 표현하여 동시에 사용할 수 있도록 만든 표준이다.
③ OAI-PMH는 수확검색(harvesting search) 방식의 통합검색을 지원하는 프로토콜이다.
④ HTTP는 요구(request)와 응답(response) 방식을 이용하여 하이퍼텍스트 문서를 교환하기 위해 사용하는 프로토콜이다.

ANSWER 17.③ 18.② 19.①

17 ③ 벡터공간 모형은 검색 시 용어 간에 존재하는 의미관계를 나타낼 수 없다.

18 MODS(Metadata Object Description Schema)는 메타데이터 객체 기술 스키마로써, 디지털 자원에 특화된 표준 목록형식이다.
② 미국 의회도서관(LC)의 '네트워크 개발 및 MARC 표준 사무국(Network Development and MARC Standards Office)'에서 2002년에 개발하였고 지속적으로 개정하고 있다.

19 ① Z39.50은 웹 기반 기술 이전부터 이용하던 표준화된 정보검색 프로토콜이다.

20 다음은 OAIS 참조모델에서 정의한 정보 패키지(information package)의 처리과정이다. (가) ~ (다)에 들어갈 용어를 바르게 연결한 것은?

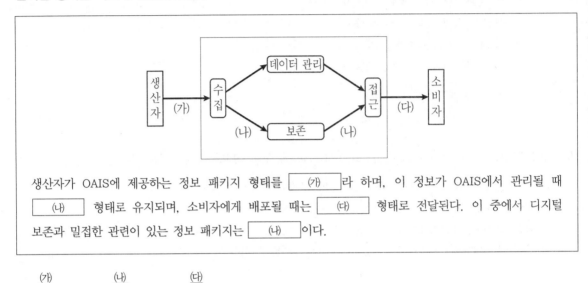

생산자가 OAIS에 제공하는 정보 패키지 형태를 │ (가) │라 하며, 이 정보가 OAIS에서 관리될 때 │ (나) │ 형태로 유지되며, 소비자에게 배포될 때는 │ (다) │ 형태로 전달된다. 이 중에서 디지털 보존과 밀접한 관련이 있는 정보 패키지는 │ (나) │이다.

	(가)	(나)	(다)
①	AIP	DIP	SIP
②	SIP	AIP	DIP
③	AIP	SIP	DIP
④	SIP	DIP	AIP

20　OAIS 참조모델

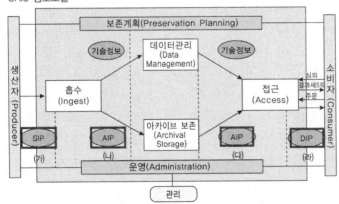

1 참고면담과정에서 권장하는 사서의 행동으로 옳지 않은 것은?

① 이용자가 자신의 정보 요구를 자신의 말로 충분히 진술하도록 경청한다.

② 참고면담을 통해 필요한 경우 이용자의 조사 목적과 목표를 확인한다.

③ 참고면담을 마친 후 탐색과정에서 탐색효율을 높이고 최대한 신속히 답을 찾을 수 있도록 참고사서는 이용자의 참여를 제한한다.

④ 이용자가 추후 유사한 질문에 스스로 답을 찾는 방법을 배울 수 있도록 답변을 찾는 데 사용한 탐색 경로와 자원의 명칭을 상세히 알려 준다.

2 참고면담을 수행할 때 사용하는 비언어적 기법에 해당하는 것만을 모두 고르면?

㉠ 감정이입	㉡ 신체언어
㉢ 재진술	㉣ 의사언어

① ㉠, ㉢

② ㉠, ㉣

③ ㉡, ㉢

④ ㉡, ㉣

ANSWER 1.③ 2.④

1 ③ 참고면담 후의 탐색과정에서 탐색효율을 높이고 최대한 신속히 답을 찾을 수 있도록 하기 위해서는 참고사서가 이용자의 참여를 제한해서는 안 된다.

2 ㉠㉢ 언어적 기법
㉡㉣ 비언어적 기법

3 도서관 이용교육의 최근 경향에 대한 설명으로 옳지 않은 것은?

① 교육담당 사서는 직접교육을 넘어서 탐색전략 모형을 만들고 다른 기관과 협력하는 등 다양한 역할 수행을 요구받는다.
② 교육담당 사서가 이용교육의 교재 또는 매뉴얼을 만들어 제공하는 것으로 충분하다.
③ 교육담당 사서는 이용교육을 할 때 특정 도구에 대한 이용교육을 강조하기보다는 개념을 강조하여 이용자들이 다양한 도구와 전략을 활용하도록 해야 한다.
④ 교육담당 사서는 이용교육의 초점을 교수에서 학습으로 전환하도록 노력해야 한다.

4 참고면담을 수행할 때 폐쇄형 질문에 대한 설명으로 옳지 않은 것은?

① 사서의 경험과 편견 또는 이용자의 과거사에 기초하여 사서가 이용자 요구에 성급하게 부정확한 결론을 제시하는 것을 방지하도록 한다.
② 예 또는 아니오를 요청하거나 이용자에게 선택할 옵션을 제시한다.
③ 이용자를 특정한 방향으로 인도하거나 너무 이르게 옵션을 좁히는 것을 피하기 위해서 개방형 질문 이후에 한다.
④ 특정한 주제나 자료로 범위를 좁혀 명확하게 초점을 맞추는 경향이 있으며 이용자의 정보 요구에 대한 사서의 이해를 돕는다.

ANSWER 3.② 4.①

3 ② 최근 도서관 이용교육 경향에서는 교육담당 사서의 적극적인 역할이 강조된다. 따라서 교재 또는 매뉴얼을 만들어 제공하는 것에 그칠 뿐 아니라, 다양한 역할 수행을 위해 노력해야 한다.

4 ① 중립형 질문에 대한 설명이다.

5 한국교육학술정보원(KERIS)에서 제공하는 학술정보서비스만을 모두 고르면?

ⓒ RISS(Research Information Sharing Service)

ⓒ KOCW(Korea OpenCourseWare)

ⓒ ScienceON

ⓒ DDOD(Digital Dissertations on Demand)

---

① ㉠, ㉡   ② ㉠, ㉢

③ ㉡, ㉣   ④ ㉠, ㉡, ㉣

6 주제명표목표인 MeSH를 사용하여 검색할 수 있는 의학 분야 데이터베이스만을 모두 고르면?

㉠ NDSL

㉡ PubMed

㉢ KOLIS-NET

㉣ MEDLINE

---

① ㉠, ㉢   ② ㉠, ㉣

③ ㉡, ㉢   ④ ㉡, ㉣

....

ANSWER 5.④ 6.④

5   ㉢ 한국과학기술정보연구원(KISTI)의 ScienceON은 연구과제, 학술, KCI, 대학 논문과 참고문헌, 특허 검색, 논문 인용 및 요
       약, 과학 트렌드 등 서비스를 제공한다.
       ※ DDOD(Digital Dissertations on Demand) … 한국교육학술정보원에서 제공하는 해외박사학위논문서비스

6   MeSH는 미국의학주제명표로, 주제명부출표목의 체계가 미국국립의학도서관 전거 파일을 따른 것임을 나타낸다.
       ㉠ NDSL(Natioanl Discovery for Science Library) : ScienceON과 통합
       ㉢ KOLIS-NET(국가자료종합목록) : 국립중앙도서관을 중심으로 전국도서관의 종합목록 DB 공동구축 및 활용을 위한 시스템

7 도서관에서 구축하여 제공하는 가상참고서가에 대한 설명으로 옳지 않은 것은?

① 가상참고서가를 구축함으로써 도서관과 사서의 위상을 높일 수 있다.
② 주로 참고질문에 대한 해답자원으로 활용 가치가 높은 웹사이트를 수집하여 제공하는 것을 말한다.
③ WorldCat은 대표적인 가상참고서가이다.
④ 가상참고서가는 정부기관이나 연구소 등에서 제작한 무료 사이트를 대상으로 구축되어 재정적 어려움을 겪고 있는 소규모 도서관의 장서 확대에 도움을 줄 수 있다.

8 참고정보봉사의 주요 기능에 대한 설명으로 옳지 않은 것은?

① 정보제공, 이용교육, 상담지도 등은 기본적인 기능이다.
② 장서개발 및 특수서지 제작 활동은 직접서비스 기능이다.
③ 각 기능은 모두 기능적으로는 구분되지만 실제 도서관 현장에서는 그 경계를 넘나들며 서비스가 이루어지기도 한다.
④ 자료선정지원 기능은 이용자의 개인적, 오락적 또는 교육적 목표에 맞는 자료를 선택할 수 있도록 도와주는 활동으로 독자상담서비스라고도 한다.

9 도서관의 이용교육 유형에 대한 설명으로 옳지 않은 것은?

① 서비스현장교육 - 도서관 주최의 강습회 또는 특강 형식으로 특정 테마를 강의하는 방법이 주로 활용됨
② 오리엔테이션 - 도서관에서 가장 많이 실시되는 교육 유형으로 도서관 전반에 걸쳐 간단히 소개하는 초급단계의 이용자교육
③ 서지교육 - 이용자들이 도서관 내외의 특수하고 전문적인 정보원들로부터 필요한 정보를 보다 효과적으로 찾을 수 있도록 교육하는 데 목적을 둠
④ 정보관리교육 - 이용자들이 정보를 확인·검색·평가하여 이용하고, 수집된 자료를 향후 연구에 응용할 수 있도록 관리하는 방법을 가르치는 교육 유형

ANSWER 7.③ 8.② 9.①

7 ③ WorldCat은 OCLC에서 제공하는 종합도서목록이다.

8 ② 장서개발 및 특수서지 제작 활동은 간접서비스 기능이다.

9 ① 서비스현장교육은 참고사서가 이용자의 질문에 해답하는 과정에서 이용자의 요청에 의해 이루어지는 개별교육이다.

10 도서관의 이용교육 중에서 최근에 발전한 정보리터러시에 대한 설명으로 옳지 않은 것은?

① Big 6 Skills는 학교도서관 환경에 적용할 수 있는 정보리터러시 모델이다.

② 정보리터러시는 정보이용을 둘러싼 광범위한 교육을 포함하기 때문에 서지정보의 이용교육보다 범위가 넓다.

③ 쿨타우(Carol C. Kuhlthau)는 고등교육을 위한 정보리터러시 역량 기준을 발표하여 대학도서관의 정보리터러시 교육이 지향해야 할 방향을 제시하였다.

④ 학교도서관 및 대학도서관 사서는 전통적인 도서관 이용교육을 정보리터러시 교육으로 대체하는 교육프로그램 개발에 적극적이었다.

11 도서관 자동화를 위해 도서관이 소프트웨어와 하드웨어를 일괄적으로 구매하는 방식은?

① 소프트웨어 패키지 구매 방식

② 용역개발 방식

③ 자체개발 방식

④ 턴 키(turn key) 방식

ANSWER 10.③ 11.④

10 ③ 미국의 대학 및 연구도서관협회(ACRL)은 2000년 정보리터러시의 기준을 크게 5가지로 구분하는 '고등교육에서의 정보리터러시 역량 기준(Information Literacy Competency Standards for Higher Education)'을 발표하였다. 반면 영국의 국립 및 대학도서관 상임 회의(SCONUL)는 1999년 '7대 정보능력' 기준을 발표하였고, 2011년 이를 수정하여 '정보리터러시의 7 기둥 : 고등교육에서의 핵심 모델'을 발표하였다.

※ 쿨타우의 정보탐색과정 모형 … 쿨타우는 학생들의 정보탐색과정을 여섯 단계로 나누어 제시하였다.

단계	행동	감정
1. 시작	연구 주제 결정 준비	불확실
2. 선택	연구 주제 결정	낙관
3. 탐색	주제 일반에 관한 정보 탐색	혼돈/불확실/의심
4. 형성	발견된 정보로부터 집중 분야 초점 형성	명료
5. 수집	초점의 정의, 확대, 지원을 위한 정보 수집	방향감/자신감
6. 제시	정보탐색 완료 및 결과물 작성 준비	안도/만족/불만족

11 ④ 턴 키 방식은 일괄 수주 방식으로 소프트웨어와 하드웨어를 일괄적으로 구매하는 방식이다. 즉, 기기부터 프로그램까지 모두 일괄적으로 구매하면 설치와 교육까지도 제공한다.

12 (가)~(마)에 들어갈 말을 〈보기〉에서 바르게 연결한 것은?

- 참고사서가 이용자에게 제공한 정보가 이용자가 원래 의도했던 요구에 부합하는지 여부를 이용자가 판단하는 것을 ☐(가)☐ 의 평가라고 한다.
- ☐(나)☐ 은 조사의 참된 성공을 지적하는 용어이며, 이에 반하여 ☐(다)☐ 은 요구가 아니라 질문과 출력정보 사이의 관계이다.
- 참고서비스 평가를 2단계로 구분할 때, 첫 번째 과정은 ☐(라)☐ 의 평가이며, 두 번째 과정은 ☐(마)☐ 의 평가이다.

──────────────── 〈보기〉 ────────────────

A. 적합성(pertinence)   B. 연관성(relevance)

	(가)	(나)	(다)	(라)	(마)
①	A	A	B	B	A
②	A	B	A	A	B
③	B	A	B	B	A
④	B	B	A	A	B

---

12 • 참고사서가 이용자에게 제공한 정보가 이용자가 원래 의도했던 요구에 부합하는지 여부를 이용자가 판단하는 것을 `적합성` 의 평가라고 한다.
　• `적합성` 은 조사의 참된 성공을 지적하는 용어이며, 이에 반하여 `연관성` 은 요구가 아니라 질문과 출력정보 사이의 관계이다.
　• 참고서비스 평가를 2단계로 구분할 때, 첫 번째 과정은 `연관성` 의 평가이며, 두 번째 과정은 `적합성` 의 평가이다.

13 디지털도서관 운영에 필요한 주요 기술 또는 표준에 대한 설명으로 옳은 것은?

① SRU – 이용자 인증을 위한 프로토콜
② OAI-PMH – 메타데이터 수집 및 제공 프로토콜
③ SUSHI – 저작권 권리정보 표현을 위한 공개 디지털 권한 언어
④ COUNTER Code of Practice – 객체에 부여되는 디지털 식별 기호

14 METS(Metadata Encoding and Transmission Standard)에 대한 설명으로 옳지 않은 것은?

① 미국 디지털도서관연맹의 사업으로 시작하여, 미국 의회도서관에서 개발하였다.
② 디지털 자원에 대해 구조적, 기술적, 관리적 메타데이터 등을 인코딩하기 위한 XML 스키마를 제공한다.
③ METS 헤더(Header), 구조 맵 섹션(Structural Map Section) 등 7개의 섹션으로 구성되어 있다.
④ MARC의 복잡성과 Dublin Core의 단순성을 보완할 수 있는 구조로 구축되었다.

15 소셜태깅(social tagging)에 대한 설명으로 옳지 않은 것은?

① 일반 이용자(end user)가 인터넷상의 정보를 색인하는 수단이다.
② 태깅은 넓은 의미에서 통제어 색인과 유사한 활동을 한다.
③ 사진 공유 사이트인 Flickr는 태깅 매커니즘을 적용한 사이트의 한 예이다.
④ 일반 이용자들이 생성한 태그로 구축된 것을 폭소노미(folksonomy)라 한다.

ANSWER 13.② 14.④ 15.②

13 ① SRU(Search & Retrieval via URL) : LC에서 제정한 국제표준 프로토콜
③④ 출판사 및 전자 콘텐츠를 제공하는 제공자 측에서 전자자원 이용통계를 제공하기 위한 표준포맷으로 COUNTER (Counting Online User Networked Electronic Resources)를 개발하였다. 이후 일정한 형식으로 생성된 통계데이터를 요청하고 전달하는 것에 대한 표준이 SUSHI(Standardized Usage Statistics Harversting Initiative)이다.

14 ④ MODS의 개발배경에 대한 설명이다. 수년에 걸쳐 많은 사람들이 MARC 데이터 요소의 개수 및 복잡성에 대해 의견을 제시해왔고, 이 때문에 일부는 더블린 코어 메타데이터 요소 세트의 사용을 제안했다. 이러한 우려를 해결하기 위해서 미국 의회도서관은 MARC 21에서 파생된 데이터 요소의 하위 집합을 포함하고, 언어 기반의 태그와 XML 스키마를 가지는 MODS를 개발하게 되었다.

15 ② 태깅은 폭소노미를 대표한다. 즉, 자연어 색인과 유사한 활동을 한다.

16 도치파일(inverted file)에 대한 설명으로 옳지 않은 것은?

① 색인어별로 문헌에 대한 주솟값을 갖는다.
② 검색에 사용되지 않으며 정보 축적을 목적으로 한다.
③ 데이터베이스를 시스템에 올릴 때 컴퓨터 주파일로부터 구축된다.
④ 주제를 포함하고 있는 데이터 필드에 출현한 모든 단어의 알파벳 리스트이다.

17 다음의 색인 결과를 도출하기 위해 적용한 색인 기법으로 옳은 것은? (단, 문자열 전후의 공란은 추출하지 않는다)

색인 대상 문자열	색인 결과
정보봉사개론	정보, 보봉, 봉사, 사개, 개론

① n-gram 색인 기법
③ 용어열 색인 기법
② KWIC 색인 기법
④ 2-포아송 색인 기법

18 탐색 결과에 대한 부분 적합 표현이 불가능한 문제점을 극복하기 위해 자데(Lotfi A. Zadeh)가 1965년에 제안한 검색 모델은?

① 확률검색
③ 벡터공간검색
② 불리언검색
④ 퍼지집합검색

ANSWER 16.② 17.① 18.④

16 ② 불리언검색에서 불리언연산자를 사용하여 구성된 검색문이 검색하는 것은 도치색인 또는 도치파일(Inverted Index/file)이라 불리는 색인파일이다.

17 ① n-gram 색인 기법은 인접한 n개의 음절을 분절하여 색인어를 추출하는 방법이다.
② KWIC 색인 기법은 입력된 표제로부터 불용어를 제거한 키워드를 색인표목의 중앙에 위치시키고 좌우에 표제의 나머지 부분(불용어 포함)을 오게 하는 방식이다.

18 ① 1960년대 초에 Maron과 Kuhns가 확률검색의 개념을 처음 제시한 이래, 1970년대 후반에 들어 확률검색이 하나의 강력한 정보검색 모델로 대두되기에 이르렀다. 현재 주로 사용되고 있는 모델은 Robertson과 Sparck에 의해 정립되었다.
② 불리언검색에서 각 문서는 색인어의 집합으로 표현되고 질의어는 불리언 수식으로 표현된다.
③ 벡터공간검색은 질의나 문서의 키워드에 적절한 가중치를 할당할 수 있다. 벡터공간검색에서 모든 색인어는 서로 독립이라고 가정하며 문서는 모두 $d_i = (w_{i1}, w_{i2}, \cdots, w_{\equiv})$과 같은 벡터로 표현된다.

19 불리언 논리 모델의 특징으로 옳지 않은 것은?

① 집합론에 근거한 모델로서 알고리즘이 단순하다.
② 탐색 결과에 대한 부분 적합성을 표현할 수 없다.
③ 검색어에 가중치를 적용하여 순위화 매커니즘을 지원한다.
④ 대부분의 상용 온라인 데이터베이스나 웹 검색엔진에서 채택되고 있다.

20 검색 성능 평가 척도에 대한 설명으로 옳은 것은?

① 재현율 30%는 검색된 문헌 10개 중에 3개가 적합문헌임을 의미한다.
② 정확률 30%는 데이터베이스 내 전체 적합문헌 10개 중에 3개가 검색되었음을 의미한다.
③ 누락률 30%는 시스템의 재현율이 70%임을 의미한다.
④ 배제율 30%는 전체 부적합문헌 중 30%가 검색되었음을 의미한다.

ANSWER 19.③ 20.③

19 ③ 불리언 논리 모델은 순위화 매커니즘을 지원하지 못해 상대적인 중요도를 표현할 수 없다.

20 ① **정확률** : 검색된 문헌 중 적합문헌의 비율
② **재현율** : 적합문헌 중 검색된 적합문헌의 비율
④ **배제율** : 전체 부적합문헌 가운데 검색되지 않은 문헌의 비율

1 정보서비스 이론과 그 이론의 정립 및 발전에 공헌한 학자를 바르게 연결한 것은?

① 자유이론 – 와이어(Wyer)
② 교육이론 – 갈빈(Galvin)
③ 참고과정이론 – 맥콤스(McCombs)
④ 중도이론 – 스포포드(Spofford)

2 다음 설명에 해당하는 정보서비스의 명칭은?

- 미의회도서관(LC)과 OCLC가 합동으로 개발한 글로벌 협력형 디지털정보서비스
- LC의 가상정보서비스인 '협력형 디지털정보서비스(CDRS)' 시험 프로젝트에서 얻어진 경험, '24/7 정보서비스협력체'의 경험이 반영되어 개발
- 2019년 Springshare는 OCLC로부터 이 서비스를 인수하여 'LibAnswers +Social' 서비스 시작

① Ask a Librarian
② 사서에게 물어보세요
③ QuestionPoint
④ Ask Dr. Math

ANSWER 1.① 2.③

1 ② 교육이론 – 스포포드(Spofford)
③ 참고과정이론 – 갈빈(Galvin)
④ 중도이론 – 맥콤스(McCombs)

2 ①② 국립중앙도서관, 지역대표도서관, 공공도서관 360여개 도서관 사서의 협력을 통하여 인적, 물적자원의 공동활용으로 이용자의 정보 질의에 답하는 협력형 온라인 정보봉사 서비스이다.
④ 수학 분야에서 주제별 전문가, 집단 자원봉사자들을 통해 해당 정보가 제공되는 경우를 말한다.

3 정보서비스 상담지도 영역의 구체적 활동에 해당하지 않는 것은?

① 질의에 대한 해답 제공
② 독자상담서비스
③ 독서요법(치료)
④ 논문 작성 상담 및 보고서 작성 지원

4 참고정보원에 대한 설명으로 옳지 않은 것은?

① 지리정보원에는 지도, 지도책, 지명사전, 여행안내서 등이 포함된다.
② 명감은 대개 특정 기관, 조직, 또는 사람을 찾는 데 유용한 참고정보원으로, 정확한 이름, 위치 및 연락처와 함께 간략 소개정보 등을 포함하기도 한다.
③ 연감은 인간 지식의 체계적 개관인 동시에 요약으로 이용자들이 편리하게 참고할 수 있도록 정보를 일괄하여 조직하고 정리한 자료이다.
④ 서지는 자료의 목록으로, 저자, 표제, 출판정보 등을 통해 자료의 확인, 소재파악, 선정에 도움을 주며 인쇄 및 디지털 형태로 제공된다.

5 도서관 이용자 교육의 평가에 대한 설명으로 옳지 않은 것은?

① 사전 점검은 중요하지 않지만, 사후 점검과 평가 과정은 필수적이다.
② 프로그램 전반에 걸친 분석작업을 통해 교육내용과 방법 등에 전체적인 평가가 필요하다.
③ 평가 방법은 관찰, 설문, 면접 등 다양하게 구성한다.
④ 평가 목적은 교육 프로그램의 개선을 통한 교육의 질 향상이다.

ANSWER 3.① 4.③ 5.①

3 ① 정보제공 영역의 활동에 해당한다.
※ 정보서비스 상담지도 영역
ㄱ 독자상담서비스
ㄴ 독서치료
ㄷ 논문작성 상담
ㄹ 연구 지원과 자문

4 ③ 1년 동안에 일어났던 일이나 통계자료를 요약 · 정리하여 1년에 한 번씩 발행하는 정기간행물을 뜻한다.

5 ① 교육 프로그램 개선과 교육의 질 향상을 위해 사전 점검과 사후 점검 모두 필수적이다.

6 도서관 이용자 교육 방법 중 하나인 강의식 교육의 장점으로 옳은 것은?

① 교육 내용과 수준이 다양하여 학습의 효율성이 높다.
② 대단위 수업이 가능하며 경제적이다.
③ 적당한 정보가 적시에 교육되므로 교육생의 이해가 용이하다.
④ 학습자의 정보요구 시기와 강의 시기가 일치하여 학습자 동기를 높일 수 있다.

7 이용자가 원하는 주제의 문헌 또는 정보를 효율적으로 검색할 수 있도록 지원하는지를 판단할 수 있는 참고정보원의 평가 기준은?

① 권위(authority)
② 특징(special feature)
③ 배열(arrangement)
④ 비용(cost)

ANSWER 6.② 7.③

6 ② 강의식 교육보다는 컴퓨터를 활용한 교육이 대단위 수업이 가능하며 경제적이다.
 ※ 이용자 교육의 방법
  ㉠ 강의
  ㉡ 견학
  ㉢ 시청각매체의 활용
  ㉣ 컴퓨터를 활용한 교육

7 ③ 배열은 기술의 정확성, 객관성, 표현 형식을 말한다.
 ※ 참고정보원의 평가 기준
  ㉠ 형식
  ㉡ 권위
  ㉢ 범위
  ㉣ 최신성
  ㉤ 취급
  ㉥ 배열
  ㉦ 유사한 다른 저작과의 관계
  ㉧ 비용

8 참고과정(reference process)에 대한 설명으로 옳지 않은 것은?

① 참고면담에서 언어적 커뮤니케이션의 효과를 높이는 기법으로 감정이입, 적절한 질문기법 활용, 경청 등을 구사할 수 있다.

② 비언어적 커뮤니케이션으로 신체언어, 자세, 상호 간 공간적 거리, 의사언어 등이 있다.

③ 참고과정에는 탐색과정도 포함되므로 접수된 질문을 분석하여 탐색전략을 수립하고 실제로 정보를 탐색하는 행위도 포함된다.

④ 테일러(Taylor)의 내면적 요구는 참고사서가 참고면담을 시작하면서 접수하게 되는 정보요구이다.

9 다음 설명에 해당하는 정보서비스의 관리 유형은?

> 관리의 책임이 부분적으로 사서들에게 주어지지만 의사결정권은 관리자에게 있어서, 이 조직관리는 관리자 리더십과 부하 직원에 대한 지도력에 따라 효과가 다른 특성을 갖는다.

① 참여관리
② 순환관리
③ 계층관리
④ 집단관리

ANSWER 8.④ 9.①

8 ④ 내면적 요구(visceral need)란 아직 완전한 형태로 정리되지 않은 피상적 욕구의 단계로서 상황에 따라 변화될 가능성이 많은 단계를 뜻한다.

9 ③ 부서 책임자에게 의사결정 권란이 집중되어, 경영관리의 신속한 실현이 가능해지는 관리
④ 목적 설정, 장기계획 수립, 의사결정에 전문직 참고 사서 모두가 참여하도록 함·

10 크럼(Crum)의 참고과정모델에서 ㈎, ㈏, ㈐에 들어갈 말을 순서대로 바르게 나열한 것은?

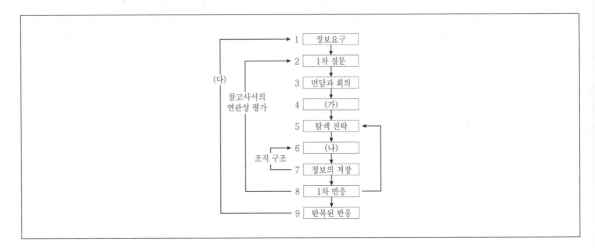

	㈎	㈏	㈐
①	재구성된 질문	협의된 질문	탐색 메커니즘
②	재구성된 질문	탐색 메커니즘	이용자의 적합성 평가
③	협의된 질문	재구성된 질문	이용자의 적합성 평가
④	협의된 질문	탐색 메커니즘	재구성된 질문

10 크럼(Crum)의 참고과정모델
정보요구 - 1차 질문 - 면담/회의 - 질문의 재구성 - 탐색 전략 수립 - 탐색 메커니즘 - 정보 저장 - 1차 피드백 - 반복된 피드백

11 다음 설명에 해당하는 도서관 협력 네트워크의 명칭은?

> • 국립중앙도서관을 비롯한 전국 공공도서관 및 전문도서관, 정부부처 자료실이 공동으로 구축하는 통합 목록 데이터베이스이다.
> • 참여도서관들은 이 목록 데이터베이스를 통해 도서관 간 통합검색 및 상호대차를 위한 협력이 가능하다.

① KESLI
② KOLIS-NET
③ RISS
④ WorldCat

12 베이츠(Bates)의 딸기따기(Berrypicking) 모델에 대한 설명으로 옳지 않은 것은?

① 정보탐색과정에서 이용자는 반복적인 검색과정을 통해 자신의 검색질의를 발전시켜 나간다.
② 검색과정 동안 한 가지의 검색전략을 사용하여 혼란을 최소화한다.
③ 검색에 사용되는 정보원은 형태나 내용 측면에서 계속하여 변한다.
④ 전체적인 탐색과정의 측면에서 검색과정은 하나의 최상의 검색 결과를 도출하는 것을 목표로 하는 것이 아니라 매 단계에서 작은 정보 조각들을 하나씩 모으는 것이다.

ANSWER 11.② 12.②

11 ② KOLIS-NET은 전국공공도서관의 서지 소장정보를 구축한 데이터베이스이며 도서관간 정보공유 및 상호대차협력 네트워크이다.
① 한국과학기술정보연구원(KISTI)에서 운영하고 있는 전자저널 국가 컨소시엄으로, 국가 디지털 과학 도서관 구축 사업의 일환이다.
③ RISS는 한국교육학술정보원(KERIS)에서 운영하는 서비스이며, 전국 대학이 생산하고 보유하며 구독하는 학술자원을 공동으로 이용할 수 있도록 개방된 대국민 서비스이다.

12 ② 검색과정 동안에는 크게 6가지 검색전략이 사용된다.

13 통제언어 색인에 비해 자연언어 색인이 갖는 장점으로 옳지 않은 것은?

① 색인어의 특정성이 높고, 원문에 있는 용어를 그대로 사용할 수 있다.

② 최신 용어를 포함할 수 있고, 데이터베이스 간 호환성이 높다.

③ 색인자에 의한 의미상의 오해를 최소화할 수 있고, 작성 비용이 낮다.

④ 해당 영역의 지식 구조를 알 수 있고, 용어의 계층 관계를 활용할 수 있다.

ANSWER 13.④

13 통제언어 색인의 장점에 해당한다.

※ 자연언어 색인과 통제언어 색인의 비교

	자연언어 색인	통제언어 색인
장점	• 비용이 저렴하다. • 다양한 접근점을 제공한다. • 신축성이 높다. • 새로운 개념 표현이 쉽다. • 복잡한 개념 표현이 쉽다. • 특정성이 높다. • 융통성과 표현력이 좋다. • 정확률을 높일 수 있다. • 주제전문가에게 유리하다.	• 용어의 의미문제를 해결한다. • 동의어가 통제된다. • 동음이의어가 통제된다. • 부적합 문헌 통제를 위한 전조합가능 • 용어의 계층관계를 나타낸다. • 관련개념의 용어를 나타낸다. • 재현율을 높일 수 있다. • 지식의 영역 파악이 가능하다. • 검색전문가에게 유리하다.
단점	• 탐색자에게 부담을 준다. • 동의어 문제가 발생한다. • 동음이의어 문제가 발생한다. • 재현율이 낮다. • 상위개념에 대한 탐색이 어렵다. • 색인파일의 유지비용이 크다. • 표준화가 불가능하다. • 해당 분야의 어휘를 알아야 한다. • 개념간의 관계 정립이 불가능	• 색인자의 오류가 있을 수 있다. • 소수의 접근점만을 제공한다. • 신축성이 낮다. • 새로운 개념 표현이 어렵다. • 복잡한 개념 표현이 어렵다. • 특정성이 낮다. • 표현이 자유롭지 못하다.

14 다음 시소러스 사례에 대한 설명으로 옳지 않은 것은?

가시 엉겅퀴		국화꽃과	
㈎ 국화과		USE 국화과	
국화과		엉거시과	
UF 국화꽃과		㈏ 국화과	
BT 잎채소		잎채소	
NT 가시 엉겅퀴		BT 채소	
RT 엉거시과		NT 국화과	

① ㈎에 들어갈 용어 관계기호는 BT이다.
② '국화꽃과'는 우선어(디스크립터)이다.
③ ㈏에 들어갈 용어 관계기호는 RT이다.
④ '잎채소'는 '국화과'의 상위어이다.

ANSWER 14.②

14 ② '국화꽃과'는 비우선어이다.

※ 시소러스 용어
ⓐ 상위 개념(BT : broader term)
ⓑ 하위 개념(NT : Narrower Term)
ⓒ 용례 혹은 동의어(UF : Use For Or Synonymous)
ⓓ 관계어(RT : Related Term)
ⓔ 대체어(USE)

15 정보검색 분야의 주요 인물에 대한 설명으로 옳지 않은 것은?

① 스팍 존스(Sp rck Jones)는 유니텀(uniterm)이라는 개념을 적용한 조합색인을 고안하였다.
② 룬(Luhn)은 IBM의 정보검색의 책임자로 근무하였으며, 자동색인, 자동초록, SDI 등의 업적과 관련 특허를 남겼다.
③ 무어스(Mooers)는 정보검색이란 용어를 만들어 내고 무어스 법칙을 창안하였다.
④ 설튼(Salton)은 SMART, 벡터공간 모델, 용어가중치, 적합성 피드백, 클러스터링, 확장불리언 검색, 용어분리가 등과 관련된 연구를 하였다.

16 멀티미디어 검색에서 기술기반 검색(description-based search)에 대한 설명으로 옳은 것은?

① 멀티미디어의 특징적인 내용 속성을 기계적으로 자동추출하여 검색하는 방법이다.
② 인간의 주관이 개입되지 않아 객관적인 검색이 가능하다.
③ 검색시스템 구축에 드는 비용이 내용기반 검색에 비해 저렴하다.
④ 불리언 탐색 및 절단과 같은 검색기법을 그대로 적용할 수 있는 장점이 있다.

ANSWER 15.① 16.④

15 ① 유니텀(uniterm)이라는 개념을 적용한 조합색인을 고안한 사람은 토브(Taube)이다.

16 ①②③ 멀티미디어 검색 중 내용 기반 검색에 관한 설명이다.

17 다음과 같이 질의 Q에 대한 데이터베이스 내의 문헌들이 분할될 때, 이에 대한 설명으로 옳은 것은?

질의 Q	적합문헌 건수	부적합문헌 건수	합계
검색된 문헌 건수	20	80	100
검색되지 않은 문헌 건수	180	320	500
합계	200	400	600

① 재현율은 20%이다.

② 누락률은 80%이다.

③ 잡음률은 80%이다.

④ 부적합률은 10%이다.

18 머신 러닝(machine learning)에서 출력값 또는 목푯값인 레이블(label) 없이 입력값만 주고 학습시키는 방식은?

① 지도학습(supervised learning)

② 비지도학습(unsupervised learning)

③ 강화학습(reinforcement learning)

④ 역강화학습(inverse reinforcement learning)

ANSWER 17.③ 18.②

17 ① 재현율은 10%이다.

② 누락률은 90%이다.

④ 부적합률은 20%이다.

※ 검색효율척도

　㉠ 누락률 = 검색되지 않는 적합문헌수 / 적합문헌 총수 = 1 - 재현율

　㉡ 잡음률 = 검색된 부적합 문헌수 / 검색된 문헌 총수 = 1 - 정도율

　㉢ 부적합률 = 검색된 부적합 문헌수 / 부적합문헌 총수 = 1 - 배제율

　㉣ 배제율 = 검색되지 않은 부적합문헌수 / 부적합문헌 총수 = 1 - 부적합률

　㉤ 재현율 = 검색된 적합문헌수 / 적합문헌 총수

　㉥ 정도율 = 검색된 적합문헌수 / 검색된 문헌 총수

18 ① 정답이 있는 데이터를 활용해 데이터를 학습시키는 것이다. 입력 값(X data)이 주어지면 입력값에 대한 Label(Y data)를 주어 학습시키며 대표적으로 분류, 회귀 문제가 있다.

③ 행동 심리학에서 나온 이론으로 분류할 수 있는 데이터가 존재하는 것도 아니고 데이터가 있어도 정답이 따로 정해져 있지 않으며 자신이 한 행동에 대해 보상(reward)를 받으며 학습하는 것을 말한다.

19 다음 서지결합기법에 대한 설명으로 옳은 것만을 모두 고르면?

㉠ 두 논문 A와 B가 하나 이상의 공통된 참고문헌을 가질 경우, A와 B는 서지적으로 결합되어 있다고 본다.

㉡ 서지결합도는 두 논문 A와 B가 공통으로 갖는 참고문헌이 많아질수록 높아진다.

㉢ 이미 발표된 두 논문 A와 B가 새로 발표되는 논문에서 동시에 인용될 수 있으므로 서지결합도는 동적이다.

㉣ 주제적으로 연관된 문헌을 검색하는 데 있어 검색 도구로 활용된다.

---

① ㉠, ㉢
② ㉡, ㉣
③ ㉠, ㉡, ㉢
④ ㉠, ㉡, ㉣

20 국제표준이름식별자(ISNI : International Standard Name Identifier)에 대한 설명으로 옳지 않은 것은?

① 지적, 예술적 콘텐츠의 저작자 및 기여자의 공적 신원을 식별하기 위한 국제표준이다.
② 총 16자리로 구성되며 국가전거를 효과적으로 운영하기 위해 사용되고 있다.
③ 구문은 슬래시로 구분된 접두어와 접미어로 구성된다.
④ 우리나라에서는 국립중앙도서관에서도 ISNI를 부여하고 있다.

ANSWER 19.④ 20.③

19   ㉢ 서지결합도는 정적이다.

20   국제표준이름식별자는 작가, 연구자, 실연자, 영상제작자 등 연구 및 창작 활동과 관련된 개인과 단체를 식별하기 위해 부여하는 16자리 국제표준이름식별자이다. ISNI는 0~9까지의 숫자 16자리(15자리 숫자 + 체크 숫자)의 조합으로 구성된다. 각 자리의 숫자는 개별 개체의 유일성을 식별하기 위한 것으로, 임의로 구성된다.

1 그린(Green)이 주장한 참고사서의 기본적 기능으로 옳지 않은 것은?

① 독자의 질문에 답변한다.
② 도서관 간 협력 네트워크를 구축한다.
③ 도서관과 도서관 자료의 이용 방법을 가르친다.
④ 독자가 양서를 선택하도록 돕는다.

2 선택적정보배포서비스(selective dissemination of information service)에 대한 설명으로 옳지 않은 것은?

① 최신정보주지서비스(current awareness service)를 포괄한다.
② 이용자에게 필요한 정보를 자동으로 전달하는 서비스이다.
③ 알림 서비스(alert service) 또는 푸시 서비스(push service)라고도 불린다.
④ 필터링 기술을 적용하기 때문에 이용자의 정보요구를 프로파일로 등록할 필요가 없다.

ANSWER 1.② 2.④

1 사무엘 그린이 주장한 참고봉사의 기능
　㉠ 도서관과 자료를 활용하는 방법을 이용자에게 가르친다.
　㉡ 이용자의 질문에 답해야 한다.
　㉢ 이용자가 양질의 독서자료를 고를 수 있도록 도와주어야 한다.
　㉣ 지역사회 전반에 도서관을 홍보해야 한다.

2 ④ 이용자의 정보요구를 프로파일로 등록하기 때문에 필터링 기술을 적용하여 선택적정보배포서비스를 제공할 수 있다.

3 종합목록에 해당하는 것만을 모두 고르면?

> ㉠ KCI
> ㉡ KOLIS-NET
> ㉢ ScienceON
> ㉣ WorldCat

① ㉠, ㉢   ② ㉠, ㉣

③ ㉡, ㉢   ④ ㉡, ㉣

4 정보안내서비스(information and referral service)에 대한 설명으로 옳지 않은 것은?

① 학술적 문제보다 일상생활에 관련된 정보를 중심으로 서비스한다.

② 참고도구로 비책자형 자원파일보다는 전문적인 책자형 참고자료에 대한 의존이 높다.

③ 정보의 직접제공과 적절한 기관으로의 안내라는 두 가지 기능을 포함한다.

④ 지역사회와 도서관의 연결과 사회적 기여 차원에서 도서관서비스의 한 부분으로 도입되었다.

5 벡터공간 모델에 대한 설명으로 옳은 것은?

① 용어 간에 존재하는 의미관계를 나타낼 수 없다.

② 질의와 문헌의 유사도에 따른 순위화가 불가능하다.

③ 질의와 부분적으로 일치하는 문헌을 검색할 수 없다.

④ 질의와 문헌에 나타나는 용어에 가중치를 할당할 수 없다.

ANSWER 3.④ 4.② 5.①

3 ㉠ KCI : 국내 학술지 정보, 논문 정보(원문) 및 참고문헌을 DB화하여 논문 간 인용관계를 분석하는 시스템
㉢ ScienceON : 한국과학기술정보연구원에서 운영하는 과학기술 지식인프라 통합 서비스

4 ② 정보안내서비스는 전문적인 책자형 참고자료보다는 비책자형 자원파일에 대한 의존이 높다. 또한 학술정보보다 일상정보, 생활정보 위주이다.

5 ② 질의와 문헌의 유사도에 따른 순위화가 가능하다.
③ 질의와 부분적으로 일치하는 문헌을 검색할 수 있다.
④ 질의와 문헌에 나타나는 용어에 가중치를 할당할 수 있다.

6 검색 결과의 정확률 향상 기법이 아닌 것은?

① 불리언(boolean) 연산자 AND 사용

② 인접연산자 WITH 사용

③ 용어절단(truncation) 검색

④ 필드지정(fielded) 검색

7 다음에서 설명하는 용어는?

> • 한국교육학술정보원(KERIS)이 개발·보급한 디지털 리포지터리(repository) 시스템
> • 전국 대학 및 대학도서관이 생산·보유한 학위논문 등의 교내 성과물을 효율적으로 통합 관리하고 공동 활용할 수 있도록 지원하는 체계

① dCollection

② DDOD

③ DOAJ

④ FRIC

ANSWER 6.③ 7.①

6 ③ 용어절단(truncation) 검색은 재현율 향상 기법이다.

※ 재현율 향상 기법과 정확률 향상 기법

재현율 향상 기법	정확률 향상 기법
• 어형통제	• 개념의 조합
• 용어절단	• 개념의 연결
• 탐색어 확장	• 가중치 부여
• 동등관계 표시	• 인접연산자
• 계급관계 표시	• 대소문자 구별탐색
• 연관관계 표시	• 필드제한 탐색
• 불리언 연산자 OR	• 불리언 연산자 AND

7 제시된 지문은 dCollection에 대한 설명이다.

② DDOD(Digital Dissertations on Demand) : 권위 있는 대학 평가지인 'The US News & World Report'의 학문 주제별 Top 30위권 대학에서 수여된 박사학위 논문을 엄선하여 서지정보, 초록, PDF 원문으로 제공

③ DOAJ(Directory of Open Access Journal) : 스웨덴 룬드대학교 도서관에서 제공하는 오픈 액세스 디렉토리로 농업, 예술, 생물 및 생명과학, 화학, 지구환경과학, 철학, 사회과학, 언어학, 역사학 등 다양한 분야의 저널 제공

④ FRIC(Foreign Research Information Center) : 외국학술지지원센터로 선정된 대학교에서는 소장하고 있는 해당분야 학술지를 소속기관의 학생뿐 아니라 타 기관 소속 학생 및 일반 연구자들을 위해서 원문 복사 및 제공

8 ㈎~㈐에 들어갈 말을 A~C에서 바르게 연결한 것은?

> 메타데이터 스키마(schema)는 다음의 내용으로 정의된다.
>
> ㈎ 은(는) 메타데이터 요소의 값이 어떻게 선정되고 표현되는지 명시한다.
>
> ㈏ 은(는) 메타데이터 요소를 어떻게 기계 가독 형식으로 인코딩하는가 하는 것이다.
>
> ㈐ 은(는) 스키마에 포함되어 있는 각 메타데이터 요소의 이름, 정의, 설명 등을 제시하고 각 요소의 필수 여부와 반복 가능 여부를 지시한다.

> A. 내용규칙(content rules)
> B. 구문구조(syntax)
> C. 의미구조(semantics)

	㈎	㈏	㈐
①	A	B	C
②	A	C	B
③	B	C	A
④	C	A	B

---

8 메타데이터 스키마(schema)
　㈎ 내용규칙(content rules)은 메타데이터 요소의 값이 어떻게 선정되고 표현되는지 명시한다.
　㈏ 구문구조(syntax)는 메타데이터 요소를 어떻게 기계 가독 형식으로 인코딩하는가 하는 것이다.
　㈐ 의미구조(semantics)는 스키마에 포함되어 있는 각 메타데이터 요소의 이름, 정의, 설명 등을 제시하고 각 요소의 필수 여부와 반복 가능 여부를 지시한다.

9 DELOS 선언에서 제시한 디지털도서관 운영체제의 구성요소에 해당하는 것만을 모두 고르면?

> ㉠ 표준화(standardization)
> ㉡ 이용자(user)
> ㉢ 품질(quality)
> ㉣ 정책(policy)

① ㉠, ㉡
② ㉢, ㉣
③ ㉠, ㉡, ㉢
④ ㉡, ㉢, ㉣

10 도서관 교육에 대한 설명으로 옳지 않은 것은?

① 참고정보봉사에서 정보제공과 이용교육은 상호배타적인 개념이다.
② 전자저널과 웹DB 등 디지털정보원의 확대로 이용자 교육의 중요성이 증가하였다.
③ 서지교육은 장서, 정보원, 이용자 요구가 더욱 복잡해지면서 체계적인 탐색전략과 과정을 강조하게 되었다.
④ 정보리터러시 교육은 도서관 이용교육과 서지교육보다 범위가 넓다고 할 수 있다.

ANSWER 9.④ 10.①

9 DELOS 선언에서 제시한 디지털도서관 운영체제의 구성요소
  ㉠ 내용(Content)
  ㉡ 이용자(User)
  ㉢ 정책(Policy)
  ㉣ 기능(Functionality)
  ㉤ 관계성(Architecture)
  ㉥ 품질(Quality)

10 ① 참고정보봉사에서 정보제공과 이용교육은 상호 연결되거나 중복되기도 한다.

11 Big6 Skills 모형에 대한 설명으로 옳지 않은 것은?

① 6단계의 정보문제 해결을 위한 처리과정 모형이다.
② 평가단계에서는 문제 해결 과정의 효율성과 결과의 유효성을 평가한다.
③ 유아와 초등학교 저학년에게는 Super 3의 세 단계로 줄여서 적용한다.
④ 각 단계는 한 단계에서 다음 단계로 순서에 따라 진행해야 하는 순차적 과정이다.

12 ㈎와 ㈏에 들어갈 빅데이터의 특징을 A~D에서 바르게 연결한 것은?

> 빅데이터의 주요 특징으로 제시되는 3Vs는 방대한 양의 데이터를 의미하는 Volume, 데이터의 생산, 유통, 수집 및 분석 속도의 증가를 의미하는 ㈎ , 기업의 데이터베이스나 산업공정 및 시스템에서 생산·관리되는 정형 데이터와 SNS 서비스 등에서 생산되는 비정형 데이터와 같이 다양한 형식의 데이터를 의미하는 ㈏ 가 포함된다.

A. Value	B. Variety
C. Velocity	D. Veracity

	㈎	㈏
①	A	B
②	A	D
③	C	B
④	C	D

11 ④ 최초 Big6 Skills 모형은 선현의 순차적 과정으로 개발되었으나 이후 비선형을 채택한 6단계로 변경되었다.

12 빅데이터의 주요 특징으로 제시되는 3Vs는 방대한 양의 데이터를 의미하는 Volume, 데이터의 생산, 유통, 수집 및 분석 속도의 증가를 의미하는 <u>Velocity</u>, 기업의 데이터베이스나 산업공정 및 시스템에서 생산·관리되는 정형 데이터와 SNS 서비스 등에서 생산되는 비정형 데이터와 같이 다양한 형식의 데이터를 의미하는 <u>Variety</u>가 포함된다.

13 사서 및 도서관인이 참고해야 할 윤리강령에 대한 설명으로 옳지 않은 것은?

① 한국도서관협회의 「도서관인 윤리선언」은 도서관 이용자의 신념, 성별, 연령, 장애, 인종, 사회적 지위 등을 이유로 그 이용을 차별하지 아니함을 명시한다.
② 한국도서관협회의 「도서관인 윤리선언」은 자신의 편견을 배제하고 정보접근을 저해하는 일체의 검열을 반대함을 명시한다.
③ 「미국도서관협회 윤리강령」은 지적자유의 원칙을 옹호하며, 도서관 자원을 검열하려는 모든 시도에 대해 저항할 것을 명시한다.
④ 「미국도서관협회 윤리강령」은 오픈액세스, 오픈소스, 오픈 라이선스의 원칙을 홍보함을 명시한다.

14 쿨타우(Kuhlthau) ISP(Information Search Process) 모형에서 이용자의 정보탐색 단계와 감정 변화(느낌)에 대한 설명으로 옳은 것은?

① 시작(initiation) - 낙관
② 선정(selection) - 실망
③ 형성(formulation) - 명쾌, 명료
④ 수집(collection) - 안도감, 만족

ANSWER 13.④ 14.③

13 ④ 오픈액세스, 오픈소스, 오픈 라이선스의 원칙을 홍보하는 것을 윤리강령에 명시하지는 않는다.

14 이용자의 정보탐색 단계와 감정 변화(쿨타우 ISP 모형)
　㉠ 시작 : 불확실성, 두려움
　㉡ 선정 : 낙관, 자신감
　㉢ 탐구 : 혼돈, 불확실성, 두려움, 혼란
　㉣ 형성 : 명료, 명쾌, 낙관적, 자신감
　㉤ 수집 : 자신감, 낙관적, 방향감
　㉥ 제시 : 만족/불만족, 안정감, 실망

15 색인언어에 대한 설명으로 옳지 않은 것은?

① 시소러스는 색인 작성 시 뿐만 아니라 검색 시에도 사용될 수 있다.

② 주제명표목표는 명사의 경우 단일어만 사용할 수 있어 복합적인 주제 표현이 어렵다.

③ 자연언어 색인을 채택한 검색시스템은 동의어나 동형이의어의 검색 시 문제가 생긴다.

④ 통제언어 색인에서는 고유명사 등 색인할 개념을 통제어휘에서 찾을 수 없는 경우에 색인작성자가 식별어(identifier)로 할당한다.

16 색인어 선정 기법에 대한 설명으로 옳지 않은 것은?

① 룬(Luhn)은 문헌에 출현한 단어의 통계적 특성에 의한 색인어 선정 방안을 처음 제시하였다.

② 문헌분리가(TDV)는 특정한 단어가 출현한 전체 문헌 수의 역의 값으로 산출한다.

③ 상대빈도는 단어빈도(TF)를 문헌빈도(DF), 장서빈도(CF), 문헌 길이 등으로 정규화한 빈도를 의미한다.

④ 확률색인은 기본적으로 주제어와 비주제어가 문헌 내의 분포 패턴이 다르다는 가정을 전제로 한다.

ANSWER 15.② 16.②

15 ② 주제명표목은 주표목 다음에 세목이 오는 경우도 있고 또 2단어 이상으로 구성되기도 하며, 때로는 구두점을 포함하기도 하는데 이것을 복합주제명표목 혹은 복합표목이라고도 한다.

16 ② 특정한 단어가 출현한 전체 문헌 수의 역의 값으로 산출하는 것은 역문헌 빈도이다.

17 DOI(Digital Object Identifier)에 대한 설명으로 옳지 않은 것은?

① 디지털 객체에 부여하는 지속적인 식별자이다.
② 접두부(prefix)와 접미부(suffix)는 빗금(/)으로 구분한다.
③ 접두부와 접미부는 디지털 객체를 발행한 기관에서 부여한다.
④ 접미부의 번호는 단순한 일련번호 또는 ISBN, ISSN 등과 같은 국제표준번호일 수 있다.

18 데이터 리터러시에 대한 설명으로 옳지 않은 것은?

① 개인이 데이터에 접근하고, 이해하고, 비판적으로 평가하고, 관리하고, 이용할 수 있는 능력을 의미한다.
② 원시 데이터를 다른 형태로 전환하거나 매핑하는 데이터 처리 내용을 포함한다.
③ 데이터 리터러시 요소에 데이터 시각화를 포함한다.
④ 데이터 인용 및 활용 관련 윤리를 포함하지 않는다.

ANSWER 17.③ 18.④

17 DOI 시스템은 1997년에 Frankfurt Book Fair에서 처음 소개되었으며, 1997년에 IDF(The International DOI® Foundation, 국제 DOI 재단)가 DOI 시스템을 개발하고 운영하기 위해 설립되었다.

※ DOI의 구문구조
　㉠ 접두부는 디렉토리 코드인 〈DIR〉과 신청기관 코드인 〈REG〉로 구성된다.

$$\underbrace{<DIR>.<REG>}_{접두부}/\underbrace{<DSS>}_{접미부}$$

　• 디렉토리는 DOI를 저장하고 이에 수반하는 정보자원의 소재를 보유하는 일종의 저장장소 개념으로서 현재 디렉토리 관리기관은 IDF로 코드 '10'이 지정되어 있다.
　• 등록기관은 신청기관에 DOI 번호를 부여하고 등록하도록 IDF가 지정한 기관으로 현재는 IDF가 그 역할을 모두 수행한다.
　• 신청기관은 콘텐츠를 보유한 기관이나 개인으로서 DOI 번호 할당을 신청한 기관이다.
　㉡ 접미부는 DOI 접미부 문자열인 〈DSS〉로 구성되는데 이것은 신청기관이 임의로 만들 수 있다.
　• DOI의 예

18 ④ 데이터 인용 및 활용 관련 윤리를 포함한다.

19 시맨틱 웹 관련 기술에 대한 설명으로 옳은 것만을 모두 고르면?

> ㉠ XML(eXtensible Markup Language)은 HTML(Hyper Text Markup Language) 태그의 복잡함을 단순화한 것이다.
> ㉡ RDF(Resource Description Framework)는 상이한 메타데이터 간에 공통적인 규칙을 지원하여 상호운용성을 보장한다.
> ㉢ OWL(Ontology Web Language)은 메타데이터를 정의하고 처리하기 위한 구조를 제공한다.

① ㉠
② ㉡
③ ㉠, ㉢
④ ㉡, ㉢

20 오픈액세스(Open Access : OA)에 대한 설명으로 옳지 않은 것은?

① Gold OA는 OA 학술지에 수록된 모든 논문에 무료로 접근할 수 있는 것을 의미하지만 저자에게 논문처리비용을 부과하는 경우가 많다.
② Green OA는 저자가 자신의 출판전논문(pre-prints) 등을 리포지터리에 올릴 수 있도록 허용하는 것을 의미한다.
③ PLoS(Public Library of Science)는 OA 기관 리포지터리의 선구자 역할을 하고 있다.
④ OpenDOAR은 OA 리포지터리를 검색할 수 있는 디렉토리 서비스이다.

ANSWER 19.② 20.③

19 ㉠ SGML은 특정 문서를 정의하는 데 필요한 태그를 임의로 생성하여 문서 구조를 정의할 수 있으나 너무 복잡하여 활용하기가 어려웠다. SGML의 영향을 받은 HTML은 단순하고 쉬워서 널리 사용되지만 제한된 몇 개의 태그만 가짐으로써 문헌을 충분히 표현할 수 없다는 단점이 있다.
㉢ OWL(Ontology Web Language)은 웹상에서 첨단의 웹 검색, 소프트웨어 에이전트 및 지식 관리 기능을 제공하는 온톨로지를 발간 및 공유하기 위한 시맨틱 웹 생성 언어로, 구조를 제공하는 것은 아니다.

20 ③ PLoS(Public Library of Science)는 전 세계 과학 및 의약분야 문헌이 공공자원이 되어야 한다고 주장하는 과학자들의 연합으로 2000년에 조직되었다. PLoS는 비영리 기관으로서 오픈 액세스 출판의 확산을 위하여 그것의 성공례를 제시하는 것을 궁극적인 목적으로 하고 있다.

자격증

한번에 따기 위한 서원각 교재

한 권에 따기 시리즈 / 기출문제 정복하기 시리즈를 통해 자격증 준비하자!